中国工程院院士
是国家设立的工程科学技术方面的最高学术称号,为终身荣誉。

中国工程院院士传记

陈一坚自传

陈一坚 口述
刘宇辉 执笔

航空工业出版社
人民出版社

内 容 提 要

陈一坚是我国著名的飞机设计师,"飞豹"战斗机重大技术方案和关键技术的决策者和总设计师。本书通过陈一坚本人及其50多位同事、亲朋的回忆,以及从中央到地方的各种报刊、杂志、电视和网络媒体的宣传报道,生动、真实地再现了以为矢志航空报国,命运坎坷、成就卓著地飞机设计师的成长历程和多彩人生。

本书对于关心中国航空工业历史沿革、关注中国造"冲天飞豹"前世今生的航空从业者以及广大军事爱好者有很高的参考价值和借鉴意义。

图书在版编目(CIP)数据

陈一坚自传 / 陈一坚口述;刘宇辉执笔. —— 北京:航空工业出版社,2014.1(2019.1重印)
(中国工程院院士传记系列丛书)
ISBN 978-7-5165-0320-1

Ⅰ.①陈… Ⅱ.①陈… ②刘… Ⅲ.①陈一坚-传记 Ⅳ.①K826.16

中国版本图书馆 CIP 数据核字(2014)第 288624 号

中国工程院院士传记　　陈一坚自传
Zhongguo Gongchengyuan Yuanshi Zhuanji　Chen Yijian Zizhuan

航空工业出版社出版发行
(北京市朝阳区北苑2号院　100012)
发行部电话:010-84936597　010-84936343

三河市金轩印务有限公司印刷　　　　　　全国各地新华书店经销
2014年1月第1版　　　　　　　　　　　2019年1月第2次印刷
开本:710×1092　1/16　印张:20.75　插页:20　字数:307千字
印数:3001—3500　　　　　　　　　　　定价:78.00元

(凡购买本社图书,如有印装质量问题,可与发行部联系调换)

中国工程院院士陈一坚

青年时期

在清华大学实习时与同学合影（左三为陈一坚）

在图书博览会上查阅资料

陈一坚（左一）在联邦德国 MBB 公司考察

陈一坚（右四）赴巴基斯坦考察

陈一坚（右三）在飞机弹射救生试验现场

陈一坚（右二）向何文治副部长汇报工作

陈一坚(中)与技术骨干讨论问题

陈一坚(二排左一)参加学术会议

欢送高镇宁所长进京赴任（中间为陈一坚）

全机G0破坏试验后陈一坚向部领导介绍情况

与部领导参加1999年国庆阅兵式(左一为陈一坚)

参观 K-8 高级教练机

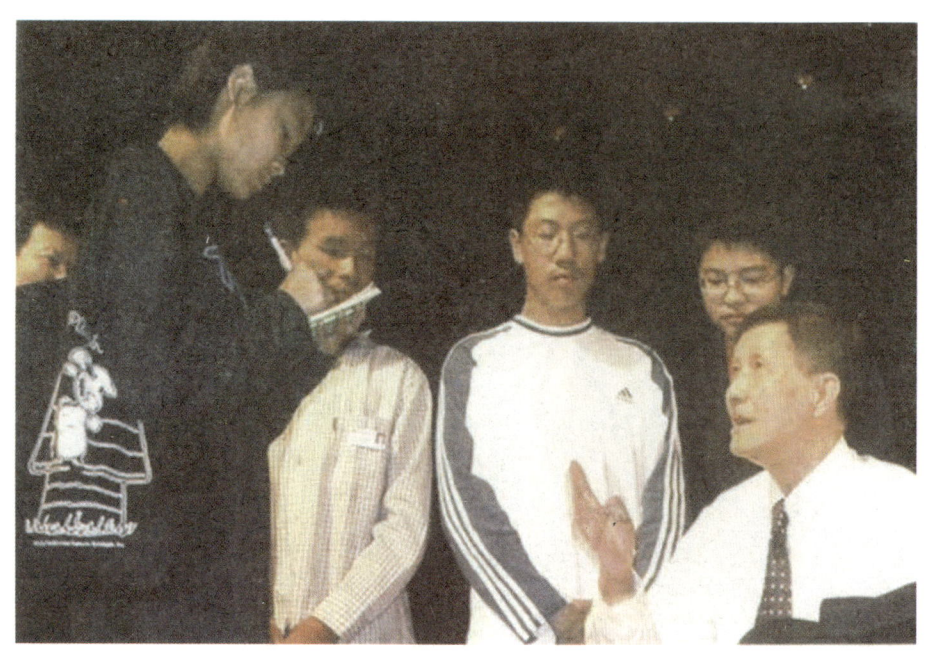

在大学演讲后接受青年学生提问

在纪念航空百年邮票发行仪式上接受少先队员致敬

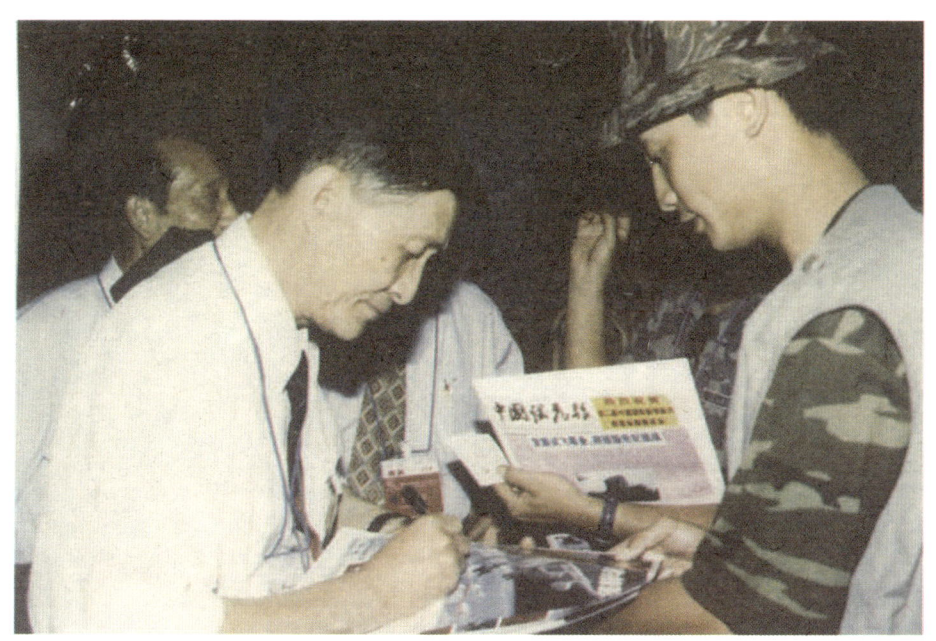

在1998年珠海航展上为军迷签名

"飞豹"是我们的骄傲

参加榕籍院士故乡行活动

应邀接受《科学中国人》杂志记者专访

"飞豹"英姿

"飞豹"归航

初为人父

开心一刻

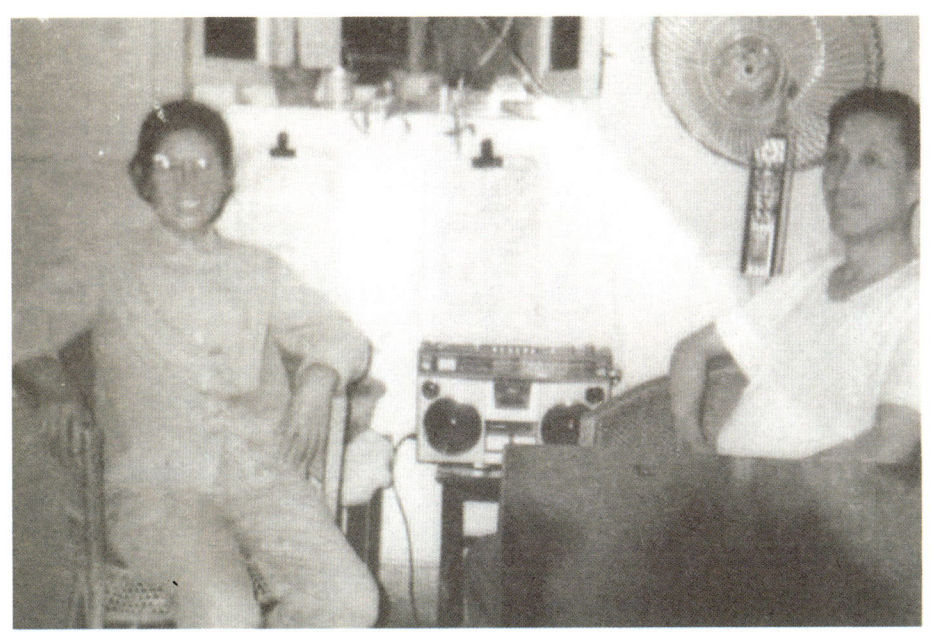

简朴而快乐的生活

与夫人、女儿在贵州黄果树瀑布旅游

夫妻同游

陈一坚（后排左四）等院士携夫人参观革命圣地

清华校友再聚首

四世同堂

温馨晚年

中国工程院院士传记系列丛书

领导小组
　　顾　问：宋　健　徐匡迪
　　组　长：周　济
　　副组长：谢克昌　黄书元　辛广伟
　　成　员：白玉良　董庆九　任　超　沈水荣　于　青
　　　　　　高中琪　阮宝君　王元晶　杨　丽　高战军

编审委员会
　　主　任：谢克昌　黄书元
　　副主任：于　青　高中琪　董庆九
　　成　员：葛能全　张锡杰　李平安　王元晶　陈鹏鸣
　　　　　　侯俊智　王　萍　吴晓东　黎青山　侯　春

编撰出版办公室
　　主　任：侯俊智　吴晓东
　　成　员：侯　春　贺　畅　徐　晖　邵永忠　陈佳冉
　　　　　　汪　逸　吴广庆　常军乾　郭永新　李　贞
　　　　　　王晓俊　范桂梅　左家和　王爱红　唐海英
　　　　　　张　健　潘　刚　李冬梅　于泽华

总　序

　　20世纪是中华民族千载难逢的伟大时代。千百万先烈前贤用鲜血和生命争得了百年巨变、民族复兴，推翻了帝制，肇始了共和，击败了外侮，建立了新中国，独立于世界，赢得了尊严，不再受辱。改革开放，经济腾飞，科教兴国，生产力大发展，告别了饥寒，实现了小康。工业化雷鸣电掣，现代化指日可待。巨潮洪流，不容阻抑。

　　忆百年前之清末，从慈禧太后到满朝文武开始感到科学技术的重要，办"洋务"，派留学，改教育。但时机瞬逝，清廷被辛亥革命推翻。五四运动，民情激昂，吁求"德、赛"升堂，民主治国，科教兴邦。接踵而来的，是18年内战、8年抗日和3年解放战争。恃科学救国的青年学子，负笈留学或寒窗苦读，多数未遇机会，辜负了碧血丹心。

　　1928年6月9日，蔡元培主持建立了中国近代第一个国立科研机构——中央研究院，设理化实业研究所、地质研究所、社会科学研究所和观象台4个研究机构，标志着国家建制科研机构的诞生。20年后，1948年3月26日遴选出81位院士（理工53位，人文28位），几乎都是20世纪初留学海外、卓有成就的科学家。

　　中国科技事业的大发展是在新中国成立以后。1949年11月1日成立了中国科学院，郭沫若任院长。1950—1960年有2500多名留学海外的科学家、工程师回到祖国，成为大规模发展中国科技事业的第一批领导骨干。国家按计划向苏联、东欧各国派遣1.8万名各类科技人员留学，全都按期回国，成为建立科研和现代工业的骨干力量。高等学校从新中国成立初期的200所增加到600多所，年招生增至28万人。到21世纪初，大学有2263所，年招生600多万人，科技人力总资源量超过5000万人，具有大学本科以上学历的科技人才达1600万人，已接近最发达国家水平。

新中国成立60多年来，从一穷二白成长为科技大国。年产钢铁从1949年的15万吨增加到2011年的粗钢6.8亿吨、钢材8.8亿吨，几乎是8个最发达国家（G8）总年产量的2倍，20世纪50年代钢铁超英赶美的梦想终于成真。水泥年产20亿吨，超过全世界其他国家总产量。中国已是粮、棉、肉、蛋、水产、化肥等世界第一生产大国，保障了13亿人口的食品和穿衣安全。制造业、土木、水利、电力、交通、运输、电子通信、超级计算机等领域正迅速逼近世界前沿。"两弹一星"、高峡平湖、南水北调、高公高铁、航空航天等伟大工程的成功实施，无可争议地表明了中国科技事业的进步。

党的十一届三中全会以后，改革开放，全国工作转向以经济建设为中心。加速实现工业化是当务之急。大规模社会性基础设施建设、大科学工程、国防工程等是工业化社会的命脉，是数十年、上百年才能完成的任务。中国科学院张光斗、王大珩、师昌绪、张维、侯祥麟、罗沛霖等学部委员（院士）认为，为了顺利完成中华民族这项历史性任务，必须提高工程科学的地位，加速培养更多的工程科技人才。中国科学院原设的技术科学部已不能满足工程科学发展的时代需要。他们于1992年致书党中央、国务院，建议建立"中国工程科学技术院"，选举那些在工程科学中做出重大创造性成就和贡献、热爱祖国、学风正派的科学家和工程师为院士，授予终身荣誉，赋予科研和建设任务，指导学科发展，培养人才，对国家重大工程科学问题提出咨询建议。中央接受了他们的建议，于1993年决定建立中国工程院，聘请30名中国科学院院士和遴选66名院士共96名为中国工程院首批院士。1994年6月3日，召开了中国工程院成立大会，选举朱光亚院士为首任院长。中国工程院成立后，全体院士紧密团结全国工程科技界共同奋斗，在各条战线上都发挥了重要作用，做出了新的贡献。

中国的现代科技事业比欧美落后了200年，虽然在20世纪有了巨大进步，但与发达国家相比，还有较大差距。祖国的工业化、现代化建设，任重道远，还需要数代人的持续奋斗才能完成。况且，世界在进步，科学无止境，社会无终态。欲把中国建设成科技强国，屹立于世界，必须持续培养造就数代以千万计的优秀科学家和工程师，服膺接力，担当使命，开拓创新，更立新功。

中国工程院决定组织出版《中国工程院院士传记系列丛书》，以记录他们对祖国和社会的丰功伟绩，传承他们治学为人的高尚品德、开拓创新的科学精神。他们是科技战线的功臣、民族振兴的脊梁。我们相信，这套传记的出版，能为史书增添新章，成为史乘中宝贵的科学财富，俾后人传承前贤筚路蓝缕的创业勇气、魄力和为国家、人民舍身奋斗的奉献精神。这就是中国前进的路。

宋健

《中国工程院院士传记　陈一坚自传》
编写人员

主　　编：张亚平　沈长河

技术顾问：吴克明　付大卫　秦凤奎

　　　　　徐嘉善　任长松　詹孟权

特约顾问：师元光　徐剑铭

记　　者：李　静　王莉芳　夏迎春等

执　　笔：刘宇辉

出 版 说 明

中国航空工业的院士群体是航空技术领域的学术权威和资深专家，他们为中国航空工业的振兴和发展建立了卓越功勋，做出了巨大贡献，是中国航空工业的宝贵财富。

为了弘扬院士群体报效祖国、激情进取、创新图强的精神，2009年中国航空工业集团公司企业文化部开始组织编写《中国航空工业院士丛书》，该丛书记录了院士们的成长足迹，不懈追求科学真理、自强不息、孜孜不倦的奋斗精神，淡泊名利、爱党报国的民族精神，以及为中国航空工业的发展做出的杰出贡献。时任中航工业总经理林左鸣为丛书作序，2010年以后陆续出版。丛书出版以后在全国公开发行，读者反响强烈，受到了广泛好评。

2013年中国工程院下发通知，要求首先为资深院士编写出版院士传记，在2014年6月中国工程院成立20周年之际出版。由于航空工业在这方面的工作走在了前头，中国工程院与我们合作，将《中国航空工业院士丛书》加以改编，纳入《中国工程院院士传记系列丛书》出版。传记的编写出版得到了中国航空工业集团公司企业文化部的支持，得到了各位院士和院士所在单位、传记作者的支持和帮助，在此表示崇高的敬意和衷心的感谢！

中航出版传媒有限责任公司
2013年11月

目 录

第一章 初识飞机 ………………………………………（001）

　　故乡与家世 ……………………………………………（003）

　　父亲 ……………………………………………………（006）

　　童年 ……………………………………………………（009）

　　初识飞机 ………………………………………………（012）

第二章 辗转求学 ………………………………………（017）

　　志愿写满航空 …………………………………………（019）

　　水木清华 ………………………………………………（022）

　　抗美援朝 ………………………………………………（026）

　　巧遇良缘 ………………………………………………（030）

第三章 理想起航 ………………………………………（035）

　　迈出第一步——设计歼教1 …………………………（039）

　　支援南昌——试制初教6 ……………………………（042）

　　艰难积累——研制强5、"东风"107 ………………（043）

　　渐入佳境——参与摸透米格-21 ……………………（045）

　　我和导师徐舜寿 ………………………………………（047）

　　来到603所 ……………………………………………（049）

第四章 运7仿制 …………………………………………（053）

　　研究制定总体方案 ……………………………………（056）

主持疲劳试验……………………………………………（058）

第五章 十年动乱……………………………………（061）

蒙受不白之冤……………………………………………（063）

我会脱离苦海……………………………………………（068）

第六章 我与"飞豹"………………………………（075）

究竟要什么样的飞机……………………………………（080）

"飞豹"娶了"洋媳妇"…………………………………（084）

与MBB谈判………………………………………………（087）

规范转轨…………………………………………………（090）

方案调整影响深远………………………………………（094）

"量力而行"要"有所作为"……………………………（097）

重现转机…………………………………………………（102）

第七章 十年铸剑……………………………………（109）

减重到"克"……………………………………………（113）

计算机辅助飞机设计……………………………………（114）

没有原准机也要设计好飞机……………………………（119）

二十年不落后……………………………………………（125）

全机最优、全周期最好…………………………………（130）

第八章 自成体系的组织架构………………………（133）

传为美谈的"三驾马车"………………………………（136）

各司其职的总师系统……………………………………（138）

全面推行质量管理………………………………………（142）

第九章 一切通过试验………………………………（145）

风洞试验…………………………………………………（153）

进-发匹配方案与试验 …………………………………………（154）

　　轰5导弹试验机 …………………………………………………（156）

　　67%强度试验 ……………………………………………………（158）

　　弹射救生试验 ……………………………………………………（161）

第十章　一飞冲天 ……………………………………………………（165）

　　砺剑惊心 …………………………………………………………（172）

　　跨声速振动 ………………………………………………………（174）

　　试飞一等事故 ……………………………………………………（181）

　　可靠性补课与疲劳定寿 …………………………………………（184）

第十一章　横空出世 …………………………………………………（187）

　　第一次接受检阅 …………………………………………………（189）

　　亮相珠海航展 ……………………………………………………（189）

　　最激动人心的时刻 ………………………………………………（195）

　　实弹演习百发百中 ………………………………………………（198）

　　补记 ………………………………………………………………（206）

第十二章　院士十年 …………………………………………………（209）

　　为大飞机立项奔走呼号 …………………………………………（212）

　　从总师到教授 ……………………………………………………（217）

　　温馨晚年 …………………………………………………………（223）

附录一　共同走过的峥嵘岁月 ………………………………………（227）

附录二　印象陈一坚 …………………………………………………（245）

附录三　陈一坚重要文稿 ……………………………………………（257）

附录四　"飞豹"和一飞院 …………………………………………（301）

附录五　陈一坚生平大事年表 ………………………………………（305）

编后语 …………………………………………………………………（314）

第一章
初识飞机

故乡与家世

2000年的初秋,我参加了福建省组织的一次活动,与中国科学院、中国工程院50位院士一起,回到阔别已经半个世纪,如今丹桂飘香、景色宜人的家乡——榕城福州。

面对养育过自己的山水草木,感受让自己魂牵梦绕的乡音、乡情,赤子之心再生桑梓情怀,感慨万千之余,我填词一首:

> 旌旗展,游子梦断台江月。
> 台江月,岁岁清澈,闽江一别。
> 昆明湖旁清华园,航空报国情难绝。
> 情难绝,飞豹横空,直叩天阙。

我的家乡榕城福州素有"海滨邹鲁"的美誉,人杰地灵、俊采星驰。在中国科学院、中国工程院两院的院士中,福州籍院士多达56名。

福州市螺江陈氏宗祠

离开故乡时,我还是一个充满幻想的中学生。中学毕业了,玫瑰色的诱人前景召唤着未成年的学子,憧憬未来的美好日子,是那样的甜蜜。此次回到故乡,我已是年届古稀的老人,尽管到达了事业的彼岸,但却令人甚感不足。岁月无多,但自己心里是充实的,是更高层次的享受——饱受风霜后的另一种甜蜜。

1930年6月21日,我出生于福建省福州市螺洲镇店前村。

螺洲,位于福州市闽侯县台江区的闽江之畔。闽江是福建的主要河流之一。由于台江区依山临水,又被称为苍霞州。

因祖上历代人丁兴旺,德才兼备、入仕居官者数以百计,自然就有了代表和象征名门望族的陈氏宗祠。

据一本专门介绍螺江陈氏宗祠的小册子记载:

螺洲面山临水,陈氏历代族人敬业兴教,耕读生辉。自始祖巨源公于明洪武年间卜居螺洲后,二傅举于乡,五傅成进士。明清两朝共成进士者21名,赐翰林1名,中举者110名,还有330多名拔贡、优贡等贡生……

陈氏宗祠的大厅里有一块书有"福寿"二字的金字横匾,为道光皇帝在陈若霖70岁寿辰时御赐。两侧是宣统皇帝赠给其师傅陈宝琛的寿联"召奭稽谋尊寿考(句)、甘盘旧学重师资"。另外还有历代名人,如李鸿章、左宗棠、张之洞、陈立夫、启功等名人的题词和书法。

整个祠宇青漆白壁,显示出一品士大夫府邸的显赫,寓意做人为官都要清清白白。正厅高挂灯笼的大梁上雕有"紫微銮驾"

陈氏宗祠正门

陈一坚的照片（左一）已然供奉在陈氏宗祠里

的彩绘图案，寓意子孙后代应该向外发展，才更有前途，并祈求在外子孙事业有成。

陈氏宗祠1992年已被福州市政府列为重点文物保护单位。

我们家在螺洲是个比较大的家族，有一个很大的七进院落，到父亲那一辈，人就很多了，家里住不下，很多人就开始出去，有的到江西、新疆、甘肃去发展。到我们这一辈已经有一二百人了，家族不能说非常富有，但生活还是过得去的。

我的祖父是做木材生意的，我印象中他胖乎乎的。家族中做生意的还是居多，但到了父亲这一代就有几个潜心读书的了。

福州老家亲友合影（前排右三为陈一坚）

陈一坚姐弟四人与父母合影（后排右一为陈一坚）

　　我祖父有三个儿子，父亲最小，父亲跟我们讲过，尽管家族中祖业是做生意，但孩子们读书却抓得非常紧，家里都是请些文人来教诗书。父亲这辈都是在家里读私塾的。祖父本想让我的父亲子承父业，学做生意，但父亲却喜欢读书。

　　我有两个伯父，还有好多远房叔叔，他们基本上也以木材生意为主，都是从我祖父那儿承接下来的，家里都比较富有。我现在还清楚地记得，小时候经常到伯父、叔叔家去玩，看到很多好大的木头。它们不是一般的木头，而是做船、做棺木用的稀有木材。黑乎乎的仓库里全是上好的木材，都整齐地立着排在那儿——这样存放不容易腐烂。

父　亲

　　回想起来，家里对我影响最大的是父亲。

　　我的父亲陈昭奇生于1898年。在他的青年时代，清朝就结束了，辛亥革命已经成功。父亲受西方文化的影响，除了念《四书》

《五经》以外，还念了国立中学、大学，所以，他的思想比较开放。

国内学业完成后，父亲打算出国去继续读书。但我祖父不同意，要求他继承祖业。父子俩谁也说服不了谁。最后，父亲拿了些衣服就离开了家，自己考取了公费出国留学，去日本东京学习机械工程。

出生于商人世家，子承父业乃人之常理，偏偏到了父辈却斜生旁枝，读书治学代替了经商之道。不过正是父辈的这种执著和追求，加之祖先之灵和"修身治国平天下"的及第垂范，都对我影响至深，也促使我走向一心求学和航空报国的道路。

父亲不顾家人的反对，怀抱"教育救国、科技强国"的美好愿望去了日本。虽然父亲是负气离家的，但到了日本之后，祖父还是给他寄去了生活费。当时，公费已足够个人使用，所以，父亲又将祖父给的钱寄回，要祖父用来供弟弟们读书。

父亲在日本念完书后回到国内，受聘于一所学校，正好遇上"一二·九"运动。抗日战争爆发后，父亲愤然走上街头，抗议日本军国主义的侵略暴行，并经常给学生讲述历史上民族英雄抗击外族侵略的故事。我记得，自己当时还很小，父亲每次游行回来都拿着宣传册，很激动地跟我和弟弟讲一些东西。自己那时候还不大能理解，现在想来，父亲温文尔雅的学者风范和强烈的爱国之心影响了自己一生。

父亲年轻时有过献身教育事业的抱负，他的理想是教育培养青年一代，他认为，国家积贫积弱，主要原因是缺少教育，从此矢志"教育救国"。但当时由于国民党统治者的腐败，他的理想变成了泡影。他一向痛恨贪污腐化，不愿做随波逐流、同流合污的知识分子。他的朋友当时任江西省公路局长，来电请他去当"官"，他拒绝了。伪教育厅屡次请他担任高工学校校长，公文已经送到了，父亲把它退还，坚决不干，认为还是当教员最好。最后，他谢绝各处的聘请，到学校教书。

那时候，家乡福州留学生还比较少，父亲最早受聘于福州国立高级职业学校，一开始就是学校的教务主任，后来又进入福州大学机械系任教授，终其一生。

解放前，父亲亲眼目睹国民党政府的腐败无能，他的指导思想是明哲保身、无瑕无疵，决不同流合污。然而，家庭生活的担子又压得很紧，所以那个时期，父亲思想上是沉闷而苦恼的。对当时的状况他只有嗟叹的份儿，完全失去了希望，找不到出路，因而他信了佛教。一方面相信科学，另一方面他以唯心的宇宙观当做自己精神的寄托，在这种既怕政治又没办法的情况下，他反对我们参与政治运动。家庭教育也是如何做个清白、高尚、有修养的人，而且要具有一定的技术，有一个"铁饭碗"，争取将来在社会上无求于人，也不欺人。

那时，父亲对我们的教育和要求是：财会尽、势会倒，只有自己有本领，学好技术才行。还希望我们不要专做文书生，应该文武双全才好，他希望我们将来做学者、科学家，要我们兄弟姐妹之间相互帮助，不要相互依赖，都要争取学会独立工作和生活。

记得到南平以后，他就天天念经拜佛，有空的时候不是看书而是念经，有时也说经给我听。抗战胜利后，父亲又想编译书籍，但没有搞完。

解放后，在党的教育下，父亲进步很快，也不信教了，每封来信都是喜气洋洋的，谈不尽对新中国的热爱和对党的信任、崇敬，并鼓励我进步，争取入党。

父亲是很容易接受新生事物的，比较能从实际中认识问题。后来他又被选为劳模，参加了劳模大会，并作为特约代表，参加全省科学工作者代表大会，还是工程师学会的干事，相关问题的会议他都被邀请参加，而且会很激动地和我谈，他的看法怎样，提了什么建议。由于他了解的东西渐渐多起来，关于农村的水车、水利等很多事情，他也能娓娓道来。我回家时，见到父亲不是在看业务书籍，就是看政治书籍，除了谈论学校（福州大学）的情况外，还谈到福州市，整个国家乃至全世界的情况，有时甚至和我们谈《实践论》的学习心得，谈得都很具体，他还很喜欢谈加里宁的《论共产主义教育》……

父亲的思想也是很杂的，既有《四书》《五经》《大学》等孔孟之道，还有佛教讲究因果报应这一套。我清楚地记得，父亲经常把《大学》拿出来，要求我们跟着他念：修身、齐家、治国、平天下。还经常和我们探讨如何做人、做什么人、看什么东西、走什么路的问题。

按我现在的理解，这些传统教育和佛教的理念都是相通的。传统教育是仁义道德，讲究做人要正直、正派，佛教主要是劝人向善，讲究轮回，多做善事还可以转世回来做人。这些东西综合到一起都是相互连通的，这种言传身教，日积月累下来对我的影响也是比较深的。

我至今对父亲的记忆非常清晰。每每看到社会上一些乱七八糟的东西，感觉很无奈，没有力量去对抗，只有洁身自好、不同流合污，这种人生观都可以追溯到家庭对我的影响，也是形成我做人低调的根源。

这里还要说一下我的母亲。她是一位中医的大女儿，结婚后一直在家中料理家务。在当时兵荒马乱的年代，光是抚养我们几个长大成人就够母亲辛苦的了。与千千万万个普通善良的女性一样，母亲把一生的希望和爱都寄托在了丈夫、子女的身上。

童　年

儿时的祖屋在我的记忆里留下了极为深刻的印象。

那是一套七进的大宅院，每一进中间都有一个天井，周围一圈都是房子，再一进又是同样的结构。那是祖父的家产。祖父当时住在第四进，里面有一个非常大的天井，还有水井和一片竹子、两棵桂花树。父亲和伯伯、叔叔住在那一进的两层楼，父母的房子就在祖父隔壁。我小时候读书、睡觉的地方就在井边，面对竹林。

在家里的男孩子当中，我是长子，上面有两个姐姐，最小的一个是弟弟。小时候我是家里最活跃的一个。伯父、叔叔都跟我讲过，有一次祖父母带着一大家人照全家福，当时我年龄最小，可人家一说照相，我就自己端个小板凳往相机前面一坐。照片出来一看，就我坐在第一排。

我的名字中第二个字为什么是"一"呢？按我的辈分和家族排序，父亲是"昭"辈的，我是"明"辈的，我名字中的第二个字应该是"明"。但因为从小身体不好，父亲又信佛，对佛教研究挺深的，他就向一个老和尚请教，和尚建议给我改个名字，所以，我现在的名字就是他们起的。把"明"变成"一"，意寓好过，这孩子好活。

小学以前我身体非常差，老生一种当时认为是怪病的腹膜炎，那时候这个病是没有救的，死亡率基本是百分之百，这都是长大以后母亲告诉我的。那我是谁救的呢？日本医生。

日本人在福州办了一家医院，过去美国、日本都在福州办有医院。虽然是侵略者，但医院里那些医生、护士也还是要治病救人的。我父亲因为是从日本留学回来的，语言上跟他们很好沟通，我就住进了日本人的医院，由他们治了很长时间才痊愈。

当时，日本医院有一种专门治这种病的药，在我的腹部涂上很多药膏，然后用纱布裹起来，还要经常换药，同时再吃一种内服药，就这样一边吃药一边外敷，才把这个病治好。医生说我实属万幸，因为在当时，那是一种非常难治的病，其实就是一种感染。可是怎么会感染呢？

据母亲说，在过去的大家族里，办丧事是非常隆重的，一七、二七直到七七四十九天才能出殡。祖父去世的时候,一大家人都在围着这件事转,就把我和几个小一点儿的孩子托付给保姆照管,结果着凉生了病,后来就感染了。实际上腹膜炎就是一种非常严重的炎症,搁在现在有抗生素就没事儿了,可那时还没有抗生素。

由于小时候身体不好,家里对我的照顾也就比较多,我上学不是太早,不像现在小孩子六七岁就上学。我开始是在家里学习,父母亲有空就教我点儿东西,幼稚园也是好几天才去一次,"三天打鱼、两天晒网"。

幼稚园我大概上了有一年,其实就在里面待了几天,主要在家里玩,自己看书学习。家里的书很多,喜欢什么看什么。所以,我小学一、二、三年级都没念,一上学就是四年级,那时候我大概八岁。可能因为家里的启蒙教育比较早,小人书、小说也看了不少,所以,上学并不感到难,但是读书的成绩不是太好,因为我贪玩儿,不是一个很愿意读书的人,喜欢到处乱跑、到处玩、乱看书,什么小说都拿来看。刚上初一,《水浒》《三国演义》《西游记》《红楼梦》这些名著就开始看了,很多字都不认识,没有字典,也没有人教我,就这么看。不长时间几部名著都看完了。

家族的同辈人当中,我也算大的,上面有一个堂哥,非常有学问,上海交通大学毕业,学电讯的,但他和我岁数相差比较大;还有一个堂哥没什么学问,不读书,做生意的,也玩不到一起。下来在男孩子中间就数我大了。我整天就领着一帮堂弟、堂妹,白天看点《西游记》什么的,晚上就给他们讲,印象非常深。

小学、初中读书的成绩虽然不是很靠前,但课外活动比较多,自己爱好也比较多,愿意看各种各样的杂书,数学、小说什么都看。父亲也不像过去那种老学究,把孩子管得很严,整天板着脸让你读书,念不好还要打手掌。他完全相反,完全是西方那种民主自由的教育方法,他只给你提供条件,让你生活得非常好,其他的让你自由发展。

家里书一大堆，很多外文书、技术书、文学书、数学书、几何书，要啥有啥。我父亲主张孩子们应该自由发展，你喜欢什么就看什么，喜欢什么就发展什么，慢慢就会找到一条适合自己发展的路。所以他也不太管我们，从来不会规定：你今年必须看多少书、学什么课本、写多少文章，只是规定一下写字，例如，放假期间每天写多少字、学几种体：王羲之的书法、柳体，还有颜体，告诉你书在这儿，你自己看。

初识飞机

我在福州平静地念完了小学。1937年，抗日战争爆发了，福州被日本人占领，陈氏家族原本富足宁静的生活从此一去不返。1942年我们姐弟随父亲所在的福州高工学校撤到了福建中部相对安全的南平。

南平是福建省最重要的水陆交通枢纽。日本人占领福州后，又向我东南内陆大举推进。必经之地南平便经常遭到日本"零式"飞机〔注〕的扫射、轰炸。战乱中的生活日渐窘迫，最令人愤恨的是面对倭寇的欺凌与残暴，中国的政府和军队没有还手之力。当时中国的经济、军事都十分落后，根本谈不上用什么有效的手段去抵御外敌的侵略。

学校撤到南平山坳的一个小镇，那里气候恶劣，生活非常艰苦，每餐是糙米饭加上食盐煮黄豆，学生的生活更是苦不堪言，生病者无数，而且死了一些人。我因为身体不好，在生活上得到了父亲的悉心照顾。由于父亲在校教书多年，颇有威望，大家都尊敬他为人正直、学识渊博，因此也给了我很大方便。我和父亲一起住教员宿舍，在教员食堂吃饭，生活上还过得去。

当时物价飞涨。到南平的初期，全家仅靠父亲的薪金生活，加上还得养活部分逃难的亲戚，生活很苦。后来知道，家中将过去的一点点积蓄也变卖典当了。后期仍然难以维持下去，于是家中由父亲主持，几个人帮着动手开始手工业式地制造肥皂，后又与姨夫合伙开设铁工厂（两部小车床，一部发电机），如此家中经济状况才逐渐好转，但毕竟是手工业，收入很有限，仅够日常开支。抗日战争胜利后，我们全家迁回福州，没有了手工业，全靠父亲的薪金收入生活。解放前家里生活一天比一天难，因为当时几个小孩子（即我与姐、弟）都要读书，开销很大。

二姐陈镆鎁在写给我的信中记述了战乱中的家境：

抗战开始以后，我们的生活相当困难，迁至南平。初时，我们不能上学，而家里活像旅馆，妈又常生病，所以经济负担重。不得已时向四伯借些钱（四伯总不肯多借，每次给极少数目——当时常常是我去的），另一方面爸总想向自己生产的方面发展，所以和妈妈共同试验用土料制造肥皂，开始时妈自己拿到人家家里去卖，后来多数卖给供销处，这样初步解决了我们的学费问题。

也就是在南平的这段经历，为我的人生道路埋下了重要的伏笔。当时，来南平轰炸的日军小飞机非常猖狂，就像是在天空中做游戏，根本不把中国军队放在眼里。空中基本看不到中国飞机，地面也没有有效的防空火力，所以，日本飞机飞得很低，飞行员的样子看得一清二楚。他们肆意扫射手无寸铁的中国百姓。防空警报的刺耳狂鸣，甚至比从高空呼啸而下的炸弹更让人心悸。南平的山都是一个个很低的小山包，家和学校就在山脚下。警报一响，惊恐无助的老百姓像兔子一样往山坡上四处奔逃。山上也没地方躲藏，只好把棺材洞当做藏身之处，把里面的棺材抽出来，再把洞穴稍加扩大，人可以往里面爬。

当时日本人经常在那一带轰炸，满天轰鸣的日军轰炸机成为我对飞机的最初记忆，也成为我挥之不去的梦魇。我曾和大人们一起在山上的墓穴里躲避轰炸，亲眼目睹了一位母亲和她襁褓中的婴儿的悲惨遭遇。那时候人也比较愚昧，孩子受到惊吓之后总要不断地哭叫，大家以为孩子的哭声会被日本飞行员听到，就让那个母亲照顾好孩子。这位母亲也很害怕，就让孩子吃奶来堵住他的嘴巴，结果就把孩子活活闷死了。那一幕简直太惨了！我一辈子都忘不掉。我当时就有一个问号：为什么我们没有飞机？那种惨景带来的强烈刺激，一直到今天还是刻骨铭心。

那时候我也是初中生了，经常愤恨地站在防空洞口去看。后来知道日军使用的飞机是"零式"战斗机。当时就感到人家为什么这么凶啊？！为什么天上就看不到一架我们的飞机？这种感性刺激就成为后来理性选择的基础，它决定了我一辈子的人生道路。我心想：这么厉害的东西，我们竟然没有，我将来就要做这件事情。所以说，是"零式"战斗机把我逼上了飞机设计之路。

尽管我从来没当过军人，但我对军用飞机在国防安全中的重要作用从小就有了深刻的体会。"无还手之力"这种切肤之痛，一直深藏在我的心中！后来，我在一首《江城子》中抒发了这种情感：

"千里南疆雾茫茫，故国土，自难忘。狂涛骇浪，几处设国防。狼烟四起曾相识，泪如倾，气填膺。

冬去春来十余载，图万卷，鬓如霜。苦辣酸甜，徒手卷平川。晚昏犹蒙顽童志，报华夏，慰我祖。"

注释：

"零式"战斗机是20世纪30年代后期和40年代初期日本海军航空兵和陆军航空兵装备的主要机种之一，被日军吹捧为"万能战斗机"。该机采用当时所能采用的先进理论和技术成果，具备了重量轻、转弯半径小、机动灵活、火力强、航程远、速度快等世界级优秀战斗机所具有的一切优点，可以称得上是日本飞机设计的重要里程碑。

第二章

辗转求学

志愿写满航空

抗战胜利后,学校迁回福州,我和家人也回到了福州,继续中学阶段的学习。读书对我来说不是一件难事儿。虽然自己不是天才,但只要上课听了、做了习题,最后都过得了关。我清楚地记得,自己所在的高中那时已经有一些大学初级的课程。我们念的数学、物理、三角、化学基本上是大学一年级的课本,相当于大学的预备班。

青春年华留给人们的记忆影像总是缤纷而有趣的。还记得,高三学微积分的时候,我感觉那些东西都不难,考试成绩总是名列前茅。教我们微积分的老师是一个大学刚毕业但非常严厉的小姑娘。我旁边那个同学对微积分不是太灵。有一次考试,我拿到考题一看,就是一个球体,里面一个立方体,求最大值,太好做了!我把它微分一下,很快就做完了。旁边的同学让我帮他。我把卷子往他那边挪了一点儿,用笔指给他看。结果老师就在后面叫我的名字:"干什么!不能讲话!"尽管她很严厉,但问什么我都能答出来,她拿我也没办法。

1948年,我高中毕业。时值解放前夕,没有大学可以报考,也没工可做。我被父亲介绍回母校,在机床车间和电机实验室担任实习指导员。这期间,学校得到了一套飞机仪表和一台发动机,在一位

中学时的陈一坚

厦门大学航空系毕业的老师建议下，我和好友一道，做了一套精细工具，着手分解全套仪表，准备用于学生实习参观。就在这时，福州几所大学开始恢复招生。我也没征求家里的意见，就和同学林梦鹤商量，去福建师范大学物理系报了名，很快我们就被录取了。

进去学了一两个月就感觉没什么意思，可能因为中学学得比较多了。这时候，南下的解放军又解放了厦门，厦门大学也开始招生。我们两个又去报考厦门大学。一看招生简章，厦门大学有航空系！我顿时兴奋无比。一下联想到在南平躲避轰炸时所受的感性刺激，加上当时的航空专业在新中国乃至世界上都是新兴的黄金学科，在大学里面非常热门。

我当机立断，就考航空系！我和林梦鹤的想法一拍即合。填志愿的时候，我三个志愿都写上了航空，当时就下定决心：你不录取我，我换个大学再去考，直至录取。我就是认准了要学航空、造飞机——如果我们没有飞机，将来还会受别人的欺侮。结果我俩都考上了。

考取厦门大学航空系后，问题又来了，没有交通工具，怎么去上学呢？那时候厦门还实行军事管制，我们俩想不出什么办法，就想到找学生联合会帮忙。我们找到福建师范大学学联，说我们考上了厦门大学，去不成怎么办？那时候没船、没铁路，只有汽车可以过去。学联也没办法，他们说，我们手上也没有车，但可以帮你们联系一下解放军试试看。当时福州到厦门前线不断有运兵车往返。解放军一听说我们考上大学没办法去读书，立即满口答应帮我们解决。我们两个人就跟着解放军的车往厦门去了。

路上走了好几天，白天我们还要到树林或山坳里"猫"起来，因为那时候厦门还是前线，国民党的飞机轰炸闹得挺厉害，整个车队只能在晚上开车行进。解放军一路上把我们俩当小弟弟，照顾得非常周到，还不收一分钱。他们说，你们上大学是国家的事儿。因为他们基本上都是工农出身，没念过多少书，所以对大学生很尊敬，非常爱护，吃饭、睡觉都把我们安排在最好的位置，一直送到厦门。

厦门大学是爱国华侨陈嘉庚资助兴建的一座非常有名的学校，校舍非常好，全部是用石头垒起来的，墙都是用一块块完整的石头砌的，很厚，非常漂亮，我们的宿舍冬暖夏凉。

当时的厦门大学航空系也是刚刚组建，是由美国回来的一些留学生当教授。刚开始都是一般的数理化，还没有学到专业课。那时候国民党闹着要反攻大陆，国内还有点儿紧张，厦门因为是最前线，经常遭到炮轰，整个厦门大学只好撤到龙岩去。行李都由学校找车拉走，学生一律步行。我们每人背个小包，从厦门步行六天六夜，走到了龙岩。在龙岩待了不到一个学期，学校又迁回厦门。新中国成立以后，政府给学校投了很多钱，大学的条件很快得到了改善。

这时候，国家开始对部分大学院系进行调整，也叫第一轮学制改革（第二轮学制改革是1952年）。在这次学制改革中，厦门大学和清华大学的航空系合并，我们就直接从厦门大学转入了清华大学航空系。但对我们来说，这又是一件麻烦事儿，当时交通不便，怎么才能到北京清华去呢？

当时福建全省什么路都没有，因为是前线，国家也不给那地方投资。我们只能坐一种很小的轮船到南平，再坐汽车往闽北走，进入江西到上饶，那里才有从南昌到北京的火车。汽车和小船都是烧木炭的，汽车后面背着好大的铁炉子，一路上开得嘭咚嘭咚直响，两三天才开到上饶。到上饶以后，我们俩身上的钱也不多了，一人买了一张硬座，晚上一个在椅子上面，一个在椅子下面，蜷缩着也睡得很香。这样我们总算到了北京，来到了著名的清华大学。

水 木 清 华

始建于1911年的清华大学,在成长的早年是国运衰败中的一个希望、一个梦想。在一批具有世界眼光和现代大学教育理念的有识之士的共同努力下,清华大学奠定了学术自由和教授治学的制度架构。

"恰同学少年,风华正茂。"我在这里度过了自己一生中最美丽的金色年华。进入清华大学后的全新生活,拉开了我别样人生的序幕。

"为祖国健康工作50年",是清华大学在当时的历史条件下提出并一直延续下来的口号和传统。当时周恩来总理想了解清华大学学生的身体状况,学校就把我们学制改革(院系调整)后首届试点班同学的名字、身高、体重全列成表,报给总理。周总理一看,这些大学生的身体都不怎么样嘛!他觉得这不行,清华大学这么重要的学子培养的重点学校,大学生身体怎么能这样,要想办法让他们把身体搞好。

为此,学校拟定了几项措施:第一项就是体育锻炼。马约翰是我们的体育老师,他搞的"劳卫制"就是在我们这批学生中进行试点的。"劳卫制",即每个学生必须自选十项体育活动,十项都及格才能毕业。

"劳卫制"要求的十项,我挑了短跑、中跑、长跑、跳高、跳远、游泳、篮球、排球、双杠和单杠。下午四点下课铃响

大学时的陈一坚

过后就必须出来，按自己选择的项目锻炼。那时候学生也不多，在体育馆内和操场上跑、跳，练习一个半小时以后，停下来洗澡。清华大学这些设施都有。洗完澡就到食堂去吃饭。这个时候的饭菜就跟过去不一样了，跟上馆子差不多，一桌子多少菜、多少汤都给你摆好，旁边有米饭、馒头，不管哪个系、哪个班，坐满八个人就可以动手吃饭，吃完饭碗也不用自己洗，有人来收。这时候外面的操场已经放起了音乐、舞场也布置好了，有人教你欣赏音乐、有人教你跳交际舞。每天晚上和星期天，学校还放映电影。

当然，学生们晚上也不会跳太多舞，听一会儿音乐就到图书馆去了。因为当时的图书馆还比较小，去晚点就没位子坐，还得去占位子。我们晚上一般都要念到12点再回去睡觉。

清华大学的学习、生活的主旋律并不是自由和安逸，而是奋斗与挑战。

梁启超先生曾引用《周易》里的话来勉励清华学子，要做君子，要树立"完整人格"："天行健，君子以自强不息；地势坤，君子以厚德载物。""自强不息，厚德载物"后来就成为清华永远的校训。

至今我依然对清华的教学体制记忆犹新。清华是美国麻省理工学院的"预备校"，采用的教学大纲全是美国人那一套，校风、学风完全是美国式的。我们所有的老师基本上都是美国麻省理工学院毕业回来的，我记得他们皮带上的英文字都是"MIT"。教我们理论空气动力学的沈元（后来担任清华大学航空系主任、北京航空航天大学校长）是英国回来的，非常有名，还是英国皇家学会的会员，国内这样的人没几个。教我们空气动力学的陆士嘉是从德国回来的，也是我们国家非常有名的空气动力学专家。

清华的教育采用学分制。除了每学期的必修课外，你有时间还可以上别的系去听课，愿意听谁的就听谁的。那时候周培源教授理论力学课，门口就摆着讲义，你有兴趣就进去听，完全是美国人那

清华大学同学合影（右一为陈一坚）

一套教学方法，启发性的传授比较多。有些老师还洋气十足，满黑板都写的英文，讲课一会儿就变成英语了。当时清华的教授一个个都挺神气，他们都是新中国学术界的第一代名人，周培源、沈元、陆士嘉等都是非常有名气的人。

时至今日，清华仍然是优秀的代名词。进入清华，就是选择了人生的高起点，选择了成为清华人的毕生荣誉，也选择了成为清华人所意味着的毕生责任。清华大学这一段生活，培养了我对教育、学习的看法，以及对学问、学风的理解。

我非常欣赏那种自由选志愿、自由选学科、自由上课的教育、教学方式。这跟苏联的教育模式完全不同，清华注重理论基础教育，苏联的模式比较注重专业的东西，基础的也有，相对较浅，学生进学校之前专业课程都是分好的，要学什么都是定好的，这样学生进校后就是在一种既定模式中学习，不利于打基础。当时我国大多数高校都是苏联模式，我有幸能在清华大学打下扎实的理论基础，这对我参加工作后遇到实际问题再来学习提高也起到了很好的基础作用。

我认为搞科研和办教育有诸多相同之处：在注重打好理论基础的同时，人的发展应该是自主、自由的，朝各自有兴趣的方向发展，那样才能高效率、超水平发挥。在后来型号科研的组织管理工作中我就运用了这一点，受益匪浅。

我对清华有着特殊而深厚的感情。2007年5月，清华大学航天航空学院建院3周年，我作为一个老清华，因故不能到会，深感遗憾和歉疚。当时我用一封信转达了对母校和同窗的问候，表达思念之情。

各位同窗好友：

转眼55年过去了，青丝已变白发，现在多已安享晚年，先祝诸位身体健康，幸福。半个多世纪各自奔波，相聚难得，怎奈老来还不安生。5月19日附近，正值不得请假的活动，恐难赴庆，先此抱歉请假。以下略表心意：

　　　　水木清华园中园，
　　　　桃李春风萃满堂。

2002年清华校庆时陈一坚（前排右二）与校友合影

> 青丝白发五五载，
>
> 飞天共结世纪缘。

如今，百年清华历经栉风沐雨而愈发生机勃勃，海纳百川的胸怀让她敞开怀抱，迎接一代又一代青年学子。他们，正如当年的我，玫瑰色的梦想在这里起航……

抗 美 援 朝

1952年，我完成了清华大学飞机设计专业的学习，面临分配。尽管当时的清华学子凤毛麟角，但分配工作时对学生的出身要求很严，地主、富农、资本家出身的学生都不会分到很重要的单位，而我的父亲当时已经是教授，我也就如愿以偿地走上了理想的航空报国起跑线。

那时候大学毕业分配很简单，每个人的去向都写在红纸上，往操场的台子上一挂，然后宣布大家毕业，分配到哪儿你自己去红纸上看。

我被分配到哈尔滨122厂，那时候能分到那儿已经算是很幸运的了。有的地主富农子弟被分配去教书，有的干脆离开航空系统。我是学制改革以后的第一届清华毕业生，那一届只有飞机设计和发动机设计两个专业，分到122厂的只有我一个。

来到号称航空工业六大厂之一的122厂，经过一个月紧张的军事化集训，我被分配到122厂设计科从事飞机设计。

122厂在哈尔滨平房区，距离哈尔滨市还有几十里路。我报到当天就被领到了设计科。设计科有一个苏联来的顾问，先和他见了面。

1954年哈尔滨团校一期培训时与同学合影（前排右二为陈一坚）

第一天前两小时先了解设计科的情况。我被安排在机械系统组工作。后两小时给我一个螺丝钉，让我设计，告诉你资料在这，就自己干了。

因为在清华学了制图，画图还不成问题。可是画完以后图样上还有热处理、表面处理、光洁度、材料等标注，这还真把我难住了！

什么表面处理、热处理那一套专业的东西，在清华搞得不是很细，大学是以基础为主的，理论多，专业少。我就赶紧找书，翻了半天，才把这些东西都找出来。因为第一天什么也不懂，也不好意思问，就自己找，找到以后照着写，就这样画完了第一张图，还好没出什么差错。书当然有中文的，但图样大部分都是俄文，照搬苏联的一些规范也是俄文的。看不懂怎么办？学！到122厂后，我还学会了看俄文图样、资料。

早在新中国的航空工业始建初期，周恩来总理就殷切嘱托：我们国家有960万平方千米的土地，五六亿人口，这么大的一个国家，我们的飞机要保卫祖国的领空，靠买人家的飞机是不行的，要自己制造，要由小到大，由修理到制造，我们的道路要这样开始。

1952年4月建成的122厂，由于抗美援朝战事的需要，主要任务是从事轰炸机修理并生产部分零配件。在抗美援朝烽火中蹒跚起步的新中国航空工业,底子薄、基础弱,人才极度匮乏。当时,朝鲜战场激战正酣,以美国为首的"联合国军"凭借自己强大的空中优势,疯狂封锁和轰炸朝鲜清川江大桥,企图切断中国人民抗美援朝的补给线。为了保证运输动脉的畅通,中、朝、苏三国加强了空中对抗的力度。随后,一些中国飞行员驾驶的遭到敌方炮火损伤的飞机被紧急送到飞机修理厂进行抢修。我报到的第二天就投入到了紧张的飞机修理工作中。

按照中苏两国协定,苏联援建中国六个修理厂,包括所需技术资料、设备、材料和配件等;同时,还派遣了专家顾问。在苏联专家的指导下,援建修理厂的技术人员很快掌握了苏式飞机的修理和部分零部件制造技术。虽然当时的任务仅限于修理,却为培养新中国第一批从事飞机制造的专业人才打下了基础。

当时正值抗美援朝的高潮阶段,前线打伤的轰炸机不断送到122厂来修理。我们不分昼夜地把这些飞机尽快修好,重新送到战场上去打击美帝国主义。这场战争确实锻炼了全中国人民,也锻炼了包括我们这些刚离开学校,懂一些书本知识,但十分缺少实践经验的年轻人。

打坏的飞机马上要修好送往前线,这是工作更是任务!那段时间,我跟着苏联专家忙上忙下,没日没夜地干,研究修复飞机的方案。刚开始我确实很不适应,但正是这种高强度的实践训练,让我迅速把所学的书本知识应用到实际工作中,理论和实践的紧密结合,让我迅速完成了从学生到技术人员的转变。

飞机坏了,没人教你怎么修,你得去学,向工人同志学习,向图样学习,也向苏联专家学习,不管什么地方坏了,你都要把它弄个明白,尽快修好。所以完全靠自己爬到飞机上去看,这东西坏了,怎么坏的,原理是什么?回来看看图样,然后再到车间的飞机上看,跟工人商量怎么修。这个飞机打穿一个洞,怎么办?就用等强度设计,按原来的厚度,等强度地把它补上。放假、过年,我们还得值班,保密非常严格,有部队端着枪巡逻。我们这些单身设计员没有几个,事情又比较多,一天就不停地往车间跑,处理生产问题,向工人师傅学了很多实践知识。

这样干了一年多,工作还是比较顺利的。刚开始我搞一些机械系统,后来有一些标准、规范需要初算,上级又把我弄到那儿去做这件事,一边学一边干。到了抗美援朝后期,122厂开始由修理转入仿制飞机。

20世纪50年代,我国仿制的初教5、歼5、运5三个机型的飞机,开创了中国航空工业从无到有的"黄金时代",实现了由"修理"发展为"制造"的过渡,初步奠定了中国航空工业自主发展的基石。

1954年初,设计科成立了校对组,我被调去担任设计校对员的工作。在不太了解其他各系统的情况下,这项工作的困难确实不小。可是,初生牛犊不怕虎,我边干边学,逐步掌握了其他系统的基本情况。当时我的分工是发动机装备组、液压系统及特设组内的电器和无线电。在这段工作中,虽然完全脱离设计,直接参加修理及试造工作,但在提高自己的技术水平方面收获更大。1954年末,我又回到发动机装备组,主要负责试造工作及发动机装备组各系统的一些修理工作。

1955年下半年,我承担了起落架舱的试造工作。从审核图样、技术资料,配合绘制结构图并参加试造小组,与其他有关部门共同解决车间提出的试造中发生的技术问题,直至鉴定成功为止,年末还参加了很少一部分副油箱的试造工作。

我的飞机设计生涯是从仿制伊尔-28副油箱开始的。在整个飞机仿制还没开始时,我就接受了一个任务——仿制副油箱。给一个实物,自己去仿制。规范、依据、材料等全要靠自己去解决。

因为在122厂设计科干了一年多,厂里那些管理、设计程序基本都清楚了,苏联那套图样也看明白了,所以我干起来驾轻就熟,也非常快。把副油箱的图样画好、标好，总图、分图一套都弄出来。最后试制成功了，我还得了奖。那时候，我已经调到沈阳第一飞机设计室去了。

经过三年的努力，我们终于掌握了飞机修理技术，保证了抗美援朝的需要，同时在三年之内，我们又学会了仿制苏联的飞机。三年之间，我们走过了修理和仿制两个阶段。这在世界上也是非常少有的速度。

1956年初，在写给厂教育科的一份报告中，我对自己在122厂四年工作、学习的感受和体会作了详细认真的总结。

回想最初几年的工作经历，我这个人比较随遇而安，想得也不多。在哈尔滨搞修理那几年，我就感到修理有用。虽然学过飞机设计，但不懂得飞机，现在可以去摸飞机了。再说那时候也不可能去搞设计，我就老老实实搞修理。后来又说要试造，交给我一项任务。我一看这可要比修理飞机费点脑子了，正好学以致用，挺好的，又埋头去干。

工作的头几年，虽然生活艰苦，但我情绪高昂，工作充实，心中更是充满了理想成为现实的喜悦。这个时期，上天也很眷顾我，一次组织安排的疗养机会，让我邂逅了自己的终身伴侣王士珍。

巧 遇 良 缘

我的爱人王士珍，浙江上虞人，与我同岁。我们是在太阳岛疗养院认识并相恋的，至今已携手度过了金婚岁月。一路走来，我和她甘苦与共、相濡以沫，让人甚感欣慰。

她的老家在浙江绍兴农村，她16岁离开家，到上海后转到南

671厂篮球队部分女队员合影（左三为王士珍）

京哥哥家，在那里待了四年。刚从农村出来时，由于语言关系她没有上学。1949年解放后，她开始参加各种补习班。当时东北很多单位都到南方招工，她也抓紧学习，及时考取了东北财经大学会计专业，并在哈尔滨的学校进行了文化课和专业课学习。1952年，她被分配到六机部（兵器工业部）671厂，她的工作主要是统计、计划和调度。

她年轻的时候喜欢运动，篮球、排球、乒乓球样样都行。开始还是厂篮球队的队长，大概因为运动过量，体检时医生说她肺部发现阴影，组织上安排她到太阳岛疗养。当时碰巧我也在那个疗养院疗养。疗养院天天都有娱乐活动，很多人一起唱歌、跳舞，她性格开朗、活泼，一下子就引起了我的注意。

选对象第一眼可能很重要吧。感情这个东西你不可能分析得很透彻了再开始。记得刚开始我没跳舞，坐在一边看普希金的诗集。她在那儿跳舞，从老远过来了。那时候是夏天，大家都穿着白衬衣，看到她第一眼就觉得挺顺的，我请她一起跳舞，这样就慢慢认识了。

她后来总说，我们俩认识完全是一种缘分。她当时就觉得我这个人不修边幅，比较随意、率性，不会虚头巴脑地献媚讨好。不像有的男同志头发梳得溜光，衣服穿得笔挺，做作得很。另外，觉得我是清华毕业的，又搞技术，很实在，挺符合她的想象。就是人太瘦了，衣服袖子都不敢撸上去，两只胳膊像火柴棍似地挂在肩膀上。我们在疗养院一起待了一两个月之后，都回到了各自单位。

122厂和671厂两个单位一个在哈尔滨的东头、一个在西头，相距很远，我们一个星期才能见一次面。一到礼拜天，我们俩都要一大早去坐班车到哈尔滨市秋林公司门口会合，到那里已经是十点多了。见面以后说说话、吃顿饭，又该往回走了，电影都很少看，总怕赶不上回厂里的班车。平时顶多打个电话，大部分都是写信，谈一些爱好、生活中的事。我还给她送些诗集什么的让她看。一年多之后，我们就结婚了。

结婚那天所有的仪式准备、房间布置都是同事和同学张罗的。1955年的最后一天，我们说好了在那天结婚，但我没有必须先领证才能举行结婚仪式这种概念，而且不知道办证的地方过元旦还会放假，没想那么细致。白天一直在忙，晚上下班后我们赶过去，派出所已经封门放假了，这下不好办了。场地都布置好了，大家还等着给我们贺喜呢，就缺登记这个手续。最后厂工会、行政全都出面，大家一起想办法，找到派出所所长解释，所长同意后才把封条打开给我们办了结婚登记。

夫人王士珍：

1955年底，我们在哈尔滨结婚了。结婚也是他提出来的，我当时就答应了，虽说他那时候瘦得很，外表看上去很单薄，人也不讲究，棉袄上都是下车间蹭的油，但我就是喜欢他。结婚的时候，给各自家里打个招呼，太远也没来人，就同事们来热闹热闹。

结婚买喜糖的200块钱还是我一点点攒起来的。他那时候工资80多块，可他每月领了工资就往兜里一揣，几个要好的喜欢下馆子，他和同事吃饭从来都是大大方方的，所以结婚的时候也没攒下什么

喜结良缘

钱。我就喜欢他这点,男同志在外面不能抠抠索索的。我虽说每月只有二三十块,可我从不乱花,去食堂吃饭哪个菜便宜我吃哪个,就这样一点点省下来存到银行。结婚时我俩什么衣服都没买,都是以前的衣服。

结婚那天,我自己带着行李,欢欢喜喜搬到他们厂里去。自己把结婚的被子缝起来,买块布做成窗帘挂起来,一张桌、一张床、一个壁柜,就等他回来和我去领证,这样就正式结婚了。他的同事听到消息都早早过来表示祝贺,可大家左等右等不见他回来,一直等到下班很久,他才匆匆忙忙赶回来。我们赶紧跑到派出所去登记。到那一看,大门已经被封条贴起来了。第二天就是1956年的元旦。

我就冲他发火了:人家那么远的跑过来,现在没车子回也回不去。今天办不了证咱们就别结婚了!可我又一想,厂里人知道我今天是来结婚的,这样子回去跟大家怎么说?

他就跟我一个劲儿解释,说厂里实在是走不开,任务必须要在那天完成。那时候任务确实很紧,他工作积极性又高。单位领导一听这个事都很关心,出面和派出所领导协商,证明他确实因为工作忙没时间,人家才给登了记。

这样一段插曲让我们的婚礼变得更加热闹。大家干脆到办公室把儿张桌子拼起来，我把买来的糖果、香烟往上面一撒，大家吃着闹着祝福我们。当时厂里给他们几个清华来的毕业生都安排了单间宿舍，还在楼上专门开小灶吃饭，不用去食堂吃大锅饭，我感到非常满足。

我年轻时也很好强。小时候村里和学校的小伙伴都愿意听我的。参加工作后也从不愿落后，年年当先进。结婚以后，我觉得自己从事行政工作相对轻松一点，他搞飞机设计技术那么复杂，必须投入全部精力和脑力。我既然嫁给他就要为他创造条件，让他全心全意去工作。我下定决心做好后勤，家里的事情不用他操心，但我自己的工作还是要做好，绝不能掉队。

大女儿陈冰：

我妈妈为爸爸和我们全家做出的牺牲真是太多了。她年轻的时候在单位比较有名气，不但人长得漂亮，而且组织能力很强，既能干又泼辣，还特别能吃苦。但由于我外公是中农出身，而且当过保长，我妈也因此一直没能入党。

妈妈的家族虽说在乡下，但她的奶奶是个很能干的老太太，在当地颇有名气。妈妈曾跟着她的奶奶挨家挨户募捐，然后，她的奶奶又带领全村的青壮年修桥、铺路。妈妈从家乡出来后，也成了这些在东北的南方人的主心骨，她性格开朗，很会处理人际关系。

我妈曾经跟我们说过，当初认识我爸的时候并不是看中他的长相，首先看上他是清华毕业的；第二，他把钱看得很淡，待人真诚；第三，他一心用在工作上，把事业看得很重。就这么几点。妈妈后来多次跟我们讲：女孩子找对象不能注重外表，首先要对你好，再就是要有事业心。

第三章
理想起航

1956年底，我告别新婚不到一年的妻子，来到了刚刚组建的、设在112厂的我国第一个飞机设计室［注］，也由此，结识了对我一生影响深远的恩师徐舜寿。

第一飞机设计室当时的主要任务是：集中新中国的航空技术力量，一边学习苏联的产品设计资料和有关的基本规范，掌握设计的计算程序和方法；一边在工厂进行生产实习，熟悉产品的工艺过程。在此基础上，开始部件或整机产品的实习设计，为将来建设飞机、发动机设计所准备条件和培养干部。

第一飞机设计室的成立，在新中国航空工业系统产生了极大影响。有志于飞机设计事业的技术人员慕名而来，纷纷提出要加入到这个飞机设计的队伍中来。同时，为了把设计室的基础打好，负责此事的徐舜寿、叶正大和黄志千抓紧开展人员调配和机构设置等工作。经第二机械工业部第四局批准，他们从各飞机制造厂设计科选拔了一批人才。

我记得那天，叶正大来到122厂。他看了一下我们设计科几个人的档案，又听了厂里的介绍，就相中我了，要调我到第一飞机设计室。

他到我家里找我谈话。问我："国家有这个需要，你又是清华学飞机设计的，工作这几年表现也挺不错，有没有兴趣加入我们第一飞机设计室，设计中国人自己的飞机？"我一听，感觉振奋极了，立刻回答："当然有兴趣！我就是学飞机设计的，也是奔着设计飞机这条路来的！"

就这样我们一拍即合。回去没几天，叶正大就给我来了一封信。信很简单，基本意思是"欢迎你参加第一飞机设计室的工作，设计中国第一架自行研制的飞机"。尽管我那时刚成家不久，但为了实现设计中国人自己的飞机这一梦寐以求的愿望，我毫不犹豫地背起铺盖卷，到沈阳第一飞机设计室报到了。

为避免由于安排家属等事务性工作影响设计室的组建和设计启

动,第一设计室领导都把家属留在了原地,我们这些从外厂调来的人员也一律不准带家属,大家都住在单身宿舍,在集体食堂吃饭。到1957年8月底,全室总共108人,其中技术人员92人,平均年龄只有22岁。

第一设计室行政归112厂管,业务直属航空工业局(四局)。这里汇聚了新中国第一批飞机设计的专业人才,真可谓群英荟萃,藏龙卧虎。每个人内心都蕴含着一股不可遏止的热情。因为我们非常清楚,中华人民共和国航空史的第一页将由我们来撰写,这是历史赋予我们的光荣使命。

这是一支代表着当时中国飞机设计最高水平的年轻队伍,他们朝气蓬勃,对新中国航空工业的未来充满憧憬。在四局领导的支持下,第一设计室成了当时中国飞机设计最具权威的"黄埔军校"。

一到沈阳,我便立即投入到了热火朝天的歼教1飞机的设计之中。

王士珍:

刚开始我就很欣赏他对技术那股钻劲儿,不然怎么会一直支持他?他下班就回家,有空就看书学习。他做的事让我从心里尊重、敬佩他。

大约又过了一年,我从哈尔滨和别人对调到沈阳。一坚因为工作忙没来哈尔滨接我。我自己抱着孩子,背着被子,手里还提着单位给我做的木箱子(里面是我们的全部家当)去坐火车。那我心里也高兴,一家人终于可以在一起了。生完第一个孩子后,为了不影响他工作,我什么事都自己干,累得体重只剩下70多斤。

注释:

1956年初,在周恩来总理的亲自领导下,国务院按照"重点发展,迎头赶上"的方针,采取"以任务为经,以学科为纬,以任务带学科"

的原则，对十二年自然科学发展远景进行了综合规划。

在中央精神的鼓舞下，1956年8月，四局决定在沈阳112厂成立飞机设计室。局党组任命局生产处第一技术科科长徐舜寿为飞机设计室主任设计师，叶正大、黄志千为副主任设计师。

迈出第一步——设计歼教1

歼教1飞机的设计，可以算作我飞机设计生涯的真正起步。

设计室成立之初，摆在面前的首要问题是应该设计什么样的飞机？

经过多方酝酿、反复研究，确定飞机设计室首先要设计一种喷气式教练机。这不仅是培养新飞行员、"建设强大的人民空军"（毛泽东1950年题词）的需要，而且新中国的设计队伍也需要一个"教练"的过程。最后，经上级批准，设计目标确定为亚声速喷气教练机——歼教1。

徐舜寿在美国也搞过一些飞机设计，他见多识广，比我们这些人思路清晰得多，而我们这些基层出来的，就是接触飞机多，碰到具体问题实践多，这样一结合，就可以在他们的指引下动手干了。

然而，喷气式歼击教练机在性能、技术难度和配套关系等诸多方面都远远超过了初级教练机。这对当时还不曾走过飞机设计全过程、完全不熟悉喷气式飞机结构的设计者来说，是一个前所未有的挑战。中央军委对此极为关注，贺龙、陈毅元帅还亲赴沈阳，出席了歼教1飞机的设计研究会议。毕竟，这是我国自行设计的第一架飞机！

那时候徐舜寿有个论点，就是搞飞机设计的人员大概有两拨人。一拨是主攻总体气动强度，搞计算为主，要求理论水平比较扎实。

这些人坐小桌子，拿计算尺（那时候手摇计算器也没有，计算机也没有，就是用计算尺）。一拨是以搞设计为主，如结构、系统、电子、试验等，这些人是坐大桌子的，有图板。以设计为主的人要手快，计算为主的人要求多钻研一些计算、理论基础的东西。设计人员应该有不同的专业、不同的要求，不能笼统地提要求，这是其一。其二是要求所有设计人员的脑子里要有尽可能多的成熟飞机的形象和细节，叫做"熟读唐诗三百首，不会作诗也会吟"。这就是徐舜寿最著名的理论之一。这个理论有着非常丰富的内涵，它比较形象地表达出一种通用的道理。对我们这些人的成长起到了非常大的作用，让我们少走了很多弯路。如果傻呵呵的，你给我一个什么，我就埋头苦干什么的话，那样效率一定很低，思路不开阔，站得也不够高。最后的成长肯定很慢，设计的东西质量也不会高。

那时候条件非常艰苦。从事设计工作与修理飞机、仿制飞机是两回事儿。首先是缺乏设计资料，只有很不完整的苏联很落后的设计规范。我们靠的是什么，靠中国人的聪明才智，靠我们这样一批年轻人不懈追求真理的热情和努力。

当时条件非常艰苦，我们三四个组都在一个大房间里，密密麻麻的，一个人一张桌子一把椅子就完了。总共才108个人，他们也管得过来，而且接触比较多，讨论也比较多。当时参加这一型号飞机研制的108人都憋足了一口气，非要造出自己的飞机不可，所以人们管我们叫"梁山108好汉"。在112厂一排简陋的小平房里，全体设计人员昼夜苦干50天，于1958年3月末完成了生产图样。

在歼教1的设计中，我是机身组设计员，负责气密座舱后面那个主框的设计。当时只知道总体需要、结构需要，分配给你重量多少，强度告诉你，整个传递路线怎么样，并没有人给你更具体的指导，主要靠自己琢磨一些有限的苏联资料。数据就是风洞试验后给出的载荷。我们完全是从原始吹风开始，从总体开始，歼教1的设计全是中国人自己干的。

我在设计当中因计算方法和标材选择比较恰当，结构布置传力路线合理，使结构重量显著下降，确保了飞机的性能。

设计完成后，歼教1飞机很快就投产了。1958年7月26日，歼教1飞机成功首飞［注］。从开始设计到首飞成功，歼教1飞机只用了一年零九个月的时间，其速度之快，在国内外实属罕见！经过歼教1的设计和试制，我们这支白手起家的年轻设计队伍，终于经受住了考验。

在短短两年多的时间里，我们就把中国人自己设计的第一架飞机送上了蓝天。那个时候，只有三个国家有能力设计这个水平、这种量级的飞机。而我们在这场竞赛里面又取得了第一——我们以最快的速度、最好的质量将它送上了蓝天。

离开学校仅六年时间，我便实现了设计中国人自己的飞机这一梦想，心里感到非常高兴。

注释：

1958年7月26日，歼教1飞机由空军飞行员于振武驾驶首飞成功；8月4日，军委副主席叶剑英、空军司令员刘亚楼专程到沈阳参加报捷庆祝大会，观看了飞行表演，并对歼教1的设计与制造给予了肯定和赞许。

歼教1的成功，积累了一架新机研制全过程的资料和宝贵经验，探索了中国独立设计飞机的道路，为日后自行研制新机奠定了基础。更为重要的是，这次探索培养了许多中国的第一代飞机设计师，如歼8总设计师顾诵芬；副总设计师、气动弹性专家管德；强5飞机总设计师陆孝彭；歼7改进型总设计师屠基达以及"飞豹"总设计师陈一坚等。

支援南昌——试制初教 6

1957 年 12 月，根据空军和四局联合发出的关于试制初教 6 型飞机［注①］的指示，第一设计室开始了初教 6 飞机的初步设计。我积极参与了该机的设计工作。1958 年 3 月，初教 6 飞机完成了各系统的打样设计和吹风试验，制作出了 1:1 的木质样机。

当时，全国范围的大跃进浪潮已经汹涌澎湃。

鉴于飞机设计室和工厂正处于歼教 1 飞机试制的高潮，而且还要搞超声速的"东风"107 飞机，两个型号不能都挤在 112 厂，四局决定，初教 6 飞机的详细设计和试制工作转到南昌 320 厂，并安排初教 6 主管设计师屠基达带领 20 多名设计人员去南昌 320 厂，与 320 厂设计室共同进行初教 6 飞机的设计发图工作。我亦有幸加入到这个队伍当中。

我们一行于 1958 年 6 月初到达 320 厂，徐舜寿亲自送我们过去。我们分别插到了 320 厂设计科的各个专业中去，使设计队伍一下就扩大到 90 多人，其中大多数设计员是和我一样 20 多岁的年轻人。

大家团结一致，加班加点，仅用一个月时间，便设计出全套设计图样。我主要负责机身设计，一个人发完了整个机身的总图。在 320 厂那段时间，大家干得热火朝天。设计室晚上从来没有熄过灯，房门从来没有上过锁。

记得南昌当时正好是三伏天，最热的时候，晚上躺着都汗流不止，半夜要起来冲好几次凉才能睡觉。我们在那边坚持发完了初教 6 的图样并打样，直至完成了初教 6 设计的移交工作。

1962 年 1 月，国务院军工产品定型委员会根据 1961 年 12 月国家鉴定委员会的鉴定结论，正式批准初教 6 飞机定型，投入批生产，装备部队［注②］。到 2007 年底，初教 6 飞机已生产 3000 多架，同时销往国外几百架。该机 1979 年荣获国家级质量金质奖章。

注释：

① 1957 年夏，歼教 1 打样刚刚结束，徐舜寿就向设计室提出下一个型号干什么的问题。他向四局提交了《请示飞机设计室第二设计任务方向的报告》。报告提出了三个方案：初教机；初级靶机；中型喷气运输机。1957 年 12 月，空军和四局联合批准了初教 6 型飞机的试制。

② 初教 6 飞机是我国自行设计试制成功并批生产装备部队的第一型飞机。该机为单发动机、全金属前三点式起落架、串列双座、螺旋桨式初级教练机。它在中国航空史上具有十分重要的意义，标志着中国航空工业已经从修理、仿制发展到自行设计飞机并形成装备的新阶段。

艰难积累——研制强 5、"东风" 107

在 320 厂完成交接后，我从南昌回到沈阳，参加强 5 飞机的设计。

1958 年 3 月，空军司令员刘亚楼在四局召开的企业领导干部会议上，提出空军迫切需要一种比较先进的强击机。根据空军提出的要求，第一飞机设计室立即组织技术人员收集材料，派人到部队调查，随后提出了以米格 -19 为基础，改为两侧进气的超声速飞机的初步设想，当时称为"东风" 106，后正式命名为强 5 飞机［注①］。

同年8月，经上级决定，强5飞机研制任务也交由南昌320厂负责。但徐舜寿始终对强5飞机给予了极大的关注和热情的支援。

在研制和使用过程中，强5出现了不少技术问题。徐舜寿便安排我于1963年底前往南昌协助解决问题。之后又派顾诵芬、管德去解答320厂研制中出现的气动方面的问题。后经320厂改进设计，并经过艰苦曲折的历程，强5飞机终于试飞成功［注②］。

与此同时，受大跃进"浮夸风"的影响，第一飞机设计室也有了一套具体的、庞大的新机设计的"大跃进"计划，最具代表性的，便是设计超声速喷气式歼击机［注③］。

1958年8月，四局给第一飞机设计室下达了"东风"107的设计任务。这一任务是在没有任何正式参考资料的情况下，发扬"破除迷信，敢想敢干"的精神提出的，与设计歼教1飞机的情况大不一样。当时，整个设计室对超声速飞机的了解仅限于国外杂志上的一些介绍。从开始到结束，仅一年多的时间，"东风"107飞机从仓促上马到被迫停研。

"东风"107参照的是美国的F8U飞机，它实际上是一种舰载机，整个机翼可以抬起来，可变迎角。当时大家对此了解得还不够深入，知识水平也没有达到一个相应的层面。

"东风"107的失败应当归结于当时的政治原因，最终它被指标更加离谱的"东风"113所取代。从技术角度讲，"东风"113即便是现在看来也不是一个好方案，太先进了，严重脱离了当时的水平，需要付出很大的代价才能完成，所以这些型号都没有投产。

注释：

① 1958年8月，四局在沈阳112厂召开航空工业技术会议，确定由112厂飞机设计室自行设计"东风"107超声速歼击机，并决定将"东风"106改为强击机（即强5），研制任务交由南昌320

厂负责。会后，112 厂飞机设计室的陆孝彭等一部分设计员被调到 320 厂。陆孝彭对原"东风"106 的设计方案进行了调整，如增加了机翼面积、增设弹舱等。

②强 5 后来由 320 厂发展成有 7 种改型的系列飞机，并大量装备部队，成为空军和海军的主要作战机种之一。还出口外销其他国家，获得了较好的国际声誉。1985 年 10 月，强 5 及其改型飞机荣获国家科技进步奖特等奖。1987 年，强 5 飞机参加了第 37 届巴黎航展，被誉为"亚洲明星"。

③歼教 1 之后，第一飞机设计室开始酝酿自行设计飞机的下一个目标，即超声速喷气式歼击机。1958 年 4 月，飞机设计室提出了设计"东风"104 歼击机的设想。

渐入佳境——参与摸透米格 -21

1960 年 7 月，苏联政府停止了一切对华援建，中国的航空工业陷入了"毫无依靠"的窘迫境地，第一次尝到了靠别人吃饭而断粮的苦头。然而，"断粮"的绝路恰恰给了中国人自强自立的契机。痛定思痛，中央坚定地做出了"独立自主发展我国航空工业"的决定。

为了加速发展我国国防科学技术研究工作，中共中央于 1960 年 12 月 20 日批准成立航空研究院——国防部第六研究院。1961 年 7 月 18 日，总参谋部以参科字第 32 号文批准六院成立十个研究所。

1961 年 8 月 3 日，六院 601 所在沈阳正式成立。按照决定，第二机械工业部航空工业局设在沈阳 112 厂的第一飞机设计室人员、军事工程学院参加"东风"113 飞机设计的师生以及空军第一研究所全体人员集中起来组建了六院 601 所。

601 所成立后的第一项重要工作，便是摸透米格 -21 飞机 [注]。

米格-21歼击机是当时世界上最先进的新型歼击机（战斗机）之一。为了摸透、消化吸收飞机的设计技术，就必须进行反设计。我参加了飞机性能计算和飞机总体布置图的绘制工作。

由于之前几个型号的锻炼、积累，此时，我已具备一定的分析和解决问题的能力。1961年，我由专业组长升任601所机身室主任。这段时间，导师徐舜寿也从各方面对我进行了培养，特别是有意识地安排我了解飞机设计的全过程。所以，我先后干过飞机总体、气动、强度、结构、系统等专业的设计，为我后来担任"飞豹"飞机的型号总设计师，熟悉各专业情况，统揽全局工作打下了坚实的基础。

我在总体、气动、强度、结构、系统好多专业都干过，期间科里又想把我弄去搞电子。接到安排后，我买了很多电子方面的书，而且已经学了一个多月。结果人家又找到人告诉我不用去了，我就做回自己本行。我对个人与工作的关系认识得还是比较清楚的，哪里需要就到哪里，只要没有太大的利害关系，基本是服从工作需要。

1962年5月，四局要求601所在摸透米格-21的基础上，开始研制高空高速歼击机，新机命名为歼8飞机。

摸透和掌握米格-21的设计技术之后，我们就在徐舜寿、叶正大等同志的带领下开始设计歼8。我们从事飞机设计的几个骨干被大家称为"七君子"，是当时公认的"技术尖子"。

实际上，我搞歼8的时间并不长。因为1964年夏，我就和导师徐舜寿一道，被调往位于西安阎良的大型飞机设计研究所——603所（当初还叫六院十所），由此翻开了自己人生的另一篇章。

注释：

1961年2月，空军和四局就苏联准备转让米格-21歼击机制造权的问题进行了深入细致的讨论。双方协定：苏联将在不附加任何条件的情况下，给予中国生产米格—21飞机的特许权，但所有技术援助都是有偿的。协议生效 5 个月后，苏联有关部门将制造米格 -21 的技术资料陆续交付沈阳飞机制造厂。

我和导师徐舜寿

徐舜寿和吴大观都是解放前成长起来的新中国航空工业的奠基人、一代宗师。我是解放后新中国航空工业培养的第一代飞机设计师。在飞机设计与航空理论研究上，徐舜寿和吴大观都是我的导师、楷模。

徐舜寿作为中国航空工业的奠基人之一，他的作风、学识，他的一言一行都给我们留下了宝贵的财富。由于他身体力行，言传身教，强抓基本功和专业建设，培养造就了一大批中国航空工业的栋梁之才，也为我这样的年轻人打下了坚实的技术基础。

从组建第一设计室开始，徐舜寿就教我们设计歼教 1、初教 6，还指导我研究疲劳理论、翻译书籍，甚至带我们到南昌 320 厂帮他们建设计所。

徐舜寿曾经让我翻译一本外文书，我很快就译出来给他交了卷。我以为他看看就完事儿了，结果他是一个字一个字，连标点符号都逐个帮我改，这的确出乎我的意料。我们这些人外文水平不那么好，但翻译外文资料还马马虎虎吧，我以为我这儿应该没什么问题，可一到他那儿没过关。过不了关他也不是简单地给你打回去，让你再来，真正搞科研的人，不但很严谨，而且还很细心，他一方面给你改，另一方面还给你讲，帮你改完以后，让你看是不是比原来的更精彩。我一看他改得确实比我好，真是让人心服口服。

参加工作那么长的时间，对我影响比较大的一个是徐舜寿，一个是黄志千,一个是叶正大。我这个人说得少,但我心里总把徐舜寿当成自己的恩师,这就是中国人的那种传统。学生对老师的那种心情,有感激,有回忆,还有感情上的一些关联。因为一个人的成长不完全是自己奋斗出来的,必然有很多人帮助你成长,更重要的是有一个带路人,他给你点拨点拨你才会更快地成长。努力奋斗是基础,而一个很好的老师,很好的团队,对一个人的成长至关重要。所以我要说这一段话。徐舜寿对我的影响,也不是说上课给你讲大道理,他从来不愿意讲这些,我们一般是在吃饭、走路、茶余饭后谈这些事儿。所谓影响都不是靠讲课讲出来的,也不是靠讲大道理、喊口号出来的,而是结合日常工作,把自己的思想说出来。

首先,徐舜寿的确是个才子,聪明得很,考虑问题很超前。第二,他对大家的要求都很严,但他是属于诱导启发式的老师。"熟读唐诗三百首"就是最好的引导,还很形象。第三,他这个人是不停地在思考、学习,他水平很高,外语非常好,出差的时候,就在火车上把苏联的一本飞机概论给翻译出来了。第四,这个人非常平易近人,他虽然比我们强,但并没有高高在上,或者以居高临下的姿态来指使你,而是自己先做好了,然后跟你商量,启发你去把工作进一步做深做细。

第一飞机设计室刚组建时,我们108人都在徐舜寿的指导下工作。后来搞超声速飞机的时候,我们几个就慢慢"冒"出来了,群众私下有评论,领导们也看到这几个人比较能干。所以说,人才不是一两天形成的,是经过几年甚至很多年,领导看你干的工作一般没什么大错,群众也发现

在清华大学航空航天学院的徐舜寿塑像旁留影

这几个人有观点、能干活，理论上比较强、画图比较快，所以才慢慢开始"坐小桌子"，被选拔到第一线最重要的岗位去干活。

作为603所第一任总设计师，徐舜寿选拔技术干部也是任人唯贤。到西安只带了我，是因为我此前在哈尔滨就参与过轰炸机的设计，其他人都是从事歼击机设计的，而西安这边组建的是大型飞机设计所。

记得刚到603所不久，写总结的时候我写了两页纸交给他。有的人总结都是一本一本的。最后徐总在会上讲评时还说，你们看，老陈写得就是好，两页纸就把问题讲清楚了，你们说这么多干嘛？！他这个人是非常讲究效率的，几句话能说清楚的事不要你啰唆。

真正好的领导者、带头人不需要话多，他只给你指一个方向，剩下的还得你自己弄。好"伯乐"就一句话：你把这件事干好。当然一件还不行，得好几件加在一起。你做出结果，他才看你是不是"千里马"。

来到603所

1964年5月，在601所开始设计歼8飞机的时候，六院领导出于对发展大型飞机的关切和重视，决定将徐舜寿调往603所［注①］担任总师。

就这样，我随徐舜寿从东北转战到大西北，从事大型飞机的研制工作，并担任总师助理。在这之后的一段时间里，我在徐舜寿的直接领导下，积极投身到紧张的轰5改、运7等机种的改进设计之中。

到603所后，我接受的第一项任务是轰5改装涡轮风扇发动机的设计（又叫 64 任务），其主要内容是：将 РД-9Б 涡喷发动机取消加力燃烧室，加上风扇改为涡扇发动机（简称 61F，这是我们国家自主研发设计的发动机），来替换伊尔-28 飞机［注②］（轰 5 原型机）上原来的 ВК-1А 发动机。

当时成立了以我为组长的五人设计组（人称 61F 组），探讨轰 5 飞机改装 61F 发动机的可行性。

由于轰 5 飞机原来只有一个排气口，而 61F 发动机有两个，涡轮发动机风扇要排气，就需要有另一个出口。讨论来讨论去，飞机后面不能动，短舱不能动，发动机架子也不能动，我就和徐总商量决定搞个"裤衩"——两个半圆的东西一收就收成了一个出口。就当时来讲，这种"裤衩"形也可以说是一种创新吧。因为只有穿"裤衩"才能穿过去，也只有这样才能实现上级要求的小改目标，这是一种迫不得已的创新。

在方案评审会上，徐舜寿代表 603 所汇报了轰 5 飞机改进设计的初步设想，即尽量保持飞机的原形不变，只改发动机短舱，把 61F 涡轮风扇发动机装到轰 5 飞机上。改型分两步走，先小改，将涡轮风扇发动机（61F）装上轰 5 飞机，提高该飞机部分性能，然后再大改，全面改善飞机性能。会议将小改方案代号定为"64 任务"。

就这样，在徐舜寿的直接领导下，我与有关同志在原结构不做重大更改的条件下，首次解决了发动机双涵道的排气结构设计，当时属于国内首创。

很快，六院正式下文确认了小改方案，并要求半年内完成改进的初步方案。后来我们一大批人按照小改方案分两步往下走：先做地面试验，把飞机短舱和发动机装在一起，花半年时间做试验；之后发地面短舱的图，再交由哈尔滨 122 厂去生产。

飞机改装完以后还进行过多次滑跑。根据计算，轰 5 飞机改装 61F 发动机后，最大平飞速度优于伊尔-28 飞机的水平，最大航程可提高18%~28%，起飞滑跑距离可由1150米缩短到810米。但是因为发动机一起动温度很高，有时候就会把叶片卡住，危及安全。发动机如果要做大的改动，谁心中都没有底，这件事情最后就中途"流产"了。

到了1965年7月，国家要搞发动机自行设计，非常需要一个关键的试验设备——发动机高空试车台，以便测试发动机在高空气压低、温度低、空气密度小的情况下所具有的性能。

由于研制高空试车台地面试验设备的投资相当大，建设也非常复杂，当时国内根本不具备条件。为此，六院领导提出，能不能在轰6飞机下面挂一个吊舱，带着发动机到高空去进行试验？上级又给603所下达了研制空中发动机高空试车台的任务。

接到任务后，徐舜寿是总师，我是助理，率领603所技术人员完成了吊舱进气道与结构形式的总体设计，并全面开展了轰6飞机系统改装打样的设计，发出大量生产图样，很多图都是由我签字。

在试飞院、172厂的配合下，最终完成了发动机吊舱的设计、改装、制造，并交付飞行试验单位使用直到20世纪末。

注释：

① 603所是1961年11月经中国人民解放军总参谋部批准成立的，属国防部第七研究院。1963年12月14日，总参和国防科委决定将七院十所划归六院建制，番号为国防部第六研究院第十研究所，即大型飞机研究所。1968年1月，该所随六院划归国防科委，改称中国人民解放军第603所。

② 伊尔-28飞机是苏联第一代轻型双发喷气式轰炸机。1947年首飞，1950年装备部队。

＃ 第|四|章

运7仿制

20世纪60年代中期,我国的飞机设计事业已开始由仿制走向自行设计,歼击机设计已初具规模,而大型飞机,特别是运输机还是一片空白。航空专家论证分析后认为,根据我国当时的研究设计水平和生产制造能力,运输机还得遵循从仿制到自行设计的道路,循序渐进。涡轮螺旋桨飞机安-24的经济性好,工艺技术先进,作为测绘仿制对象,技术起点高,可以促进我国航空工业的发展。

运7飞机

1966年初,国家批准第三机械工业部引进苏制图-124和安-24客机各两架,准备测绘仿制。同年4月,三机部正式决定:以603所技术力量为主体,测绘安-24飞机、试制国产运7飞机〔注〕。我有幸参加了这项有意义的工作。

注释:

1966年4月,三机部向603所、172厂正式下达了测绘试制国产运7飞机的任务,要求按照测绘仿制之路来组织设计。同年10

月，三机部依据国务院领导的指示，同意研制总方案；10月，国务院国防工办正式下达了运7测绘设计试制任务，并命名为运输机7型——Y7。

研究制定总体方案

按照上级的指示精神，603所和172厂迅速成立了测绘仿制领导小组。1966年4月，样机到位，测绘工作旋即展开。

运7仿制不是要和安-24有所区别吗？研究总体方案的时候，徐舜寿就找了我和朱谨準两个人（朱谨準当时是总体组的组长），我们俩为主，还有其他人参与，对飞机的外形、起落架等进行修改，提出了总体方案。讨论方案的时候徐总亲自参加。

1966年7月，603所和172厂联合上报了研制总方案；10月，叶剑英副主席批示"拟同意，请总理审示"。10月11日，周恩来总理做出批复——"同意"。

运7测绘方案是按"外形应有所不同"的指示精神，对机翼的下反角、翼尖外形、尾翼的外形做一些不"伤筋动骨"的更改。在徐舜寿的主持下，我们多次就总体气动方案展开讨论，并安排了风洞试验。但这个方案后来被否定了，有关方面要求不做任何改动，完全"依葫芦画葫芦"地测绘仿制。为了摸透这一飞机，总体气动专业人员还进行了全套气动力计算及风洞试验，与资料值作对比分析，为运输机设计打下了基础。

开始的时候，我们的"办公室"就在飞机前面。设计人员拿着钢板尺、卡尺爬到飞机上，测量每一块蒙皮的厚度、长桁剖面尺寸、铆钉直径和边距等，并将其一一记录在本子上。然后到绘图桌上用传统绘图工具一点一线地画在图样上，不断反复测绘直到完成。

由于上级对时间的要求很紧，我们马上发图，发图开始的时候，我带领一帮人参加了结构强度方面的工作。我那时仍担任总师助理职务，主要负责强度计算以及结构图样的审签。

当时为了运7飞机座舱的地面观察窗设计，设计员来找我签字。运7飞机驾驶舱下面有一个大约几十厘米的地面观察窗，只能按一般的解析法计算，不能按现在的有限元来计算，剩余强度不够。当时算出来只有0.87，不满足大于1的一般要求，也没有办法算得很准确。如果用运7的蒙皮结构来算，剩余强度不够，所以，谁也不敢对此下结论。

他们问我怎么办，我说可以签字。因为我心里有数，第一，算不准，我们的材料跟别人都一样，飞机强度肯定没有问题；第二，我们现在的计算只是个粗略计算，将来能够进行科学的精细计算之后可以解决这个问题；第三，有一个退路，强度万一不够的话，在质量不变的情况下，把里面的铝套圈改成钢套圈，便可以解决问题。根据这三点我签了字，就这样发图了。

然而，运7飞机刚搞了没多久，史无前例的"文化大革命"开始了。我的导师徐舜寿被诬为"反动学术权威"，遭受了百般侮辱、折磨和批斗，不久含愤离开了人间。

我也被造反派诬为徐总的技术"黑干将"，备受摧残……而运7座舱设计签字这件事也给我带来了很大的麻烦，我差点因此进了监狱。

"解放"（即解除劳动改造）后我又回到强度室工作。正好运7准备做疲劳试验，正在对水槽试验进行论证。大家都没做过这样的工作，资料又无处可找，如何进行试验、加载、检查的任务就交给了我。在看书、看资料、请教教授、讨论商量之后，我拿出了一个试验大纲，这是我国第一份飞机疲劳试验大纲。

603所原所长任长松：

整个运7的方案是由徐舜寿和陈一坚等人一起确定的，后来还到部里汇报运7怎么测绘、怎么设计。但"文化大革命"刚开始的1967年，他们就"靠边站"了。后来又搞了个"抓特务"，说徐舜寿是特务，陈一坚等一批人都被牵扯了进去。陈一坚被"关"了一段时间，后来又回到强度室，负责运7疲劳方面的工作。运7作为603所第一个成功的型号，陈一坚做了很多工作。

主持疲劳试验

1952年，国外曾发生过一次飞行事故：英国一架非常先进的飞机——"彗星"号客机在地中海上空飞行时突然爆炸。调查结果显示：爆炸既非人为破坏，也不是操作不当，而是突然的疲劳断裂所致。这起事故的原因引起国际航空界的高度重视。徐舜寿也因此开始思考中国飞机设计中如何应对疲劳断裂的问题。他曾郑重地对我说："你要多看看国外疲劳断裂方面的资料，平时要多考虑我们的飞机如何解决疲劳破坏问题。"

其实，疲劳是一个比较老的学科，很早就有了，从机件到火车轮子一直到飞行器都出现过疲劳问题，所不同的是，飞行器比地面物体的问题更大。因为飞机的剩余强度很小，只有1.5倍。地面上从火车到房屋建筑的剩余强度可以达到一二十倍，它们的疲劳问题被剩余强度掩盖了。

由于飞机的安全系数非常低，疲劳问题很快就暴露出来了，这种暴露是致命性的，会引起增压舱爆炸。当时，飞机疲劳在国内几乎还是一片空白，学校也没开这方面的学科和课程。学习中发现还有断裂力学，这是在疲劳基础上的又一发展。

早在20世纪20年代，一般固体力学有个基本假设——材料是匀质的，实际上金属材料是非匀质的。而断裂力学就是在这个基础上发展起来，成为独立的力学分支的。从20世纪初格里菲斯的脆性材料，到60年代欧文的一般金属材料，一整套断裂力学的系统理论建立起来了，它可以解决飞机长时间使用的疲劳寿命、结构损伤性、耐久性和疲劳环境等问题。

"文化大革命"开始后，尽管身处逆境，我仍然坚持研究飞机的疲劳断裂问题，依靠自学，学习了疲劳力学和断裂力学，并开始研究运7飞机的全机疲劳试验，编写了我国第一份飞机疲劳试验大纲，也就是运7飞机疲劳试验大纲；还编写了运7飞机疲劳试验疲劳载荷谱，结束了我国在飞机研制中完全参考外国通用疲劳载荷谱的历史，填补了国内该领域的空白，为我国飞机研制的疲劳设计、疲劳试验奠定了基础。此后，我又和中科院力学所的伍义生同志一起，出版了《微观断裂力学》一书。

1976年6月，"运7疲劳试验大纲"经讨论批准后，623所筹建了一个能容纳整个机身的水槽。水槽疲劳试验在我国还是第一次，水槽1980年11月建成，我们将一批第五架疲劳试验的机身放在水槽里试验。原计划三年时间完成12万次飞行循环，确定使用寿命3万飞行小时，但当试验进行到52147次循环时，一声巨响，机身沿10框开裂并延伸到17框，机身断裂，试验中止。

经专业人员分析认为：是试验操作程序不当，导致一次性静力破坏。根据现有循环试验折算，飞机寿命至少可达13000次飞行，按目前国内航线上安-24飞机的日使用率估算，运7飞机可安全飞行十年以上。

运7飞机是603所组建后的第一个产品。由于是测绘设计，只走了大半个设计过程。通过运7测绘设计，这支队伍加深了从飞机到图样，从图样到制造，再到产品生产整个飞机研制流程的认识。

1981年，三机部授予603所运7飞机测绘设计一等奖。

1982年7月，国务院、中央军委常规军工产品定型委员会批准运7飞机设计定型。11月，航空工业部在阎良隆重召开运7飞机定型庆功大会。1985年，运7飞机获国家科技进步奖二等奖。

第五章

十年动乱

1966年5月16日，中共中央政治局扩大会议通过了开始"文化大革命"的纲领文件——《中国共产党中央委员会关于开展无产阶级文化大革命的通知》（"5.16"通知）。5月下旬，603所展开了声讨"三家村"的大批判活动。6月下旬，转入内部——停产搞运动，所里出现了公开点名批判个别领导和职工的大字报。随着运动的迅猛发展，全所很快陷入无政府状态。11月，所内出现群众组织，先后成立了"燎原无产阶级革命造反总部""红色造反司令部"和"516红色造反兵团"。

在"一月风暴"的影响下，1967年2月，603所造反派夺权，各级领导靠边站，党组织瘫痪，派性斗争加剧。4月，西安市警备区驻603所警卫连组成毛泽东思想宣传队进驻所里。5月，空军军管组进驻603所，实行军事管制。9月，西安发生大规模武斗。

1968年2月，经国防科委军管组批准，成立了中国人民解放军第603研究所"革命委员会"。根据毛泽东主席1968年关于"建立三结合的革命委员会，大批判，清理阶级队伍"的指示，"革命委员会"组成"清队"领导小组。9月，由西安仪表厂组成的工宣队进所，直接抓"清队"，举办各种学习班，大搞清查、深挖，致使科研生产中断。

全所被立案审查并做过处理的有几十人，其中有的定为反革命分子，有的被指控为"特务集团成员"，有些被扣以各种政治问题的帽子而遭到批判斗争，有的被开除、劝退出党。还有的由于忍受不了残酷的人身折磨被迫含冤自杀。他们中有1945年参加新四军的所技术处副处长、党支部书记童乔生。

蒙受不白之冤

"文化大革命"开始后，所里出现了"造反派"和"保皇派"

两个派性组织。徐舜寿是重点攻击对象，在遭受了残酷迫害和无休止的折磨后，不幸于1968年1月6日逝世，终年51岁。之后我就取代了他，变成了重点审查对象，遭到隔离和软禁，很多帽子也都落在了我的头上——反动权威、特务、"牛鬼蛇神"等各种各样无中生有的罪名。

我被软禁了一段时间，有家不能回，就住在一个小房间里，三顿饭由人送来，除了让看毛主席语录外，其余什么都不让干。我的同学、亲戚全都被调查过（他们后来告诉我的），但造反派仍然找不到我的任何反动言行。所以在"文化大革命"中，我是比较特殊的一个，在别人全家生活费只有十几元钱的时候，我仍然是工资照发。

后来也不知道被什么人揭发，说运7口盖的强度明明不够，但我说强度够，并签字发图。强度不够就敢发图？这在当时就是典型的破坏生产的反革命！我被当做是美国埋伏下来的特务、反革命分子，第二天就要宣布逮捕。

在这之前一两天，省公安厅派了两个人过来了解情况。他们让我从我的祖父、父亲、我的出身一直说到现在。后来就问我有没有强度这件事。我承认是我做出的决定，并仔细说了我的考虑：在有退路的情况下允许有一定的风险，而且有国外飞机为证，在科学上没有一点儿问题。此外，在没有根据的情况下做强度修改，只会把飞机的重量加重，根本没有必要。

谈了整整一下午，直到天快黑了他们才走。"解放"以后才知道，那两个考察我的人还确实是秉公办事，他们认为，不能毫无根据地说人家是破坏，人家有理论、有计算方法、有确凿的分析，还有退路，这种科学上的决策不可能使飞机出问题。他们回去之后据实作了汇报，最终就没有批捕。我被"解放"后，别人才告诉我："你差一点儿就进监狱了！"

"文化大革命"期间，徐舜寿和童乔生都含冤去世，所内找不到一个"大头儿"，文化大革命小组本来准备拿我当"大头儿"处理，结果省公安厅没批，这件事就这样有惊无险地过去了。

我当时的压力也特别大！连胡子都不让刮，要出来批斗的时候才拿个刮胡刀刮两下。在那个年代，人已经到了疯狂的地步。两派斗争使得同志都被当成敌人来对待了。不是敌人也把人硬推到敌人的行列里去，这是中国几千年封建历史中官场斗争及人际斗争的真实再现！

"文化大革命"是一场混战，人与人之间没有信誉可言，丧失了社会的公正准则和人的道德标准，只要恨某个人，就会想尽办法加害甚至把他整死，就像徐舜寿，被人用不可理喻的、非人性的办法来对待。好在这些都已经成为历史。

王士珍：

"文化大革命"那些年简直乱套了，好人坏人也分不清。徐舜寿没死的时候，外面的大字报老是不点名地说老陈是"黑爪牙"，徐舜寿一死，就点名了。"造反派"老叫我揭发他。我只有一个想法，是好人还是坏人，总有一天会搞清楚。

20世纪60年代初全家合影

我总感觉老陈比我精神压力大，我体力好，家里的事从来不让他烦心。他被隔离不让回家，孩子们在上学，我还要上班，看看别人家都有父母亲或兄弟姐妹过来帮忙，真想有个人能帮我一把。可我们两家都在那么远的南方，老人年纪大了。想到自己农村还有个奶妈，我就写信向她求助，说我愿意做她的女儿养她到老。老人家故土难离，也不愿意来。

那些年累得我心里真不好受，感觉自己像一盏快要耗尽的油灯一样。开始孩子们还小，好不容易把他们养大了，又一个个下乡，受父亲牵连，去的都是最苦最穷的地方，窝头都吃不饱，每次回家我都尽量给孩子们改善伙食，走的时候还要带点咸菜。大女儿和儿子都在乡下受苦，小女儿在家像流浪儿一样脖子上挂着钥匙，没人照顾。我整天还要参加学习、批斗，谁见了我们都不理。但每次批斗我的时候，我不但不低头，还站得挺直和他们争辩，我不是反革命，我是爱党的，我不服！

结果最后连气带累的，我吐血住进了医院，真是尝到了"肺都要气炸了"的滋味。住院后同病房那个人半夜死了，吓得我再也不敢在里面住，回家没几天，又被叫去参加"学习"。那时候如果我脆弱、悲观一点可能早就倒下了，不但照顾不了老陈，还要拖他的后腿。

委屈是委屈，但我一定要活下去，不能轻生，好多人当时因为想不通都自杀了。老陈在"牛棚"里挨整的事情从来不跟我说，怕我难受。一回到家来，我就格外关照他，安慰他。他去理发的时候，我还叫儿子在他后面悄悄地跟着，以防别人来整他。

老陈的父亲在大学是一级教授，也受到冲击，他写信告诫我们全家一定要听党的话，相信党、跟党走。后来我慢慢看开了，不是我一家、一个人受到迫害。当时，172厂工段长以上的人都被当成"特务"。运动嘛，总有过去的时候。中央那么多领导、开国元勋都受到迫害，最后结局那么惨。我们本来就是小老百姓，受这点苦没什么了不起。整我们的人也是运动需要。我们始终坚信，还是共产党的领导好，没有共产党就没有我们的今天，没有党，这个国家不知道会变成什么样，党还是想让全体人民过上好日子的，搞运动整了那么多人是党组织里出了坏人。我和老陈在这方面的观点始终是一致的。

陈冰：

"文化大革命"开始前，爸还是研究室的主任，他对同事特别关心。我印象中一到礼拜天，叔叔、阿姨都喜欢到我家吃饭，很多人包饺子、做饭都是在我家跟我妈学的。爸和他的同事关系都特别好。

"文化大革命"一开始，我爸爸受审查了，我跟我弟弟马上就不和那些经常来我们家的叔叔阿姨说话了。"文化大革命"后期爸爸"解放"以后他们还跟爸说，你们家孩子特别懂事。就是不愿意牵连别人，很自尊。其实这种东西都是潜移默化从父母身上感受到的，还有我父亲身上那种知识分子的傲骨，不向邪恶低头，但也绝对不影响别人。爸爸受伤害的时候反击能力比较差，因为他从小周围的人都非常善良，他也不愿意把人想得很坏。遇到什么事，我爸妈都是用很豁达的胸怀去包容别人。比方说，原来到我们家吃饭的那些叔叔，后来到我们家抄家、斗我爸。说实在的，我们当时看着他们在家里乱翻，心里很不是滋味。因为他们都是很熟的人，想不通为什么一下子变成这样？！

"文化大革命"中印象最深的是妈妈生病。当时我爸爸还在牛棚，有一天妈妈正在给我们包饺子，突然就大口大口吐起血来，我赶紧去邻居家求叔叔阿姨把我妈送到医院。我弟弟就跑去牛棚找我爸。爸当时正在打扫卫生，弟弟悄悄溜到他身边告诉他妈妈吐血了。我爸赶紧就去请假。我记得那时候我们有一个邻居还真不错，帮我妈止血，后来我爸把妈妈送进了医院，自己还得回去继续"改造"。我就带着弟弟妹妹在家，当时我12岁，弟弟9岁，妹妹只有两三岁。

但是爸爸"解放"后一恢复工作，对整过他的人还是一如既往地好，工作中该怎么样还怎么样，但他们不好意思再到我家来了。

从这些事上看得出我父亲很豁达开朗。"文化大革命"挨整的时候，爸爸每次从牛棚回来，还给我们讲故事，《一只绣花鞋》就是从他那儿听到的。他每次挨斗回来总要表现出一种很乐观的态度，尽可能给我们创造一种家的温馨，让我们受到的伤害减到最小。

我会脱离苦海

省公安厅找我谈过话之后，造反派就没再软禁我，而是让我劳动改造。首先是种地，我们一起的有三四个人，负责给试飞院机场跑道旁边的100亩麦地浇水、拉粪、除草、割麦子。当时所里还有六七十只羊没人放，他们就把这几十只羊交给我了。

早上天蒙蒙亮我就起床，吃完早饭带些干粮戴个草帽，夹着书就去荒草地放羊了。因为刚开始被软禁的时候，还不准看书。现在出来放羊就不受限制了，为此，我开心得不得了，我这人就是离不开书。

放羊的难度也不小。羊到处乱跑乱叫，我用鞭子怎么甩也吓唬不住。头几天非常吃力，羊跑我追，真不知怎么办才好。后来一位老乡看见我的窘态后就告诉我：你只要把带头的公羊管好，其他的羊就会跟上来。一句话提醒了我！小时候也学过这样的课文，知道羊群中有个带头的，但是却没能用到实践中。经老乡这么一点拨，我才豁然开朗。之后，我花力气把那个带头的公羊管住了，其他羊再也不到处乱跑了，都很顺从地跟着走。因为很专心于做这件事，所以那一群羊被我养得又肥又壮。

放羊没多久，他们又告诉我，还有好几栏猪没人看管，又换我去养猪。我自己买了科学喂猪和给猪看病的书，边学边喂养。

在没有人指导的情况下我按书上讲的来。猪有时也感冒发烧，我得亲自给它们量体温，夹着猪头在猪耳朵后面给它打土霉素。母猪生猪仔的时候，没人敢弄，我就一直陪着它，等它生完了小猪我才回去。当时，革委会每个月都会派人过来，名义上是来帮助我，实际上是检查监督。

我始终认为自己是个革命派，不是造反派所说的那种人，我相信自己迟早会被组织所认识，对此我一直很有信心：只要自己心中有数，没有说过坏话、做过坏事，总有一天会得到平反，后来终于应验了。

我身体一直不怎么强壮，养羊、喂猪之后反而好了。天天在外面呼吸新鲜空气，心情也很轻松，太阳快下山的时候把羊赶回羊圈，一天的任务就完成了。养猪更好，一桶一桶从高处往下倒饲料，手和胳膊以及全身都得到了锻炼。只是我爱人和孩子们跟着我吃了很多苦，他们当时都受到了歧视，精神上备受摧残。尤其是我爱人，承受了很大的精神压力，但她一直默默地支持着我。之所以能坚强地走过那段阴霾密布的岁月，除了家人的支持外，我想和我的人生态度也有很大的关系：

不与人争锋、不与人交恶、与人为善这些为人之道，看来都是小事，但实际上影响面很广，一直渗透到我的学习、工作、生活及社交中。这些基本的人生观和为人处事的原则主要是受我父亲的影响。他都是佛家与人为善那一套，别人对他有过分的地方，他都不去过多计较，也不跟人争什么，因为他相信凡事自有公论。

在放羊、养猪的时候，我也是怀着一颗平常心，从来不觉得我懂多少、有多大学问，没有觉得干那种工作是一种大材小用，全然没有那么多想法。我当时就想着尽力做好自己的事情，把猪养好。那时候所里逢年过节可以为大家改善生活，有粮食面粉，还杀猪宰羊。自己做的事情也有了回报，心里就感到一丝欣慰。

后来所里在凤翔建址，我又被派到那边的汽车队去锻炼。之后的一段时间，我跟汽车队的老师傅们干在一起，吃在一起，睡在一起，我们之间无话不谈，感情、关系都特别好。他们为人都很直爽热情，很照顾我，让我做些洗车、加油等杂活，他们出车我跟着就行了。期间，我还跟他们一起学习了修车。

他们对我好，我也尽力做一些事情。当时天很冷，车不容易发动，因此，我每天很早便起床，用木炭给每台发动机烤火加热。这样，司机起床后吃完饭就可以直接开车走，要不然他们起来再烤，时间来不及。对此，师傅们都很满意。之后，所里买了一辆罗马尼亚的吉普车，是英文说明书，大家说，正好老陈在这儿，你把它翻译出来给我们讲讲就行了。

记得有一次加油还出了点意外。我和一位司机把车开到油罐旁边，他去忙别的事情，让我加油，我就爬到油罐顶上去。当时没注意顶上盖的都是石棉瓦，我一下子踩空，掉到了油罐外面十来米深的坑里，人也摔糊涂了。后来司机回来后发现油没加上，人却不见了，就到处找我。最后发现我掉进了坑里面，腿也摔骨折了，只好让我回家养伤。伤养好了，我也"解放"了，那是1969年。

"文化大革命"四年多被当做"牛鬼蛇神"，可我内心坚信自己凭良心干活，不会有事。如果党的政策是最终要澄清每个人的问题的话，我的问题总有一天会搞清楚的，我有信心最终会脱离这个苦海，而且我从心里对国家、对党始终没有怀疑过。"反右"当中意见也提过，但没有任何过激言论，只是说还有可以改进的地方，而且完全是自

20世纪70年代初，603所在凤翔枣子河的所址

然流露，没有说共产党不行，因为心里从来没有这个想法。旧社会我受了那么多罪，相比之下现在已经很好了，干嘛非要去反对？做人就应该老老实实、本本分分的，再加上我随遇而安的性格——人家只给你养猪、放羊的条件，我干吗一定要去画图、搞设计呢？

王士珍：

凤翔那次真是多亏了菩萨保佑，要不然他差一点儿就掉进油罐里了。摔成骨折以后，工宣队通知我赶紧到凤翔去，我问啥事，人家说，"你不要问，去就行了。""怎么去？""自己去。"我也不知道凤翔在哪里。没关系，我想，就是走也要走到那儿去！回到家，我就烧了一些肉菜（因为刚结婚那会儿，老陈很喜欢吃瘦肉、鱼虾，生活还是很讲究的。结婚后有了孩子，好东西都让给我和孩子了。后来又是自然灾害，他吃东西就再也不讲究了。难得有点好吃的，还时常要你让我、我让你地生气），把最小的孩子一抱，领着两个大的边走边问，还好到那边有公交车。

我们来到医院，里面像监狱一样破破烂烂的。老陈脚上打了厚厚的石膏躺在病床上，真是凄惨！一家人待了几天，生活很不方便，我们又回到阎良，脚伤没好就要他参加批斗会，他挂着拐杖就去了。

当时他们几个被整得厉害，有人受不了就跳烟囱自杀了。我鼓励老陈其他什么都不要想，首先保证自己一定要活下去。我们还年轻，往后怎么样还没看见呢，千万不能自己先倒下去。只有活着才能看到。

"文化大革命"以前我在603所福利科当会计，老陈受冲击以后我也停职接受审查。"造反派"把我管的账查了五六遍，账本都翻烂了，也没有任何问题。后来，我比老陈提前"解放"。

原本以为"解放"以后就可以恢复工作了，没想到一切都变得面目全非！刚开始让我去食堂当炊事员、洗菜，后来说我还是反革命家属，不能放松阶级斗争那根"弦"，又让我到锅炉房去烧开水。烧开水也不给我好煤，水半天都烧不开。我天不亮就去烧，每天都按时把水烧开。后来又有人说，烧开水也不行，怕我放毒。我气得跟他们理论:锅炉是封闭的,你告诉我,这个毒要从哪里放进去?!还是不放心,又给我安排到农场去干会计。就这样一直干到提前退休。

当时大女儿下乡五年还上不来,老陈不愿找人说话,让我去找。一次中央一位领导(王震)来阎良。刘鸿志(曾任601所所长,当时任630所所长)就向他汇报了老陈的情况,最后还给大女儿所在的公社写了条子。一个多月后,专门下了一个招工指标,结果那名额竟然被人顶替了!为这个事我伤透了心。过了没多久,我们所一次下了几个名额,这才把老大从蒲城农村招上来。可儿子当时仍在下乡,怎么办?我只好提前退休,让儿子顶替我,这样才把儿子从农村弄回来。

陈冰:

爸在凤翔摔骨折了,我妈就领着我们去看他。我印象很深,即便是在那儿修汽车,我爸都没有忘记充实自己,空闲时他就看疲劳方面的书,纯英文的大部头技术书。在我还是中学生的时候,爸就给我讲飞机疲劳方面的知识,包括为什么会产生疲劳,疲劳后会出现什么后果。他就是在平时的生活中给我们讲了很多科学道理,而且是用生活里很通俗易懂的语言告诉我们深奥的科学原理。

我下乡那天妈妈根本不敢去送,爸爸一个人骑着自行车一直跟在送我们的卡车后面。那是一辆从沈阳带过来的德国自行车,爸爸骑着它跟着卡车跑,直到自行车再也追不上卡车,我也就看不到他了。

每次回家探亲,爸爸妈妈什么都不让我做,我妈就帮我换洗、做好吃的,想看什么书他们早早帮你准备,尽其所能、倾其所有。

爸从来没有因为自己不工作了就去打牌什么的。有空他就帮我妈妈做饭、买菜、做鼓风机什么的。"文化大革命"的时候爸就在家里做手摇风轮、鼓风机,他还给我们讲其中的气动原理。比方说家里面有烟,把窗户打开一道缝,然后产生一种压差,这样就可以把烟抽出去。那段时间,我爸还自己动手,给家里做了一个五斗橱,我妈到现在还在用。它全部是我爸自己设计,又刨又锯,最后自己刷漆做出来的。

爸和妈的感情特别深。他们之间的交流是很家常的那种。我妈的手表从来都是我爸给上弦，我爸多少年来很认真地坚持这个习惯。

爸爸很喜欢古典音乐。他痛苦的时候不会跟我们讲，就是自己听音乐。记得我12岁那年，被172厂选去跳《红色娘子军》，每次演出回来都十一二点了，爸爸一直等着我，把饭准备好，洗漱用品都弄好，他才去睡觉。他等我的时候一般都是在看书。说心里话，爸爸一直是我心中的偶像，包括找对象，爸爸对我的影响是很深的。

我结婚后很长一段时间丈夫不在身边，爸给我的任务就是在把自己的工作做好的同时，一定要把孩子带好。儿子满月之后我就回娘家住了，头三个月，我儿子的尿布都是我爸和我弟弟帮着洗的。有的时候爸还帮我给儿子喂奶，我家现在还有那张照片。

我爸给我们几个孩子影响最大的就是无论做什么事情都要认认真真把它做好，而且要很快地把它做好。所以说我在农村插队的时候，从来都没有偷过懒，做什么事情都是豁出命去做。

第六章
我与"飞豹"

第二次世界大战之后，整个世界、整个地球都很不安宁，局部战争从来就没有停止过。整个世界的军事科学前沿有了非常大的进展。特别是在越南与美国的战争中，形成了一种新的战略思想，即陆军部队，基本上是机械化部队，像一股"钢铁洪流"。它们在田野上推进的速度是非常快的，一天几十千米、上百千米。这些"钢铁洪流"自己携带的补给不能太多，带太多跑不动，一般只带七天的。在"钢铁洪流"向前推进的过程中，如果后勤保障跟不上，或被切断的话，"钢铁洪流"就变成了一堆废铁。因此，战争的关键在于空军如何切断、摧毁敌人的补给线。

越南的胡志明小道就是当时一条重要的后方补给线，有很多的树林保护着这条道路。美国人找不到它，就洒下一种化学药品使树叶全部脱落，小道暴露出来了，越南的后方补给受到了严重打击。

美国人很快发现了这么一个重要的战争手段。后勤补给线要经过很多桥梁，美国人就集中力量把大桥炸毁，切断补给线。由于当时的飞机主要是用来空中格斗的，机动性很好，载弹量却很小。所以炸毁一座大桥往往需要出动一二十架飞机，投掷几十枚炸弹。这就带来一个非常大的问题：第一，飞机出动量很大，损失率肯定很高；第二，炸弹本身精度不高，航空制式炸弹没有制导，因而命中率很低。如果出动轰炸机当然可以，但它出动一次的成本非常高，另外它的目标也很大，像美国的B-52，如果到了对方战区，它自己也是对方攻击的目标，又没有空中战斗能力，只有挨打的份儿。如果有一种飞机既具有歼击机的功能，也具有轰炸机的功能，那不是一举两得吗？

歼击轰炸机在越南战场上的出色表现，让人们看到了它的巨大威力和光明前景。为了适应现代战争的新特点，世界其他国家也开始了歼击轰炸机的研制工作。苏联的苏-24"击剑手"和欧洲的"狂风"很快投入到了设计和生产阶段。几乎是在同一时期，中国海军在西沙海战中暴露出来的一系列问题，也让他们对新型飞机的设计研发提出了迫切需求。

"狂风"变后掠翼歼击轰炸机

苏-24"击剑手"

1974年1月初，南越当局单方面宣布在西沙群岛附近海域勘探石油。南越海军向该区域派遣了一支小舰队，形成一条封锁线，有消息报道，在此作业的数名中国渔民被杀害。1月20日，中国海军采取行动，赶走了护卫的南越舰队，并迅速占领南越当局在西沙群岛构筑的阵地。从那以后，西沙群岛一直置于中国的管辖之下，再没发生过军事争端。

这场冲突主要是两国海军之间的交战。尽管中国海军在自卫反击战中击沉击伤敌四艘巡逻艇，取得了海战的胜利，但也暴露出缺乏海军航空兵空中支援的严重缺陷。当时海航装备的歼击机基本没有对海攻击能力，轰 5 航程虽较远，但过于老旧，不堪重任。因此，适合海航使用的新型攻击机成为迫切亟需的机种。而在此之前，中国空军和三机部就提出过类似要求——用一种新机替代当时是中国强击机部队中坚的强 5。

20 世纪 70 年代初，中国空、海军装备的对地攻击飞机还是轰 5 和强 5 飞机，技术性能非常落后，不能适应未来局部战争的需要。空、海军不约而同地提出了研制对地对海攻击后继机的要求。

在 1975 年的军备发展会议上，国防科工委根据空、海军的强烈要求，确定了关于新型歼击轰炸机的战术技术指标，并据此要求三机部研制一个空、海军通用机种，通过对机上设备的调整，满足空、海军的需求。

任务下达后，603 所立即组织设计人员奔赴空、海军机场进行调研。在飞机旁、军营里，听取第一线指战员对新机的期望和要求；到空、海军机关，征询参谋们对新机在现代战争中的地位和使用特点的见解；到情报单位查阅国外同类飞机的研制进展和关键技术。通过分析、整理、归纳，与使用方一起上报了新机的战术技术指标。在斯贝发动机引进已成定局的情况下，603 所用两台斯贝发动机作为动力，对飞机的可行性和战术技术指标进行了论证。

我在文化大革命后期"解放"并恢复工作。开始是在强度室（1969—1975 年），主要搞运 7 疲劳。1975 年，我开始介入"飞豹"方案的论证工作，虽然没什么任命，但已经在做辅助性工作。从强度室出来的时候，室里还说有重要工作需要我，不想放。最后李纯彦（603 所原党委书记）说，我给你三个人，换老陈一个。我从室里出来后，就以所领导班子成员的身份参加党委会了。后来"7797"会议开过以后，部里决定更换 603 所领导班子［注］，从技术角度选中我担任了副总设计师。

有人曾经问我：文化大革命中受了那么大冲击，"解放"以后为什么不选择离开？从我当时的心情来讲，一是感觉自己在这个地方已经扎根了；第二，我接这个飞机的时候就感觉它的定位和我的思路是一致的，"积极防御"方针正好在这个飞机上得以体现；第三，从个人利益出发，那时候也没有比这个更高更让我感兴趣的其他岗位。歼击机我以前干过，但过去也不一定能当总师。现在"飞豹"需要我，这不是更好的机会吗？还不如老老实实在这个地方，把这个型号搞成功。

在人生道路的很多十字路口，个人利益与国家利益是有机统一的。每个人选择去留的时候都不可能脱离个人的实际需要，但选择正确的发展方向以后，就要把自己的短期利益与长远目标脱钩。为了事业的长远利益，就不能过多顾忌眼前利益和自己的需要，个人利益必须服从长远利益，短期目标需要必须服从长远目标。

注释：

在航空工业发展到20世纪80年代的改革开放初期，曾有过一次大的新老干部交替。当时为了保证改革开放路线得到理解和贯彻，邓小平同志提出了干部"四化"方针，提倡老干部主动让位让贤，把具备专业技术知识、高学历、新观念的人提拔上来，让科班出身的大学生在改革开放的大舞台上施展才能。

究竟要什么样的飞机

1975年和1976年，空、海军分别以正式文件提出了新机的战术技术要求。603所总体气动室当时组成了四个方案组，分别进行工程计算及风洞试验，同时对四个方案进行综合评比：

第一方案是以国内强 5、歼 6 等飞机为参考的方案，经过气动力计算及低速风洞试验表明性能很差，满足不了预定的战技指标要求。第二方案是以 F-4 为参考的方案（当时 F-4 是第二代战斗机中最好的，我们有一个 F-4 残骸）。F-4 机身后体是尾翘式的，发动机在机身尾端之前，后机身尾翘的大空当气流很复杂，603 所当时一点技术储备都没有，所以，这种方案在技术上实现起来比较困难。第三方案汲取 F-16 的布局优点，采用翼身融合体，大边条机翼布局，气动性能比较好。风洞试验表明，这是四个方案中最好的一个。第四方案是综合美国和欧洲当时现役飞机的一些布局优点，完全独立自主搞出来的中等后掠角、中等展弦比方案。这四个方案经过论证，再按照战技指标的要求排队表明：第三方案最佳，第四方案次之，其他两个方案排在后面。

考虑到第三方案过于先进，以当时的技术、工艺、生产条件，大边条脱体涡的控制及翼身融合体的大锻件实现起来都很困难。另外，第三方案的马赫数是 2，显然大大高出了空军的要求。而第四方案属常规布局，能够满足性能要求，在没有原准机的情况下，自行设计中遇到的问题比较容易解决，因而研制难度和技术风险相对要低一些。

在分别对四种方案进行工程估算及数千次高低速风洞选型试验，又经充分讨论甚至激烈的辩论后，最终选定用第四方案作为"飞豹"飞机的基本方案。

然而，在空、海军不同的战术定位和任务要求指标面前，"飞豹"的设计方案陷入了两难境地。由于歼击轰炸机对于中国航空工业和军方来说都是一个全新的概念，所以，在"飞豹"的总体方案论证时，空、海军就对"飞豹"的任务定位产生了明显不同的两种意见。

空、海军因为各自作战对象及使用兵器不同，对飞机的座舱布局产生了争论。海军的作战目标为各种水面舰艇，飞行员根据机载电子设备操纵空舰导弹进行攻击,希望采用类似美国刚服役不久的 F-14 的纵列双座。而空军因其主要目标是大规模机械化集群地面部队,希望采用便于两名飞行员协同的并列双座布局。

在速度上,空、海军的要求也不一样。空军提出,飞机的攻击主要依靠领航员进行目视轰炸,所以,要求座舱布局是并座,使领航员有良好的视界。海军则提出,飞机的攻击将依靠导弹,由火控系统实施,希望飞机低空性能比较好。而当时的航空工业实力不足以在一个机型上搞两种座舱布局,双方进行了旷日持久的争论。

1977 年,随着全国性"拨乱反正"工作的深入,我也被彻底平反。并作为主讲,去空军司令部汇报过三次,仅并座、串座方案我们就做了七八个。并座不单是计算,还做了吹风试验,并取得相关数据进行了对比,还对并座弹射救生等问题进行了探讨,这些我都一一作了汇报。

经过分析得出,这种吨位的飞机座舱如果采用并座,损失大于收益。

我们的意见是,以前的老飞机是在飞得低的情况下,投弹时采用目测瞄准,两名飞行员需要交流;一旦飞机飞得比较快,目测瞄

"飞豹"木质样机

准就有难度了，若采用导弹发射攻击，则目测没有意义。且轰5是亚声速飞机，"飞豹"是超声速飞机，不可能采用目视轰炸，飞行员之间也不太可能用对话的方式沟通。

最后意见统一了，先搞串座，串座搞好了，空、海军都会要的。

1977年2月，国务院、中央军委常规装备发展领导小组正式下达了研制轰5飞机后继机的任务。这个文件综合了空、海军的要求，提出了主要战术技术指标，并且指出，该机主要用来突击敌方纵深目标和中型以上水面舰艇，航程能达到南沙群岛，能从二线基地起飞执行任务，特别要求具有良好的低空性能和在夜间复杂气象条件下的作战能力。

1977年10月，三机部正式明确轰5后继机的机型名称定为轰7（"飞豹"早期的名称）。

这一年，国务院还成立了由王震副总理任组长，国务院有关部门和陕西省委领导参加的"飞豹"飞机领导小组。在领导小组会议上，王震副总理指示："飞豹"是一个好飞机，今年要初见成效，三年大见成效，尽快把这个东西拿出来，为对付侵略、维护祖国统一大业做好准备。"根据王震副总理的要求，会议决定，"飞豹"研制采取大会战的办法。

同年3月和6月，王震副总理在国防工办副主任叶正大的陪同下，两次来到我们所，听取"飞豹"方案论证汇报。他还亲切接见了参加汇报的同志，并和我们一起照相。照相的时候，叶正大硬拉着我坐到王震副总理的旁边，我觉得不妥，可他非要我坐在那儿不可。

我记得第一次领导小组会就把320厂设计所的高镇宁所长请来参加。1978年，三机部任命高镇宁为603所所长兼总设计师。同年，部里还任命陈绍猷和我为603所副总设计师。

"飞豹"研制的技术领导是国防科工委决定的。当时国家催得很紧。我刚从文化大革命冲击中"解放"出来，"飞豹"研制任务就落到我们603所头上。我的战友是一批年轻同志，书本知识是丰富的，但实践经验确实少得可怜。我们就领着这样一支生气勃勃、无所畏惧，又很想把我国的航空事业做好、做大、做强的队伍，开始了中国"飞豹"的研制工作。

"飞豹"娶了"洋媳妇"

我们知道，航空发动机始终是困扰我国航空工业发展，直接决定型号研制成败的"瓶颈"。20世纪70年代初期，国产动力系统的技术水平只相当于国外50年代末期的水平。依靠当时国内动力系统所达到的技术水平，想要实现"飞豹"飞机的设计指标是完全不可能的。

1974年4月，三机部在北京召开"744"会议，讨论引进斯贝发动机和发展910发动机等问题。会上，603所介绍了采用两种发动机的飞机初步设计方案。6月，国家有关部门批准引进英国罗尔斯·罗伊斯公司（世界三大发动机供应商之一，简称罗·罗）的斯贝发动机。1975年12月引进合同正式签字，部里明确进口斯贝发动机就是要与"飞豹"相匹配。

"飞豹"飞机的研制成功与斯贝发动机有着非常密切的关系。

斯贝发动机是1975年从英国罗·罗公司引进的。罗·罗公司的发动机也真是不错。至于说这个发动机该给哪个飞机配装，开始并没有想好。最早是给某歼击机，由于该发动机是属于涡轮风扇发动机，高空性能并不理想，但中、低空性能都比较好，所以，歼击机配装就不太合适。后来又准备给强击机，也不合适。正好那个时候（1975年）我们所正在为"飞豹"寻找发动机，就这样把斯贝选上了。

"飞豹"是完全自主设计,可以充分利用发动机的性能进行设计。同时,斯贝发动机也正好和"飞豹"当时所要求的低空性能好、作战半径大(油耗低)相适应。因此,"飞豹"和斯贝发动机真的是很有缘分。当时我们还开玩笑说,"飞豹"选了个"洋媳妇"。

我们国家第一个使用涡扇发动机的就是"飞豹"。用这个发动机配装"飞豹",当时的总体方案现在看是成功的。"飞豹"用了斯贝发动机,它也从中得益:航程上得益,武器装载上得益。同中国原有的仿制发动机相比,进口斯贝的加力比大,压气机喘振裕度大、工作可靠、效率高、油耗低,使用寿命远远超过了中国仿制的苏式发动机。引进斯贝使中国在军用型航空发动机的技术上与世界先进水平的差距缩短了10年。

后来,这个发动机又经历这么多年,还能不能用,国产化能不能成功,不成功怎么办?这都需要总师系统决策。现在看来,我们决策的效果很不错。在国内装配的斯贝试制完成后,因为配用的飞机无法确定,发动机的各项国产化工作相继停滞下来,购买的发动机长期储存在仓库中无法利用。可以说,引进斯贝发动机给"飞豹"的发展打好了基础,而"飞豹"研制项目又**挽救了进口的斯贝发动机。没有"飞豹"就没有这个发动机的后续工作,没有斯贝发动机,也没有"飞豹"的后续发展。**

原副总师陈绍猷:

1974年4月,当时的航空工业部副部长段子俊在北京西郊召开过一次会议,研究斯贝发动机的引进问题。在此之前,部里已组织考察小组到英国实地了解了斯贝的情况。感到此发动机技术上比较先进,可以作为发展我国自行研制发动机的借鉴,也可以此发展新的歼击机。

在这次会议上,有的所根据歼击机的战术技术要求,觉得斯贝发动机在技术上与飞机并不匹配,所以不同意采用该发动机。但也有一部分同志强调,斯贝发动机是军用型,如果能引进成功,就打破了西方对我国多年的技术封锁，而且斯贝是前风扇发动机，我们新型发动机的研究和制造，都可以从中得到很好的借鉴，因此希望能引进。

当时，603所根据上级的要求已在着手考虑歼击轰炸机的方案，因此也接到部里通知参加了会议。根据与空、海军的初步接触，要满足使用方的要求，用国内当时现成的动力装置，虽不是很理想，但也是可以匹配的。所以，603所的意见也很明确：如果不引进斯贝，歼击轰炸机是可以设计的；如果国家由于政治原因（打破西方世界对我们的军事封锁）和技术原因（如提高发动机的研制、生产水平）决定引进斯贝，那么，这种动力完全可以用在歼击轰炸机上，而且也是比较适用的。

合同签字后，部里也明确斯贝发动机就是要与"飞豹"相匹配。

原副所长徐嘉善：

斯贝发动机是430厂引进的生产专利，当时还购买了几十台成品发动机。经过三四年，根据罗·罗公司提供的材料和工艺方法，430厂举全国之力，生产出10台斯贝发动机。发动机试车成功了，却正好遇到了经济困难，没钱了，所以430厂的工作也基本停了。

斯贝国产化的工作被搁浅了，而购买的这几十台发动机也没有飞机装。这种情况，对中央的压力是非常大的。当时人说陕西有两个"兵马俑"，一个是秦始皇兵马俑，一个就是这几十台发动机，放在430厂旁边的407库。发动机不用，每年还得进行必要的维护。每次有人来，除了参观兵马俑，还会参观这几十台发动机，所以说有两个"兵马俑"。

就在这个时候，有一股风要将"飞豹""拿掉"，但看到发动机这种情况，不行，它还得上。因为没有"飞豹"，斯贝发动机就派不上用场了。所以，这一次是娶回来的"洋媳妇"把"女婿"救了。到了20世纪90年代，"飞豹"又挽救了斯贝。当时由于"飞豹"的缘故，国家决定斯贝发动机要实现国产化（先是部分国产化，到后期才全面实现国产化）。这样，"飞豹"又把斯贝发动机这条生产线救了起来。

与 MBB 谈判

1979年，改革开放开始了，当时的中国航空工业技术水平至少落后于西方20年。在此之前，中国的飞机设计一直走的是仿效苏联的道路，而"飞豹"研制初期面临的最大难题，就是没有任何原准机可以模仿借鉴，更何况在改革开放初期那个百废待兴的年代，人才和设备缺乏也是不容忽视的问题。为此，国家有关部委领导一度考虑"飞豹"飞机这一难度很大的项目能否和国外联合研制。好在国门的敞开，为我们这个团队提供了放眼世界的机会。这一年，三机部组团出访联邦德国，探讨双方合作研制的可能性。我也得到一次与国外同行接触、交流的机会。

出国的任务大概有这么几个：最主要的是到MBB公司，也就是空中客车公司的前身、欧洲"狂风"战斗机研制的总部去跟他们谈判，看能不能帮我们设计飞机；第二，去看看西方世界到底是什么样子，过去我们一点都不知道他们到底先进在哪儿，两眼一抹黑，他们的技术发展到底到了什么阶段；第三，尽可能多地学点知识，能弄点

1979年在联邦德国

资料就多弄点回来。

在德国谈判期间,东道主MBB公司不无炫耀地向我们展示了自己的歼击轰炸机"狂风"。他们的飞机是摆在地面的,在二层楼上有一圈是用玻璃挡起来的,给我们这些似乎是内行又似乎是外行的人来看。在他们眼里:你们中国人基本上就属于似懂非懂这一类人吧。

那时候我们不承认自己是外行,因为像我这样也搞过好几个型号。但我们所大部分人基本上是这一类型的,凭良心讲,说我们自己是飞机设计师,但事实上又没参加过完整的型号设计,特别是超声速飞机。完全自行设计,老实说,也还是属于外行那个档次。

尽管当时中德双方都有良好的合作意愿,共同研制歼击轰炸机的谈判却并没有成功。原因在于德方提出的合作条件十分苛刻,在不提供核心技术的条件下要价21亿元人民币(当时合13亿美元)。在当时,21亿元人民币就像一个天文数字!同年,全国财政收入刚逾千亿元,所拨全部国防科研经费不过几十亿元,一个机型投入这么多钱根本无法承受。

可那时候世界的设计水平就得这个数。美国也是第三代战斗机,我们这个是F-15的雏形,也就是基本型水平。"飞豹"飞机和美国的F-15比起来,F-15是72亿美元,我们最后研制成功是10亿元人民币,大约是它的1/72。

那时候是改革开放初期,百废待兴,国家不可能为一个飞机拿这么多钱。航空部当时加起来也没这么多钱。这个飞机刚开始部里就给我们4亿~5亿元,21亿元人民币就是国家投资的4~5倍。就是说国家当时想要这个飞机,但可以给的钱就是这么多。

回国后向王震副总理汇报的时候他问:"多少钱?""21亿元人民币。"他第一个摇头:"别的还可以讨论,就这一条我也爱莫能助,国家哪有这么多钱。"

国外的高新技术买不起,白手起家、自主创新的巨大压力就落在了我们的肩上。王震副总理听完汇报就说,"还是丢掉幻想,自己

随陆颂善（左三）为团长的三机部代表团到联邦德国 MBB 公司谈判
（左二为高镇宁；左四为陈一坚）

奋斗吧！"王震副总理还拿起拐棍，把地板杵得咚咚响，加强语气说，你们无论如何要在1981或1982年尽快给我拿出飞机，得让我亲眼看着它上天！遗憾的是，当"飞豹"1988年首飞成功时，他已经去世两三年了。

实际上我当时心里非常清楚，我们是完不成这个指示的。别说一两年，就是再干七八年，飞机能上天就不错了。当时我想到更多的是技术上的难度。那次合作谈判虽然没有成功，但我们也得到一些意外收获。

参与谈判准备工作的原副总师吴克明、付大卫：

去联邦德国谈判的时候，我们给德方提出要求，让他们用两台斯贝发动机以及飞机的主要技术指标去做方案。他们给我们反馈了两个方案，一个是变后掠翼方案，另一个是固定翼方案。

我们对德方的方案进行了仔细分析，并在气动力特性及飞行性能两方面与我们的方案作了对比，发现飞行性能差别不大，有些指标我方还略好一些，如：作战半径、续航时间和低空突防距离。谈判虽

谈判期间,德方公司展示其设计能力(右一为陈一坚)

然没有成功,但双方方案比较的结果,却大大增加了我们的信心。

规 范 转 轨

中国航空工业发展的历史,决定了我们长期按苏联的一套技术规范、管理模式研制飞机。我们手中有的资料也只是苏联20世纪五六十年代落后的资料,试图以此为据,设计出八九十年代使用的飞机,有难以想象的差距。当时我们面临的就是这样严酷的现实。幸好在研制初期,正逢我国开始引进美军标,随后以美军标为基础编制国军标,即飞机设计规范的体系正逐步摆脱较为落后的苏联规范体系,向美军标靠拢。

碰巧我在MBB参观的时候也产生了一个强烈愿望:"飞豹"设计能不能一改中国长期师法的苏联标准,采用国际上先进的美国军用规范？

在 MBB 期间，我看到他们一柜子一柜子全是美国的 MIL-STD 多少多少规范，怎么这么多呢？他们的回答就一句话：我们的唐纳德就是按这个设计的——我恍然大悟：如果我们照这套规范来设计是不是也能行呢？

带着这个念头，我就想看看西方到底先进在哪里？我挑了几本最顶层的规范，翻完以后真是感觉醍醐灌顶！多年来我们师法的苏联规范就那么几本，以为用那些搞总体设计，当总设计师基本就够了。可人家的规范是一摞一摞的，比我的个头还高出很多。而且我发现，这个规范真是太先进了！对我这辈子在规范问题上的认识是一个转折点。我感觉如果能把这套东西弄到手，按这个规范来设计，军委的任务估计能完成，如果弄不到手，还按苏联那套规范来设计，估计任务就很难完成了。

美式规范和苏式规范的差距究竟在哪儿呢？

苏联规范主要以经验总结为主，是用解析方程推导出来的，很快。举个例子，算垂直尾翼，没有几个小时就可以把载荷算出来了。西方的算法是解运动方程。随着姿态的变化，载荷是一直在变的，有无数种状态，求出最大的就行了。这样比较精确，更接近真实，就是很费时间，非要用计算机才行。苏联的规范用计算尺、手摇计算机就行了，这个差别绝对是质的差别，不是量的差别。整体参数上可以省 10% 的重量，也就是说，我可以多带 10% 的油或者武器。但那时候规范就是我们设计人员的法律，变更规范需要打报告经过国家批准的。

回来跟上级一汇报，上面说你们要用也可以，就是要承担责任。说白了就是后果自负，技术是总师负责，万一出了事，这个责任确实是不可估量。规范相当于飞机设计的"宪法"，它都是飞机设计顶层最基本的准则。要变规范，等于是从原始输入上推翻了飞机设计的原有"宪法"。如果老老实实按照苏联规范去设计，就不会犯错误。

但是设计员算过,如果按老规范设计,很可能达不到军委要求的一大堆战术技术指标。

我们要研究的飞机是国家没有的。这个任务比建所以来的所有任务都重,队伍又这么新,原有苏联规范却这么老,要求很高,依据却很老旧,技术和试验手段都很落后,需求和可能之间存在着很大的差距。怎么办呢?只有规范先进,飞机的性能才会比较先进。

我们商量后决定:规范转轨!我补充强调了几条:第一,按美国规范干,我们是航空内第一家,笨鸟先飞。第二,在用美国规范算的同时也用苏联规范算,二者进行比较,为的是发现问题,同时可以坚定我们的信心。第三,在没有办法用美国规范的时候,像起落架就按苏联规范,并在它的基础上中国化,其他设计统统采用美国规范。

这样一来,我们就有一大堆的工作要做。

做出规范转轨的重大决策后,我们首先组织设计人员认真学习、消化新规范,并用老规范对照验证,妥善解决了新规范在使用中的协调、配套问题,使飞机的载荷、品质、结构强度和系统设计水平迈上了新台阶,一举实现了国家下达的设计指标,保证了飞机设计的先进性。

起落架设计对我们就是一个很大的考验,除了要计算大量的数据,还要派很多人外出学习。当时美国规范是先设计起落架,根据起落架再设计机体,不合适的再改起落架。但我们肯定做不到,经费首先就不够。后来我和其他副总师商量,起落架和飞机只要界面相等就满足要求了,起落架按苏联规范,机体按美国规范。干了一段时间又发现,按苏联规范设计的起落架重,按美国规范设计的轻。按照苏联规范肯定要损失重量。后来我们把起落架用两种方法都算了,对苏联规范设计那部分做了一些修正。然后给部里打了一个报告。部里也为此专门召开了全国强度专家会议,经过审查后批准了我们上报的这个文件,作为缺乏全套美国规范的一个补充文件。一个飞机采用两种规范互补，以美国规范为主，这在全国是从没有过的！我们办到了。经过后来的考验确实是顶呱呱！

起落架规范最后搞得很成功，当然不是我一个人，而是这个团队的集体智慧。碰到问题，我们一靠计算，二靠试验，三靠试飞。这当中，既要学美式规范，要修正、突破它，还要跟苏联规范对接、对比。说穿了就是重新编一个歼击轰炸机的规范。

事实证明，如果不采用先进的美军标，"飞豹"飞机的先进指标是很难达到的，当然使用中也遇到了许多问题。例如，地面载荷，当时国内没有条件实施，经研究采用苏联规范，并作相应补充规定，解决规范混用和剪裁的问题。总之，规范转轨是一件十分复杂和困难的工作，但最终保证了"飞豹"任务的完成，并建立了一整套规范使用、剪裁的办法。

回过头看，我们能编出源于"飞豹"，高于"飞豹"的歼击轰炸机规范，使我们在"飞豹"研制中的经验得到总结，从而指导未来更多的型号设计。这也是中国人第一次用两种规范研制一个飞机的成功实践。

新规范的实施，使"飞豹"原始设计更加完善，在飞机结构重量控制方面达到了很高的水平。"飞豹"在设计中最终没有出现新研制飞机常常出现的结构超重问题，在设计完成后的结构重量比最初要求的设计指标还要低170千克。与同时期发展的采用苏联标准的其他型号相比，"飞豹"的结构设计更加先进和合理，有效载重系数更大。

尽管经历无数磨难，结果总算非常成功。第一次跨越这么大的台阶，又是选择根本性的转折，回过头来看，当时我们的胆子的确是够大的，也不是说我心中有把握才这么干，而是要完成任务逼着我们只能这么干。从那时候开始，我们就把"责任"这个重担背在肩上，直到飞机批准定型那天，这块大石头才彻底落了地。

原所长任长松：

603所这支队伍最突出的特点就是敢创新！不创新也不行，指标在那儿放着呢。总不能飞机还没出来就落后于人家吧？

从规范上讲，国内此前没有人用美军标，用的都是苏联的老规范。我们决定采用美国规范。这个规范和苏联规范的最大区别就是设计状态的选取，严重状态的选取。确定某一个状态不是人为的确定，美国规范从头到尾都是运用运动方程来算，根据最后算出来的比较结果来确定。这是一种科学的规范。"飞豹"设计指标要求重量那么轻，载弹量那么大，如果飞机结构重量大的话就难以达到上面的要求。

"飞豹"全机静力试验负责人之一柴银龙：

载荷设计人员知道，选用美国规范本身就是最大的创新和突破。完全用美国规范进行计算，当时确实没有经验，弄个新的规范到底吃得透不透、理解得对不对？在实施过程中有很多困难，例如，用美国规范的气动力数据特别多，当时一个新飞机有那么齐全的气动数据是很困难的。但用这个东西我们也经过了很多试算，用1953年规范算，用新的美国军用规范算，算自己的还不够，还要把别的飞机，如歼击机的数据拿来验算。通过大量的试算比较，最终才定下来用它。而且用美国规范有一个很大的好处：全机载荷是协调配套的。不像苏联1953年规范是各算各的，飞机在天上飞，机翼受多大力？机身受多大力？放在一起全机载荷就不协调。后来苏联再版的规范，也是向美国规范来靠拢。

方案调整影响深远

任何一项任务并不是拿来就能干得得心应手的，不敢说能够百分之百地做好或一次成功，都需要一步步摸索，就连最发达的国家

1979年12月，原空军司令员张廷发视察"飞豹"木质样机

美国也是这个样子，科学技术就是这个规律。再说回来，我们确实没干过这种飞机，确实经验不足，确实需要慎重。我们就是为部队服务的，如果部队觉得飞机不好用，作为工业部门和国家可就"赔"大了。这一点开始时大家在思想上，包括我自己的认识都不是很到位。

1979年6月，我们制成了"飞豹"木质样机。空军司令员张廷发来检查型号研制工作，审查了木质样机。不久，海军航空兵副司令员姚雪森等12人，空军司令部、海航机关和部队的空地勤人员都来察看了"飞豹"木质样机。三机部组织有关专家在阎良召开"飞豹"木质样机审议会。大家对飞机提出不少需要改进的意见。经我们认真复查，共查出158项设计技术问题，其中十项属方案性问题。

1980年3月，在所长兼总师高镇宁的指导下，我们向三机部上报了方案调整报告，原因是现有方案虽然满足要求，但余地非常小；空、海军又提出一些补充要求和意见；推迟装备部队时间，吸取专家的意见和经验，可以让设计方案更加完善。

在初期样机审查阶段，部队提了一些细小的意见，让人感觉有点吹毛求疵，心里不舒服，但我这个人自我控制能力比较强，还是虚心听取。对他们提出的问题（哪怕是一个螺丝钉不好拧这类细节问题）我都记录下来，只是心里还没有引起重视。一方面觉得没什么大不了，另一方面还是接受建议，按美国的军用规范设计。

后来来了几位师长往座舱里一坐，都说座椅角度不行，他们说这是在海上的飞机，地平线经常看不清楚，有时还有往水里栽的感觉，一旦这样就很危险了。最后海军李景副司令员来了，他往座舱一坐就说："老陈啊，他们的意见是对的。"我们很要好，我很愿意听他的话，他看问题站位高而且讲话有技巧，总是很婉转地表达出来。他说你还是再做点工作吧。我一听这话感觉问题很严重，因为他很少跟我说这种话。

回来后我们研究了一下，除了样机之外，再做个瞄准机头，上面有平显有座椅。我告诉他们，做完之后你们再来看。前视角角度可以调节，随便你要。这样一来效果比较好。先是几个师长来看，后来又是李景来确定了前视角的合适角度。这时候飞机状态已经冻结了，按规矩状态冻结之后就不能再改了。我说部队好用才是我们的最终目标，改！

1980年8月，三机部任命我为603所副所长、总设计师。

从参与"飞豹"研制那天开始，我就认定了"人生只有一次搏"！但真正当了总师，我才深有感触：自己的命运从此就和这架不知何时才能问世的歼击轰炸机紧紧地捆绑在一起了。对于技术上即将遇到的重重难关，我和我的团队有着充分的心理准备和迎难而上的决心。为了更好地满足国防需求，我们甚至提出了确保飞机研制成功后20年不落后的高标准。然而，我当时无论如何也预料不到，"飞豹"后来会经历难以想象的坎坷命运，我更不会想到，在未来的十八年里，这个几度险些夭折的飞机，让作为总设计师的我，历经了人生的大起、大落、大悲与大喜！

付大卫：

……但是总体气动室参与方案设计的同志心里明白，原有方案的确还有潜力可挖。首先在总体参数上（翼展及推重比）有调整余地，在机翼气动力设计上也有潜力可挖。高镇宁所长曾经找这些同志了解过情况，因此，他做出进行一次方案调整的决定是可行的。事实证明，调整机翼参数及压缩机身横截面积后，飞机的飞行马赫数明显增加，机动性得到提高，航程有所增大，这一切证明方案调整是十分成功的。

当时，陈一坚完全同意高镇宁所长的意见，并给予了充分的支持。他还领导了这次调整工作，要求全所各研究室支持方案调整，并经常听取汇报，给予关心和指导，对调整方案做出决策。

"量力而行"要"有所作为"

万事开头难。20世纪70年代末至80年代初，中国的改革开放刚刚起步，各行业需要花钱的地方太多了，军队建设也不得不为经济建设让路。1979年下半年，国民经济开始调整，多项新装备研发计划被迫终止，包括几个最重要的装备发展项目纷纷"落马"。"飞豹"飞机的研制也受到了严重影响。

在那次席卷中国国防工业的国民经济调整中，"飞豹"研制也曾一度被列入"量力而行"项目，另外，引进国外先进机型的诱惑，也对"飞豹"研制产生了一定冲击作用。

据英国《简氏防务周刊》介绍，进入1980年以后，西方出于拉拢中国对抗苏联的需要，考虑向中国出售更为先进的军事技术装备。英国和法国相继提出"狂风"IDS歼击轰炸机和"幻影"2000C

战斗机,就连美国也曾打算向中国出口新型的F-16A/B战斗机。

该刊称当时的中国空军对于引进生产"狂风"IDS和"幻影"2000C显示出极大的兴趣,但后来因为英国政府提出要以"一揽子合作"的采购模式和其他方面的原因而作罢。

1981年3月,三机部"381"会议明确"飞豹"飞机由重点型号转为"量力而行"的缓办型号,同时,为"飞豹"飞机研制服务的基建项目也因此停建;基建部队撤离现场,往日熙熙攘攘、车水马龙的建设工地一下子冷清下来。

"飞豹"研制初期所经历的主要坎坷就是人们常说的"三落三起"。但实际上前后加起来应该有七次风波,后面四次都是局部风波,没有引起全局性振动。每一次"下马""上马",型号的研制进程都要受到不同程度的影响。其中对型号冲击最大的应该是第一次"量力而行"。

每次风波一起,我们所领导都要拿着小本本,不停地向部党组、空军、海军汇报,向国防科工委汇报。给海军汇报最让人振奋,那简直就像一家人。李景副司令员亲自请我们吃饭,茅台酒招待,还一定要我多喝点。他们非常理解和支持我们,只要能办到的绝对无条件满足。多年来,海军这个态度始终没有变。

我们每次都是带着图样、方案,先去部里汇报,求人家开个党组会,听一下我们的汇报。大概就是第一次"下马"的时候,我在部党组会上说到我们三四万张A4的打样图已经画完了,超重450多千克,这责任是我们的。回去以后我们无论如何把重量减下来。清除技术拦路虎是我们的责任,我来办。但前面遇到的经费拦路虎,我却无能为力,只能请部里帮我们解决。我们就是想一心一意把飞机干下去,可没钱买计算机,试验启动不起来,原理性试验不过,打样设计只能停下来。说着说着我就激动了,忍不住掉下眼泪。当时就是觉得心里很不好受:既有创业艰难的委屈辛酸,也有对"飞豹"命运和国防安全的忧心如焚。

从个人角度，我这辈子前半生已经被"运动"了，如果这个型号不搞，后半生也可能成为空白！从国家和部队的角度，这个飞机也是迫切需要的。再加上外部局势：当时世界上的军用飞机已经开始向大航程、高载弹量方向发展，各国在研制上都有很大的投入，而我们国家在这方面还是一片空白。我们老说中国多么强大，敌对势力对我们的包围使我感到非常恼火。作为搞武器研制的技术人员，在这种被包围的态势里不能有所作为，我们拿什么自立于世界强国之林？！所以说，流泪是一个人遇到了感情的门槛子，要么伤心、要么高兴，自己都控制不住，也知道男儿有泪不轻弹，但那时候管不了这些了。

后来，"飞豹"在1998年珠海航展第一次向公众亮相，我在展台前向大家介绍。中国航空工业总公司张洪飙副总经理对前来视察的李鹏委员长、吴邦国副总理等中央领导介绍我的时候，总忘不了要补充一句：他当年曾经为这个型号掉过眼泪！

印象最深的就是第一次面临"下马"。当时想得更多的就是怎么能把这个飞机搞出来。一是国家想要飞机又没钱，爱莫能助，我们了解也能够体谅国家当时的难处，但如果通过我们的努力，能够助国家一臂之力，哪怕不睡觉少吃饭我们也干。我当时的心理状态就是这样。从内心讲，总感觉这是国防必需的"重器"，希望国家挤一点儿，每年拨点儿钱，把周围的配套单位都启动起来。我们省一点儿，把飞机继续搞下去。

当时飞机打样已经基本结束，暴露出来的超重问题，我向部领导保证，回去后一定把重量减下来。回到所里我就这么讲，哪怕我们辛苦一点儿，晚上干得再晚，没有加班费，顶多一个馒头一杯牛奶，我们都不会去计较。只要能把这个飞机研制出来，让部队笑开颜，就是我们人生最大的安慰！

每次"下马"都要拜一圈儿"菩萨"。汇报完还不会有结论，也不知道上面究竟能不能批准"放我们一马"，回到家还得领着大伙儿接着干。

回到所里后，高镇宁所长兼总师立即在603所首届职代会上提出"量力而行，有所作为"的号召，要求全所在新的形势下，主观上务必全力以赴，决不能因缓办而退却，一定要把"飞豹"的图样发出来。"有所作为"四个大字，表明了603所上下的决心，凝聚了全所职工的意志。经过顽强拼搏，终于顶住了"下马"风的影响，按时完成了打样设计。

高镇宁1978年从320厂过来在我们所当了一段时间的所长，开始还兼任总师。尽管他在任的时间不长，但对"飞豹"的影响很大。高镇宁让大家抓紧这段时间做一些最需要的决定方案的东西，基本上把这个飞机的构型、布局都搞清楚，这是很关键的。后来，他又带领我们抓住转机，进行重量控制复查和设计质量复查，研究减重措施。终于在逆风中完成了"飞豹"飞机的第一次"保胎"。

上级和外界开始对603所这个技术队伍还不大信任。因为我们所百分之九十九的人没有走过设计飞机的全过程，这样一支技术队伍别人比较怀疑是可以理解的。当时很多上级领导来检查，隔几天就来一拨儿，当面都说你们干得不错，顶着困难上，能打硬仗。可他们检查完后，一回到车里就议论："这个飞机难度这么大，就靠这一帮人能行吗？"这些都是我们所的司机回来后告诉我的。

我很早就估计到会有这种事情发生，我也对我们所里的技术人员状况进行了分析，从中也看到一些问题。所以，在我刚接任总师的时候，就经常跟大家说，我们要学习越王勾践"卧薪尝胆"，别人不相信我们，我们不好正面去反驳人家，因为事实就是如此——大部分同志都没搞过飞机设计、都是从学校出来不久的年轻人，并且没有实验室。唯一的办法，当务之急就是埋头苦干，一步一步扎扎实实往前走，把事情干好，有了成果，才能堵住别人的嘴巴，而不是去跟别人争辩什么。

我比较尊崇老子和庄子的思想体系，为人不要锋芒毕露，不要喋喋不休地去争论，而是要用自己的实际行动，用我们扎实而出色的工作业绩，用温和的方法，不厌其烦地去改变别人的偏见和质疑。

尽管一开始我们的队伍是新的，但是几年干下来，事实证明还是能行的，我们很有信心。干的人卧薪尝胆，看的人也感觉到我们在不断进步、不断成熟。我们在给自己建立信心的同时，也给别人树立了信心。

卧薪尝胆就是要我们大家艰苦奋斗，经常看到自身的弱点和不足，如履薄冰地去改正。这就是我当总设计师总的指导思想。也正是基于这样的考虑，我要求大家务必要搞好这次"飞豹"飞机的方案大调整，从而在"量力而行"的条件下，真正做到"有所作为"。方案调整中会遇到很多困难和问题，我们都需要坚忍不拔地去克服。

从1979年到1981年，603所以求真务实的勇气，化被动为主动，对"飞豹"的设计方案进行了一次全面而意义重大的调整：成立了六个攻关组，对机头、气动布局、全机的传力路线等进行调整设计；将各种审议意见整理、归纳成文，逐条落实，根治了原方案中存在的重大缺陷，解决了专家们提出的问题，重新制作了机头样机和局部样机，满足了使用方的要求。方案调整对后来保证"飞豹"飞机的成功具有重要的意义。

此次调整主要是对总体参数，对机翼、机身部件进行重大修改设计，提高了飞机的低空性能和高空速度特性，全机按跨声速面积律修形，改善跨声速性能和大迎角飞行特性，以及飞机的使用维修性和工艺性。

原副总师钟至人：

"飞豹"的设计人员大都很年轻，缺乏设计经验。陈总常告诫大家"要夹着尾巴做人"，在设计过程中，要认真、踏实地工作，一步一个脚印去干。

原副总师高忠社：

从陈一坚接手总师开始，"飞豹"飞机的研制进展几经曲折。当时"7797"会议已经立项了，后来又说不干了、"下马"了，来个什么"量力而行"。那时候，一阵一阵"下马"风吹得很厉害，说这个机种根本没有必要！所以，"飞豹"项目上上下下好几次，当时的情形的确阴晴不定，步步艰难。没钱，他的压力很大。在那种情况下还能做出"有所作为"的决定，利用这一时期进行方案调整，的确需要坚忍不拔的毅力。

重现转机

1981年6月，海军副司令员梅嘉生等在三机部副部长莫文祥的陪同下到我们所审查"飞豹"研制情况。高镇宁和我作了飞机研制汇报，回答了各种问题。海军首长明确表示：海军别的机种可以不要，就是要保"飞豹"；同时希望三机部和总参谋部为"飞豹"研制创造条件。对于"飞豹"飞机的名次地位、经费来源，海军则表示，将向张爱萍副总理汇报。莫文祥副部长表示，要按调整的精神办，部党组7、8月份就会研究"飞豹"的问题。

同年7月，我们向部里呈文，希望确定"飞豹"飞机研制任务，并吁请有关厂、所积极配合"飞豹"飞机发图，抓紧与我们进行技术协调。同时，所内成立由我负责的总体技术协调、飞行载荷计算领导小组，负责处理有关技术协调与决策事宜。成立重量控制复查小组，抓好质量复查，研究减重措施，研究分配详细设计阶段的重量指标等措施。

1981年10月，受张爱萍副总理的委派，国防工业办公室邹家华副主任、谢光局长，三机部王其恭副部长等来阎良检查"飞豹"

原国防工办副主任邹家华（前排左三）在603所考察
（前排左二为陈一坚）

飞机研制情况。我们汇报了方案调整的情况及取得的效果。领导们最后讲：看了一天，谈了一天，觉得同志们精神面貌都挺好。从603所的条件看，上"飞豹"飞机还是有条件、有可能的，并透露国防工办正在考虑海军要增加"飞豹"飞机研制经费的要求。

邹家华副主任来检查之前，上级已经决定不给钱，让我们"量力而行"。虽然国家不给型号研制费了，但是工资和办公费，纸、笔钱总还是有的。我们就在这种情况下开始进行了方案调整、打样设计。大约坚持了一年时间，其他配套单位这时候已全部停止研制，包括发动机、辅机全停了。

等邹家华来的时候，我们只给他简单汇报了一下，然后再把设计图一摞一摞地放在桌子上。邹家华看了非常感动，他说，我们没有拨型号研制费，你们在这么艰苦的情况下，仍然坚持研制，该做试验的继续做试验，该计算的计算，竟然还画了这么多图样！你们这个队伍真是打硬仗的队伍！

我们就是在没有经费支持的情况下，克服重重困难，研制工作不停顿，同时不断向上打报告，几经周折，才使形势慢慢好了起来。

经过据理力争，发愤图强，顽强拼搏，并主动提出减少研制经

国务院国家安全一部部长听取陈一坚(前排右一)汇报

陈一坚向李先念主席汇报研制情况

费等措施，1981年，603所完成了全年科研计划的106%。

是我们的坚持，让"飞豹"的命运出现了转机。1982年4月19日，由于邓小平（时任中央军委主席）的批复，"飞豹"重新列入国家重点型号，研发工作转入全面详细设计阶段。

然而几年后，就在我们完成"飞豹"飞机详细设计、发图，并完成工艺审查，全面移交172厂进行试制生产的1985年，令大家沮丧的消息再度传来。航空工业部在北京召开的部分企事业领导干部会议上提出，由于中央军委决定裁军百万，军队的很多费用都大幅削减。航空工业部"七五"期间经费要减少，歼击轰炸机的研究经费也受到了严格控制，难以为继。生产任务要进行调整，不再提"飞豹"第一，进度要放缓。据此，172厂本着"缩短战线，突出重点，计划落实，严格考核"的精神，对1985年的"飞豹"试制任务作了调整。

1986年，由于经费压缩，航空工业部内又有人提出用其他机种取代"飞豹"飞机的建议。这是"飞豹"研制以来面临的第三次"下马"风波，对"飞豹"的研制，特别是对辅机厂的研制工作造成了严重影响，干扰了研制进度。经我们所与172厂的积极努力，多方斡旋，研制工作才得以继续。

就是在这样一波三折的反复与停顿中，"飞豹"研制始终没有被搁置。迫切的军事需要最终战胜了其他因素的影响。20世纪80年代初期，虽然周边环境相对缓和，但无论是对南中国海主权的争执，还是中日之间有关钓鱼岛归属问题的矛盾，都开始显露出来。在否决了引进"狂风"和其他西方战斗机的同时，包括"飞豹"在内的国产新型战斗机等项目得以保留，并最终发展成为我军装备体系中新一代的主战装备。

"飞豹"飞机的命运的确非常坎坷，充满苦难。整个研制过程被业内人士总结为"三起三落"，每次几乎都面临山穷水尽的境地。603所广大科技人员和职工在紧张的发图时总有一种压抑感，对这

陈一坚（右一）向原空军副司令员王定烈（前排左二）作汇报

陈一坚向原国防科工委主任丁衡高（前排右二）汇报实验室情况

陈一坚向王任重副委员长（前排右二）汇报工作

陈一坚向原海军司令员刘华清（前排左二）汇报
（前排左一为原航空航天工业部副部长王昂）

第六章　我与"飞豹"

个建所以来唯一的自行研制项目投入了全部期许。最担心的是上面让这个项目"下马",更担心的是自己不争气,把这个项目搞砸。因为我们总感觉这个飞机是空、海军都需要的。加上603所当时还很年轻,人才队伍需要经过一个完整型号的设计锻炼。还有一个最重要,也是让我们锲而不舍干下去的原因,就是部队对我们的支持。部队跟我们说了很多故事:他们跟越南在海上那一战非常有体会,打完以后虽说我们从海战的角度获胜了,但他们首先是捏着一把汗跟人家去打的;第二,人家要是跑到南沙跟我们较劲的话,他们就够不着了;第三,最重要的是他们头上没有"伞"。就是打仗的时候没有自己的飞机在空中保护。如果这时候出现了对方的飞机,我们只有被动地挨打。军舰的速度也不过一二十节,飞机的速度是好几百节,你跑得掉吗?他们说我们没"伞"!将来的海战没有飞机是绝对打不赢的。

  我们听了以后心里真不是滋味,非常体谅他们的心情,感觉部队都期盼到这个地步,我们再干不出来,那真是太丢脸了!

第七章

十年铸剑

怎么样才能使"飞豹"无论在战场上，还是在和平竞争环境下都立于不败之地呢？很重要的一条就是把握"积极防御"这个方针。"积极防御"方针是毛泽东提出来的，"攻防兼备"是江泽民提出来的。

"防御"是国家体制决定的，我们不是侵略性国家，而是以防御为主，以保证和平环境为主。但是要准备跟敌人较量的话，你只有防守之力显然是不够的。因此"积极"这两个字，充分体现了中央的高明。开始搞这个飞机的时候，我们就想应该怎么样理解中央这个精神。当时航空工业的发展方向一直是偏的，积极防御方针没有得到有效的贯彻。没有打击力量就谈不上积极的防御，基本只能处于被动挨打的地位，我认为，这个飞机就体现出积极防御方针里面"积极"的成分。

事实上"积极防御"的战略方针也是由 20 世纪 70 年代末暗潮汹涌的国际形势所决定的。当时我国北方边境有苏联布下的重兵，南方海疆又时常受到周边国家的骚扰，为了实现"不战而屈人之兵，御敌于国门之外"的目的，我军亟需一种在平时能对敌人起到威慑作用，战时又能取得现代局部战争胜利的新型战斗机。

1982 年，英阿马岛海战，阿根廷空军的两架法制超级军旗式攻击机在距离英国舰队 20 千米的地方发射了两枚空射型 AM39"飞鱼"导弹，击沉英国耗费近两亿美元巨资建成的最新式军舰，使被誉为"皇家海军骄傲"的"谢菲尔德"号驱逐舰葬身海底。这给中国军方留下了深刻的印象。马岛战争后，中国海军开始探讨轰炸机、水面舰只、潜艇三位一体的联合作战模式。军方战略指导思想的根本转变，决定了"积极防御"方针指导下的"飞豹"飞机设计指导思想的最终取舍。对我们来说，"积极防御"的指导意义 99% 是体现在技术工作上，但如果 99% 的技术工作没有这 1% 的原始指导思想，后面的工作就全乱了。

军方当时的要求大概有这么几条：第一，飞机必须是超声速的，其航程应该能够覆盖南沙；第二，载弹量要大；第三，飞机把弹投掉以后，应具有与歼击机相当的自卫能力。还有一个就是低空为主。那时候还没有隐身设计这种办法和概念，有一种低空突防的办法，就是远距离飞行时躲进敌方雷达的盲区——地球是圆的，而电磁波是直线传播，所以，飞机只要在盲区里飞行，雷达就发现不了。到了它发现的时候，飞机已经在它上空了。

要满足军方的上述要求，唯一的办法就是设计一种同时具有对地、对海精确打击能力和自我保护能力，攻防兼备、规模更大的飞机。

大是什么意思呢？就是在超声速和巡航不变的情况下，飞机容量增大，携带的外载、武器就多了，再一个是油多了，武器带多了，"积极"的因素就体现出来了；而油带多了，覆盖南沙才会成为可能。为此，我们确定了"飞豹"设计的"三突出"原则，即突出低空性能、亚声速性能和攻击特性。

作为中国第一个没有原准机，无外援，完全独立设计的现代化机型，"飞豹"的设计综合了国内航空工业发展的诸多成果和国外多种飞机的合理设计，整体设计比较协调。能够利用当时不算先进的航空制造技术和材料技术，在20世纪80年代末设计出在空气动力和机体结构上达到国际70年代中期先进水平的歼击轰炸机，足以证明这支队伍较高的理论与工程技术水平。

到1982年，"飞豹"飞机已经完成了基本的气动力设计，由于"飞豹"属于全新研制的较先进的机型，在技术难度上超过了当时曾进行过的各个项目。同时，由于坚持"全机最优，稳妥可靠"的研制思想，使得"飞豹"飞机没有重蹈一些型号因技术力量无法支撑，达不到预想指标而最终"下马"的覆辙。

减重到"克"

"飞豹"飞机初步完成打样设计后,发现飞机机体设计超重600千克左右,成了飞机设计成功的第一道"天障",若不解决超重,飞机性能就达不到要求。后来,我们召开全所减重动员会,高镇宁所长主持,我作动员报告,从航天讲到航空。我在会上提出"为减轻一克重量而奋斗"的行动口号。

1982年1月,我们调整了"减重及控制重量"领导小组成员,抓减重措施,分配详细设计阶段的重量指标及控制重量的办法,给予总体室重量分配与控制组很大的权力,包括发减重奖。随即又发出通知,公布图样设计重量与重量控制指标的比较数字,发动群众为减轻一克重量献计献策。很快,由设计员提出的150项减重措施被归纳为50大项,迅速发放到各单位,供大家认真研究。同时,所里定期发重量简报,让大家了解减重的情况以及各单位好的经验。

我们还采取了一系列措施:要求总体室重量组到各室去发简报,跟设计员宣传重量分配、重量减轻的意义。这些办法最后还形成文件,发到各个厂所去,给出各机载设备的重量指标,不允许增重。增重要罚,减重有奖,虽然钱很少,但的

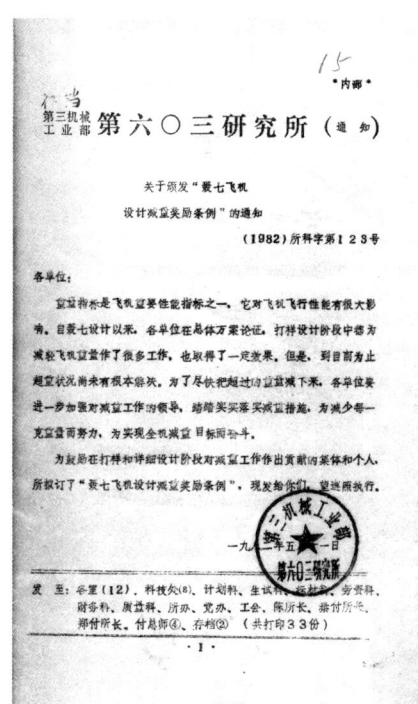

603所关于"减重"的内部文件

确不失为情急之中的良方，起了很大作用。例如工艺，发图的时候工艺审查，关于重量我给他们做了很多工作。我说过去搞飞机设计给工艺的增重指标一般是1%以上，现在技术发展了，且"飞豹"的重量指标实在是太紧张了，我只能给你0.8%，就这样硬性定下来了。此外，工人在零件加工的时候一般会用正公差，以求稳妥，但这样就会使飞机增重。我要求他们尽量使用负差，这样加工起来就有难度，搞不好会引起报废。但大家共同努力，满足了这个要求。最后重量不但减下来了，还余了几十千克。

经过近一年的努力，在详细设计结束时，实际重量又比控制指标轻了170.1千克。

原副总师郑作棣：

飞机作为一种重于大气的飞行器，与一般的交通工具、机电产品相比，有一个极大的特点，就是要严格控制其重量和重心位置。在飞机研制生产的全过程中，自始至终都要牢牢掌握好重量。高镇宁、陈一坚等几任总设计师都强调重量工作的重要性，告诫我们："飞豹"飞机千万不能在重量上出纰漏。

任长松：

在飞机设计阶段的重量控制方面，陈一坚总师做出了重要贡献。在重量分配情况下制定的重量指标，确保不超，减重有功者奖，当然也包括工艺上的重量控制。控制重量的做法在全行业都是首屈一指的。

计算机辅助飞机设计

"飞豹"飞机是国内最早开展计算机辅助设计的机种之一。20世纪70年代末80年代初，计算机开始在国外大量使用，而在国内尚未普及。我国的导弹、飞机等高科技产品的设计,依然没有摆脱趴图板、拉计算尺的老路子,工作效率低、易出错,工程技术人员的劳动强度也很大。由于我们在"飞豹"设计之初选择了美国规范,先进气动力、强度、动强度等新技术的使用都离不开计算机设计、有限元分析等强力工具。我的想法是,既然规范改了,计算机也必须跟上。虽然当时硬件条件有限,但计算机辅助设计的新概念还是得以实施。

"飞豹"开始研制的时候,改革开放刚刚起步。那时候603所只有一个X2机和DJS-7计算机,都是晶体管式的小机器,根本满足不了"飞豹"研制的需要。我那时候刚被任命为总师,了解这个情况后非常着急,立即去北京,向部里反映"飞豹"研制亟需大型计算机的情况。为了办成这件事,我在北京待了40多天,终于拿到了当时最好的655计算机。

"勒紧裤腰带"买计算机,现在看来绝对是一条正确的路!要是没有这个决策,我们在航空系统计算机应用方面也不会走在

陈一坚(前排左三)向国务委员张劲夫(前排左二)汇报工作

前面。一个是计算机我们比人家用得早,第二是用了计算机以后,每人的工作速度加快了几百倍,质量提高了,精确度也显著提升。

以前我们搞设计用的计算机都是手摇的,为了适应新的设计工具,我就买了很多计算机方面的书籍、资料,自己先学,从头学起,看不懂的,就向计算机水平高的同志请教。后来我就自己学着编程,编完之后打孔有错的我就在计算机上校正,上机有一大堆曲线出来我还要整理,开始就是这么慢慢干起来的。

新增655机的时候,正值"飞豹"设计最为繁忙的阶段,计算机在我们所的应用得到全面普及。凡是有计算任务的专业,基本上都能上655机,全所的计算机应用水平提升了一大块。这一时期,全所在计算机应用的深度和广度上发展很快,而且也培养了不少专业人才。

计算机辅助设计接下来要面对的问题就是数据传递。载荷算完之后,要算强度和结构,每个人的结果都很快,但是这么多数据怎么和下游的工作联系起来?这就需要将上游的计算结果输出,再输入到下游的计算机中,这样效率很低,质量也不高。后来,我在一本美国杂志上看到有个计算机"集成"的概念,里面的几个框图让我颇受启发:我们能不能把这些数据通过计算机的连接直接传给下游计算机,这样就减少了数据下载上传的过程,工作质量和效率不就大大提高了么?实际上,几乎是在同一时期,

1983年6月在北京召开的7760计算机辅助设计、制造及管理会议上,陈一坚和西北工业大学杨彭基教授交谈

美国人也遇到了同样的问题，而且已经尝试着搞起了计算机网络集成。

机缘巧合的是，1983年，航空工业部"六五"期间的关键预研项目7760计算机辅助飞机设计、制造及管理系统（7760CAD/CAMM）主任工程师的重担又落到我肩上。我们与西安地区140多位教授和科技人员联手，用五年时间，共同研制成功了在当时集成度最高的7760CAD/CAMM计算机辅助飞机设计、制造及管理系统，该成果被评为1986年度国家科技十大成就之首，获国家科技进步奖二等奖。

刚开始的时候，是在冯钟越（623所原所长，我的清华同班）领导下干起来的。后来老冯生病去世了，高镇宁决定让我接替他干。我既是"飞豹"总师，又是7760CAD/CAMM总师，所里也有很多事，所以就把那边的日常工作基本上交给了赵学训。

当时没钱，得自己想办法解决研究经费。我们就从办公费里挤出一点儿，给在西安活动的几十个人当经费。有时候我们一周开一次会，把大家召集起来，汇报一下前面的工作，讨论一下后面的问题。我也不是都明白了再指导大家干，而是边学边干，决策由我来做，责任由我承担，干出来成绩是大家的。

那时候，603所只有万次计算机，能力不够。正好631所引进了德国的7760计算机，这是当时最好的设备。我们以603所、631所和西北工业大学教授等力量为主体，利用7760计算机完成了140多万语句的软件，搞出了一套7760CAD/CAMM系统，使计算机辅助设计、制造及管理走在了各工业部门的前面。

大概到了1977年，我们计算出160多万条数据，获得了1987年全国十大科技成就奖。

7760CAD/CAMM系统是以"飞豹"飞机研制为背景发展起来的，其中的总体优化、结构有限元非线性分析、CAD/CAMM等先进的计算机技术都首先应用于"飞豹"飞机的研制，并取得了明显效果。

有了计算机之后，我们就可以进行先进的气动力学计算、强度计算、有限元分析。这些以前只知道课本里面有，但是没有真正用于实践。在"飞豹"设计中，我们勇于实践先进的规范、计算方法，先进的气动力学和有限元分析技术，可以说都走在了前面。

原7760副主任工程师兼办公室主任、631所梁梦珏：

7760之前，国内还没有系统的计算机辅助设计、制造及管理系统，只有零散的计算机设计。这个项目是国内第一次，而且是真正应用在飞机设计上。整个系统采用模块设计，这在当时是比较先进的。

陈总是"飞豹"飞机的型号总师，他精通飞机设计，对于设计方案考虑得很多，他可以在设计方面对7760系统提出很多要求。603所有这个设计任务，我们也希望这个系统能用来辅助飞机设计、制造。否则，我们设计的系统往哪儿用？那不成了盲目设计？

陈总接管以后，整个系统的面貌有了很大变化，各部门的力量都动员起来了。大家觉得这下子我们目标明确，可以有的放矢地干一场了。

陈总非常平易近人，工作中我们和他配合、协调得比较好。陈总提出方案，大家讨论，然后分工去做，进度明显加快。陈总也非常支持和信任我们，但一些大的问题我们都会向陈总请示、汇报。

603所原强度室主任全文经：

陈总当时跟我们说，有限元要用，因为它比较快，但以往的工程办法也要用。我们用有限元算好了，能不能在机身找几个强度上容易出问题的典型剖面，用传统手摇计算机再算算，跟有限元的结果对比一下，看看有多大差异，再决定敢不敢用。

接着，陈总进一步提出，全面应用有限元法代替传统的工程梁法对机体结构进行总体应力分析，实现了飞机设计从局部求解到全机求解的重大飞跃。此举在国内尚属首次。这一分析技术的采用对后来全机静力试验的一次成功和飞机试飞中总体强度未出现问题起到了决定性作用。

没有原准机也要设计好飞机

1983年3月,"飞豹"飞机转入全面详细设计阶段。

带着"没有原准机也能搞好设计"这一坚定信念,我们一方面在战略上藐视困难,另一方面,千方百计想办法解决设计中遇到的实际问题。我们的主要做法首先是化整为零,找不到整机就找局部的原准机。国内现有的各种飞机以及残骸都是我们消化吸收和参考的对象,某个飞机的某个部分值得参考,我们就有针对性地去研究它,不拘泥于一定要以哪个飞机为原准机。其次是尽量发挥科技情报的作用,广泛搜集国外相近机种的各种报道,注意研究有关的专题文献,包括期刊、特刊、会议记录等。总设计师系统每隔一段时间都要向所情报资料部门通报型号进展情况、当前遇到的难题和需要重点搜集的内容。

设计人员讨论问题

在设计当中，对于很多先进技术，我们采取实事求是的审慎态度。然而，为满足战术技术要求，在"飞豹"设计中还是采用了不少必要的、可靠的先进技术，如机身小轮距"八字腿"主起落架、双发尾喷口外露的后体设计、自动飞行控制／增稳系统、飞机／外挂物相容性设计、电磁兼容性设计、进气道与发动机匹配设计等一系列技术措施。

小轮距"八字腿"起落架

在飞机总体布局中，起落架布置往往是至关重要的。

由于"飞豹"要求携带的武器种类多、数量和尺寸大，不宜采用将武器放置于炸弹舱的常规形式。我们在充分论证的基础上，决定选用上单翼、武器全部外挂的总体布局形式。其优点是通用性大，使用维护方便。为了不影响外挂物布置，又不使起落架过高，"飞豹"飞机在国内首次采用的小轮距八字形机身起落架就成为比较理想的布置形式。

在既缺乏设计资料又无实践经验，设计和制造都存在很大难度的情况下，设计人员经过反复论证、比较、分析、试验，克服了一系列困难。

通过试飞验证，飞行员反映飞机地面滑行稳定性和机动性良好，而且容易掌握，证明小轮距"八"字形机身起落架的设计是成功的，完全达到了设计要求，开创了我国独立设计外"八"字小轮距起落架的先例。

原起落架组组长张速成：

起落架设计方案当时成为全所关注的焦点。陈一坚总师召集各种会议研究方案的可行性，经常听取我们的汇报，并做出相关指导、决策。1978年6月，总师系统专门组织了行业内外20多位专家、教授出席的"786Q"审议会，专题审议"飞豹"的起落架设计方案。

经过审查，专家们一致认为，设计方案基本可行，并给予了较高的评价，有的还深表赞赏。与此同时，还对一些细节设计提出了应注意的问题和一些好的建议，为我们下一步顺利发图奠定了坚实基础。

外挂物相容性设计

因为"飞豹"是集对海/对地攻击两种属性于一身的飞机，它起飞的时候，可以携带空空导弹、空舰导弹、航爆炸弹等很多种弹，把这些攻击武器全部投放出去以后，它又成了一架歼击机，有较强的对空作战能力。"飞豹"的装载率比欧洲的"狂风"还强，我们第一次设计这样的飞机就取得这么先进的指标，其困难有多大，可想而知。

外挂物相容性问题认识得很早，大概是1980年前后，但对于这个概念开始并不是很清楚，还是我在美国的报道中看到的。当时就感觉武器与飞机的匹配是个很重要的问题。飞机干了半天就是用来挂武器的，可人家的武器拿来之后跟我们飞机能不能匹配、兼容，接口对不对？安全性怎么样？这是非常复杂的一件事，涉及到一系列问题：如何挂？怎么通电？接口设计以及发射轨迹与安全性等，都属于相容性的范畴。这些东西如果搞不好飞机就白干了。所以，这方面我们干得比较早，但正式提出相容性这个词就比较晚了。

因为相容性是"飞豹"设计中一个很重要的问题，直接关系武器带了能不能发射，离机安全不安全，能不能打中的问题。还没当总师的时候，我就跟导弹的承研单位接上头了，从那时候开始介入外挂物相容性问题。我几次到承研单位去参观考察，因为牵涉到他们设计的挂架。我们中国人的挂架跟美国人的不一样，和美国标准的挂距不一致。我坚持要他们一步到位，为此在北京争论得很激烈。挂距不一样，飞机的梁、框设计都要变，可如果要他改变挂点，他的框距也要变，谁都不愿意改。后来采取了折中的办法，我们先按这样干，以后再说。后来相容性作为正式文件变成了规范标准，国标出来以后就完全按照美国那一套设计了。

由于"飞豹"飞机外挂物的挂点多、品种多、尺寸大，在飞机设计中必须很好地解决外挂物和载机的相容性问题，其中包括气动力相互干扰、外挂物抛放的离机安全、外挂物抛放轨迹的最佳控制等。

这里的关键是什么呢，外挂那么多弹，多样动态载荷怎么样？当时李洲圣提出来这个得算一下。按常规来讲，这里可能会隐藏一些问题，到底着陆瞬间载荷多大？过载多大？

我听他讲了这种担心之后，也觉得可能是个大事。我就委托李洲圣：以你的水平，再找一些书，按这个动态从头到尾算一算。在他没算出来之前，研制进度不能等。我就确定了一个过载范围，大家先发图、制造、飞行。后来他算完以后发现瞬间载荷、过载确实是很大，但是，我这个范围也给对了。发了图样后，又补充做了很多试验，那个时候火控系统已经搞完了，这种相容性试验还有很多。

原副总师龚国政：

翼尖侧向挂弹在国内属于首创。当时气动室专门成立了一个外挂物投放设计专业组。

最困难的投放试验就是投放副油箱。副油箱在满载油的时候其实很好投，轨迹很好，但是油用光了以后再投空的副油箱，模型的惯性力矩很难调整，我们外挂组就是要解决这个问题。后来，投放轨迹试验做得非常好，包括投放的一套技术都是"飞豹"设计中的亮点。

三轴控制的 KF-1 飞控系统

"飞豹"是国内经费投入最少、完全自力更生研制的型号，上的新东西很多。当时，飞控系统的几项新技术均是国内首次使用。

为了保证飞机的先进性，我们从立项论证一开始就支持采用新技术。603所总师队伍不乏超前的思想，支持了很多新东西。飞控系统涉及飞行安全，采用这些新技术，既有来自上面的阻力，也有从外界吹来的冷风。对飞控系统的一些大事，我都亲自听汇报、做决策。

操纵系统和飞控系统全机模拟试验

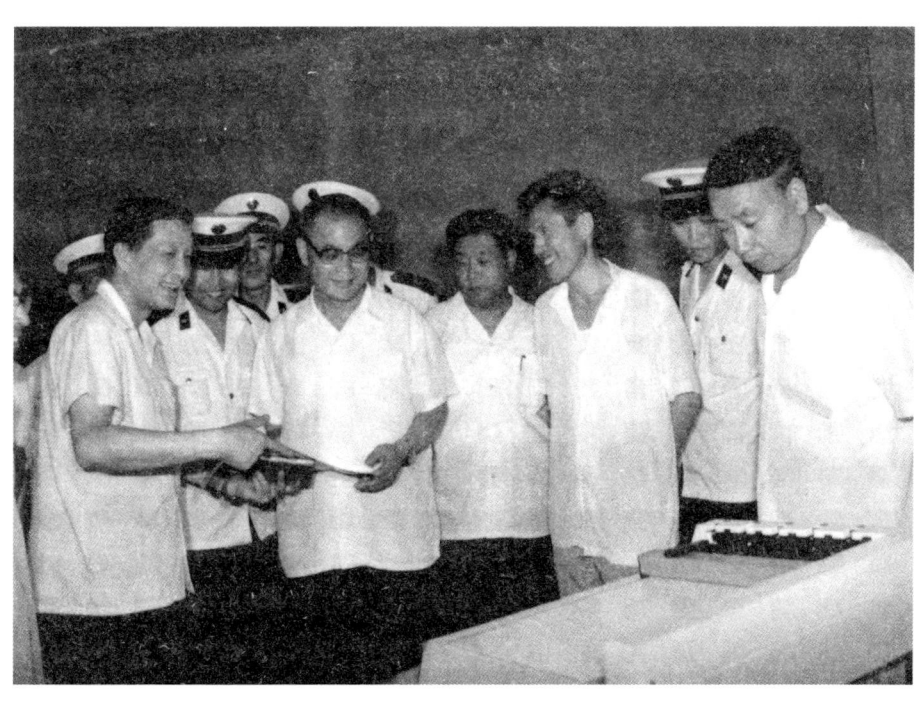

陈一坚（左一）向原海军副司令员李景（前排左二）
汇报飞控液压实验室情况

对伺服颤振这个问题，刚开始我们内部的确存在很大的分歧，就是说结构变形以后，对液压系统、操纵系统是否会有反馈的影响。唐长红（603所现任总师）提出了问题以后，有很多人反对，说这两个是分开的，没有问题。我认为，系统和结构从界面来说，是各自独立的，但是它们有接口，我们的接口在动态情况下，会把结构变形反馈给液压系统和飞控系统。

我说这个事不能含糊地说没有就没有，大家要研究一下。

我认为唐长红算得比较细，分析有理论依据，而且用规范的阻尼值来对比，是临界状态，科学上也站得住脚。反对意见只是从一般概念上、主观地认为不会发生伺服颤振，而且国内以往设计的飞机也的确没有出现过。但那时候也没有飞控系统，搞飞控系统我们是第一家。综合起来看，我第一次听他们讲就感觉这里的问题比较大，后来我让小唐把工作再做细一点儿。

最后一次讨论，反对意见还是很多。我就定了：第一，我支持伺服颤振要进一步做深入细致的工作，因为过去没干过、缺乏经验；第二，唐长红一直在研究振动，他技术方面的修养比我们大家都要深；第三，先把计算工作搞好搞透，下个比较明确的结论，必须研究伺服颤振；第四，和618所联系，扩展模拟台，进行伺服颤振的反馈试验，验证一下经过调试是不是可以避免这个灾难。这些试验最后都做了，如果不做，这里面就会隐藏、埋伏一个大问题，也可能是颠覆性的问题。而一旦出了问题，飞机就要大改。

618所原副总师申安玉：

"飞豹"飞机的很多机载成品都是国内第一次装机使用。

这个型号也是我们和主机所合作的一个范例。事实证明，飞控系统的问题在603所的帮助、支持下，解决得比较顺利。当然也出现了一些问题，如过载大、力反传问题等，其中伺服颤振问题带来的飞控系统改动最大。但这些问题在两所的协力攻关下，很快就解决了。

伺服颤振的问题之前也有人提过，但没有引起大家的注意。唐长红从北京航空航天大学研究生毕业后也提出了这一问题。根据他的计算，可能会有耦合现象。当时，我们对唐长红的计算结果都打问号，认为飞机大，不会出现这种情况，另外改起来相当麻烦。

陈总对此事非常重视，亲自来做我们的工作。他说：对这个问题我们都没什么把握。只有唐长红对这方面有所研究，还是谨慎为妙，宁可信其有，不可信其无，再麻烦也要改。

二十年不落后

飞机设计往往有这样一个特点，一架成功的飞机使用寿命在40年左右，设计过程中还要制造、试飞，需要十几年，最后出来已经是十几年以后的事，还得再使用二三十年，所以设计中就需要采用相当多的新材料，新工艺，新设备。不然，飞机一飞出来就报废或落后了。因此，搞设计的同志肩上有一个特殊的风险包袱，就是新技术的应用。

我们"飞豹"用了40%的新技术、新成品。在国际上有个统计规律，你用的新技术如果超过40%，飞机的成功率只有50%，甚至小于50%。大家由此可以意识到，由于我们追求先进，就要冒50%失败的风险，我们都知道有这个风险，但"明知山有虎，偏向虎山行"。我们立下誓言，就是要给部队满意的飞机。我们这代人要把这样一个目标所带来的风险承担起来，本着一种敢为人先的精神，用我们的聪明才智去化解它。

"飞豹"的平显、惯导比飞机研制起步晚，所以，飞机设计状态冻结前后，上面感觉这么复杂的系统，进度又落后于主机，即便出来了也还需要两三年的成熟期，就决定暂时不装平显、惯导。后来613所比较争气，很快就把平显研制出来了。我们发图的时候装的就是平显，没装惯导。结果618所的工作也抓得很紧，到飞机快要首飞的时候惯导也搞出来了。但是因为飞机状态早在四五年前就冻结了，按照国标规定是不能改的。

1988年2月，李景副司令员（中）听取陈一坚总师汇报

对于长距离飞行的飞机来讲，惯导是非常重要的设备，对提高飞机性能非常有用。我听说惯导已经出来了，精度比"飞豹"原来的多普勒要高很多。现在既然完成了的地面跑车试验都挺好的，就差上天了，我们为什么不用？我就和张国治商定，打破常规，咬咬牙，上！出了问题技术责任是我的。回来后也不需要什么动员，大家一听都感觉这是好东西，过去没赶上没法装，现在赶上了不装岂不可惜！我们就重新发图，重新修改整个系统。

之所以贯彻得非常顺利，就是因为对飞机性能提高比较多，技术人员思想上没阻力。大家费了很大劲，从头开始把飞机换装惯导引起的一系列更改，包括总线、接口都改了。

当然，并不是每个人都同意这么做，有些人就比较遵守原则、法规。我个人认为，原则、法规要遵守，没有它绝对不行。但在特殊情况下还有个衡量的问题：改完以后对整个研制进展没有什么翻天覆地的变化；在各种条件满足的情况下，修改一些小规则，最后部队很满意，那我们哪怕费点劲，也要坚决改！现在看来结果非常好。要是没有平显和惯导，这个飞机就逊色多了。

我就是坚持一条：在保证飞机达到性能指标的前提下，一有条件还是要竭尽全力使其更加完善。这尽管没有明文规定，对总师也没这个要求，但我们的用户是部队，只要有可能，只要上级支持，我们就要努力做得更好。每次开协调会，我第一句话都是：咱们应该多听部队的意见。部队感觉什么地方不好，我们就老老实实去改好，否则产品不好用，导致部队战斗力吃了亏，最后还是国家、我们自己吃亏！

但在如何把握先进性与可行性的尺度上，的确是存在很多风险的。在"飞豹"主电源系统方案审定会上，关于应该引进喷油发电机还是循油发电机的讨论就给我留下了很深的印象。

当时这两种发电机国内都没有，用循油发电机就能满足飞机需求，但成品厂希望一步到位，研制更为先进的喷油发电机，这样一来不仅能满足使用要求，还可以使航空发电机前进一大步，接近世界水平。他们提出，如果不冒这个风险，就会永远"穿新鞋，走老路"。他们当时也做了很多工作。审定会上，部机关的人和他们都坚持上喷油，很多人也主张装好的，越先进越好。那天的讨论一直持续到半夜。最后，部领导让我拍板决定。

我曾到电机厂去看过几次。工作人员告诉我两个系统的工作原理及优缺点。他们也说了对喷油发电机进行分解后，发现一大堆问题得不到解决。因此，我在会上讲，喷油是好，对发展的确有非常大的带动。但一下子跳那么高，风险太大。我估量以目前的水平可能后面的问题还很多，搞不好会拖整个飞机的后腿。不如先上中等先进的循油，等你们很有把握把先进的喷油发电机搞出来再上也不迟。我的意思是分两步走，先循油，后喷油。

这下等于一票把大家的意见都否决了。当时成品厂还想不通，对我有意见。我就是感到技术上不落实，怕影响飞机。国外飞机的新品不超过25%，我们已经超过40%，按老外的观点，新成品、新技术超过40%必然失败，这个挑战的风险已经相当高了。事实证明我的决策是对的。

飞控系统也一样，618所开始让我们直接搞电传，三余度四余度的。我知道，1979年我到联邦德国MBB去看到过，这个东西是世界上最新的，国内如果我们用了也是第一家。到底直接上电传还是先搞准电传？争论也很激烈。他们就来问我。我知道这里面的差距很大，一下就搞电传系统问题可能会很多。我还是决定分两步走，先搞控制增稳系统，基本是电传的原理，模拟式和数字化混合使用，迈进了一大步，但还没有一下到头。现在回头看，幸亏这两个新品没有一步到位，否则飞机肯定被拖垮了。

当时我的思想比较坚定：先进是好，但要掌握分寸，把握一个度，原则是不能影响主机，就是说新品的关键技术你能不能突破，这是前提。我们不能辅机上个世界一流的，结果飞机飞不起来，那不等于零吗？

总师难就难在这些地方，他要在大量调查研究的基础上做出艰难的选择，每天都有大大小小各种决策需要去面对。外部的压力也非常大，从上到下都说好，你就是不要，为什么？我得分析，道理要讲得有根有据，不能完全听外界的，否则就不是一个头脑清醒的、负责任的总设计师。辅机厂求生存，要发展的心情我们完全理解，而且完全可以从经费上给他们以支持，因为我们的飞机最终还是想用更先进的。

原国防科工委局长张国治：

"飞豹"使用惯导的时候，国产惯导能不能装到飞机上去，没有人尝试过。618所所长冯培德找到我们，我们专门去他们所里看了，然后跟陈一坚总师商量。如果型号总师看不到这个发展前景，不支持，不敢用，如果总师系统下不了这个决心，中国的第一代惯导不可能在那个时候用到飞机上，618所也不会在其基础上发展一系列机载惯导。

中国的惯性导航系统是从"飞豹"起步的。"飞豹"第一个选用国产惯导，并把它融入到飞机系统中去，开创了我们国产军机使用国产惯导的先河。如果总师保守的话，这个事就实现不了。因为我们再做工作，最终还是要尊重总师的决定。

618所副总师张宝京、王军锋：

"飞豹"是国内第一型装国产惯导的飞机。陈总对新研成品和新技术的支持体现了他的远见和魄力，令我们非常钦佩和感激。

当时决定要上国产惯导还是有风险的。陈总和603所给予了我们很大的支持。有用户安装我们的产品，我们的设计生产才有出路，才能得以连续。当时也有很多议论，国产惯导到底行不行？我们也感觉压力非常大。603所没有人说风凉话，没有人说过怀疑、泄气的话。而是说咱们一起把问题解决，解决后再飞。

回头想想那些攻坚克难的日日夜夜，真是非常艰难，没有603所的鼓励，没有陈总的支持，我们很难走到今天。

原副总师詹孟权：

在"飞豹"的研制上，正是由于总设计师的思路不陈旧、不保守，603所在方案选择中脚踏实地、实事求是、有科学依据而不是想入非非，才使得"飞豹"这个型号最终成为具有完全自主知识产权，同时又是花钱最少、好用顶用的飞机。

"飞豹"飞机在当时的设计水平上高出一个台阶，因此，我们国内长期以来预研的成果都依靠这个飞机得到了实现，使得以前那些机载成品，如总线、飞控、航电、火控武器、对地雷达在以前预研的基础上通过这个飞机上了水平。所以说，"飞豹"研制不仅提高了603

所的设计能力，大量辅机厂通过"飞豹"这个平台得到了长足的技术进步和提升，也提高了整个航空工业、整个机载成品的水平。当然，没有机载成品与飞机的相辅相成，这架飞机没有战斗力也不成。

全机最优、全周期最好

飞机是多学科、多专业、高投入、高风险、长周期这么一个战略产业，它综合了几乎所有学科，个人与集体的关系就变得十分重要。在工作岗位上光有知识是不够的，给你一个任务，要求你把它完成得最好、最完美，用我们的行话来说就是最优，每个人都有自己的最优，但事实告诉我们，所有的局部最优机械地加起来并不等于全局的最优。我作为总设计师的责任就是对所有的最优进行妥善的取舍、协调、处理，使它们有机地综合在一起，形成最优的"飞豹"。

"飞豹"飞机涉及到十个部委，几百个厂所。一架"飞豹"飞机的零部件有43万个，每个零件的图样都是设计人员用手工完成的，第一代"飞豹"飞机就是用了整整10年时间研制出来的。我举个简单的例子，有个很小的过滤器，它的滤网是用纤维制成的，靠纺织工业部攻关才解决了问题。大家很难想象，飞机制造和纺织工业部有什么关系？其实这里面涉及到的专业非常多，所以，如何形成集体力量是设计成功的前提。

为了确保飞机研制成功后在相当长的时间内不落后，在"飞豹"的数百项成品中，创新性成品几乎覆盖了整个系统。如何运用唯物辩证法，坚持局部最优不等于全局最优，宁可牺牲局部最优，也要求全局最优的设计理念，在大胆、合理采用国内成熟的新技术、新材料、新工艺、新方法的同时，通过精心的优化组合，使众多的局部最优转化为全局最优，成为保证"飞豹"飞机设计的可行性与先进性的关键要素。

为什么要把全机最优摆在第一位呢？因为型号是研制全线各项工作的生命线，这是最根本的问题。我总坚持哪怕飞机目前不是最好的，我们先不去求全责备，只要方向是对的，一旦决策了就一定要坚持干到底，哪怕局部来几次反复。最后飞机出来了，问题知道了，经验也有了，最关键的是技术队伍成长了，后面我们就能在这个基础上迅速赶超。

原副总师钟定逯：

陈一坚总师常说：飞机设计局部优不算最优，整体优才是最优。记得有个同志经过分析某飞机残骸，还做了不少试验，提出了一个前起落架的结构形式，可以减轻重量约 20 千克。这是很可观的优化设计，但遗憾的是前机身已经基本上设计完了。在此基础上再用这种前起落架，反而会让前机身增重 40 千克，这样一来又不合算了，所以后来就没采用。

"飞豹"电子系统副总师、电子十所冯芳标：

陈一坚总师的设计思想非常正确。我记得有一次在西安开会，陈总在会上作报告。他说一个产品，除了要求它各个设备要有先进性、指标要高以外，最重要的还是首先保证它的总体性能要好。如果它各个设备指标很高，但是综合起来以后不协调，总体性能不好的话，这个产品的先进性也就无从体现。他这个指导思想对于处理"飞豹"飞机的各种问题都具有非常重要的指导意义。

他的这种思想对我也有影响，在他的要求下，我也是想方设法把各个电子设备的协调性处理好，保证机上电子设备有较高的可靠性，从而使它的总体性能比较先进。

第八章
自成体系的组织架构

作为涉及国家10个部委和几百个直接配套的厂所,有数万人参与研制的庞大复杂的系统工程,"飞豹"飞机在研制中自觉发展和形成了系统工程的组织管理体系和工作机制。

顶层——是由原国防科工委、海军(用户)、航空工业总公司领导组成的领导集体,主持每年的现场办公会,决策每年的目标和重大问题的解决方案,协调解决技术、质量、进度、经费各领域的突出问题和矛盾。

第二层——是由上述三方机关主管该项目的领导(被研制全线亲切地称为"三驾马车")组成的指挥中心。他们深入基层与现场,掌握着项目的大节点、大关键、大难点。他们对项目提出要求,形成年度计划目标,供办公会决策,同时到现场督察,帮助推进执行。

第三层——是航空工业总公司为主的行政指挥系统及其下属的总设计师系统、总工程师系统、总质量师系统、总会计师系统、现场总指挥系统、试飞现场指挥部等全系统、全方位的实施层次。这些系统各自独立发挥其职能,团结协调全系统各单位参研人员,组成协同的工作队伍具体实施研制工作。

与张国治(右二)、王昂(右三)、马承麟(右一)等在"飞豹"前合影

第四层——各厂所与军代表、海军型号办以及阎良各厂、所组成的前方执行层。研制方和使用方互相制约、互相协同，把握质量与指标，使项目的每个环节都落到实处。使用方即军方，既是研制的监督者，又是研制的参与者，从而保证了整个项目的研制质量。

以上这些具有中国特色、符合系统工程原理的组织管理办法，是调动一切积极因素，形成强大生产力，保证"飞豹"成功推进的组织保证。

传为美谈的"三驾马车"

国防科工委"飞豹"飞机研制现场办公会，由国防科工委及海军、航空工业部（航空工业总公司）主管领导主持，总参、国防科工委、国家计委、海军、空军、航空工业部及国家有关部委、陕西省国防工业办公室的负责同志，"飞豹"飞机总设计师、总指挥、现场总指挥、海军型号办及603所、172厂、试飞院等有关厂所代表参加。现场办公会对"飞豹"研制中的重大问题做出决策。从1988年2月起到1995年12月飞机通过设计定型审查，现场办公会一共召开了九次，解决了诸多棘手的"卡脖子"问题。

会议由国防科工委张国治局长、海装飞机部徐甘泉部长、航空工业总公司马承麟副局长（称"三驾马车"）具体组织。他们提出会议议题，拟定准备提交会议讨论决策的问题。会后组织落实，检查督促，经常到现场调查研究，了解情况，协调解决研制中出现的问题。

"飞豹"于1988年12月14日首飞，"三驾马车"在此之前做了很多工作。国防科工委谢光副主任代表军方组织研制，海军副司令员李景（当过飞行员），还有航空工业部王昂副部长，都对"飞豹"

飞机非常关注,是保证"飞豹"研制进程的"大三驾马车",他们每年都要到阎良开一次办公会,听汇报、提出问题,解决一些实际困难,促进型号研制。现场办公会是"飞豹"研制形成的高层组织管理形式。对跨行业、跨部门、庞大复杂的"飞豹"系统工程,进行了有效的组织管理。

"飞豹"的成功是靠很多方面的力量聚合到一起才得以实现的。这两辆"三驾马车"缺了任何一个,这个型号都会很困难。包括配套关系、经费以及各方各层面的关系、试验、试飞等,都仰仗于他们的支持。

一开始我讲话的水平并不高,我们总师单位什么问题都要考虑到。我汇报的时候总感觉自己有点儿啰唆,但又想通过汇报引起上下的重视。有一次办公会上,我汇报说一些系统单位不能很好配合。谢光一听急了:"你说,哪个单位配合不好?"这些单位的领导都在场,我怎么能当场点名,让他们挨训?!就为这个事谢光还发火了:"今天我一定要你讲,你就在这个会上把问题说清楚。"他一连逼问我三四次,我始终没有点名。我说我相信大家在这次会后一定会迅速改进的。其实问题都在会上讲得很清楚了,是谁的责任大家心里都明白,不需要在会上点名批评。我心想,大家都辛辛苦苦地工作,干嘛因为一些局部问题把大家搞得很难堪。结果系统单位的领导会后都特别感激,说老陈你真够意思。

原国防科工委局长、"三驾马车"之一张国治:

为了"飞豹",我们从1988—1995年间共组织了九次现场办公会,每年至少聚会一次。各系统都能坐在一起,商讨如何解决问题,下一步工作如何干?到现在为止,还没有一个型号用这种工作方法。

从部队来讲,你不是要好的装备么?但是你总不让它起步,好装备从哪里来?当它出现问题的时候,我们要帮助它走上正轨。我负责项目生命力的成长,你负责发现我有什么问题及时给予指导。

我在机关工作这些年,就是抓技术带头人。如果我跟技术带头人关系比较密切，他说的话我能听懂，我能接受，那情况就不一样了。我们这些人起的作用就是上情下达，下情上达。我们没有多大的指挥权，但是，我们有很强的建议权。

各司其职的总师系统

"飞豹"飞机研制是一项十分庞大而复杂的系统工程，技术难度大，协调关系复杂，新、大、难的机载设备多。由于运用总设计师系统体制，实施系统工程管理，保证了研制计划的实施以及研制目标的实现。

1983年6月初，在北京召开了"飞豹"（串座型）飞机第一次总设计师系统工作会，宣布正式成立"飞豹"飞机总设计师系统。由总设计师、副总设计师，主任设计师，主管设计师三级组成。603所设立总设计师办公机构，负责总设计师系统的日常办公事宜和信息联络，处理型号进展中的各项技术问题。总设计师系统会议集中讨论和决定系统内的重大技术问题。

总师系统的主要作用体现在让设计统一在总设计师的思路范围内，将过去总设计师对点的指挥变为对面的指挥。过去是一遇到问题，总师指挥设计员与成品厂协调解决。有了总设计师系统后，每一个方面都有副总设计师，这些人每年开一两次总设计师系统会议，协调解决研制期间出现的各类问题；对一些飞机设计的要求重新在会上进行协调。

作为总设计师，我是决策者，很多工作都是副总师在做。但副总师干的对不对、行不行，最后都得通过总师分析、判断、取舍。在大问题上副总师也不敢做主。岗位不同分工不同，我的主要责任是决策。副总师之间在接口问题上发生了矛盾，谁对谁错，为什么要选择这个而舍弃另一个，这就是总师的功力和本领所在，就是靠决策来体现的。

1985—1990年，总设计师系统共召开了五次会议。每次会议都是在"飞豹"飞机即将进入新的研制阶段时召开的，成为研制工作的里程碑。

我这人工作作风是比较放手，放手并非人的性格决定的，而是有很多道理在里面，我认为放手比不放手要好。

第一，从责任制的角度讲，放手的理由就是要大家各负其责，每个人都应该承担起自己义不容辞的责任。我是大决策，副总师是小决策，设计人员是干活、提供材料为主，这是大家的分工不同、职责不同决定的。如果提供的材料有问题、数据算错了，那是设计员的责任；小问题上副总师决策错了，又没有跟我通气，就得由他负责；大决策你不告诉我是你的责任，你告诉我，我决策错了是我的责任。

第二，从做工作、做人上看，我认为有两种领导人，一种是事必躬亲，大小事都要过问、参与。天下没有这种三头六臂的神仙。

向技术骨干布置工作

在我看来，领导者事必躬亲是错误的，至少是一种不科学的工作方法。必须按责任分工，该你管的管好，该别人负责的就不要去干预。

第三，一个人精力有限，事必躬亲的结果往往是"西瓜"和"芝麻"都想抓，结果既丢了"西瓜"，捡到的"芝麻"可能也不怎么样。一个总师每天要做大大小小的决策，需要去搜集有关决策的详细材料、计算、试验结果，把它们综合起来。只有你搜集的材料是正确的，做出的判断是科学的，你的决策才能是正确的。事必躬亲肯定会分散精力，所做的决策也不可能深入细致，只能靠"拍脑袋瓜"。我认为这种领导人是失败的，不是好领导。我不认为自己是好领导，但这种作风是好领导的作风。

回忆"飞豹"历史上的重大决策，发生故障后排故一次成功，而且整个过程没有留下颠覆性问题，这都要靠正确的决策，否则肯定要折腾两三次，搞不好还会大返工，就这两条客观评价的话，应该说总师决策百分之九十几是成功的。伺服颤振就是这么个例子，我认为意见正确的同志，我不但要认真听他讲，还要跟他仔细学，什么叫伺服颤振，怎么引起的？怎么计算？算完后跟什么对比？否则，我凭什么拍板决策呢？不调查、不研究，凭主观做决策，这种干部会误大事。

当然，正确的决策离不开603所这一大批坚持把飞机干出来的

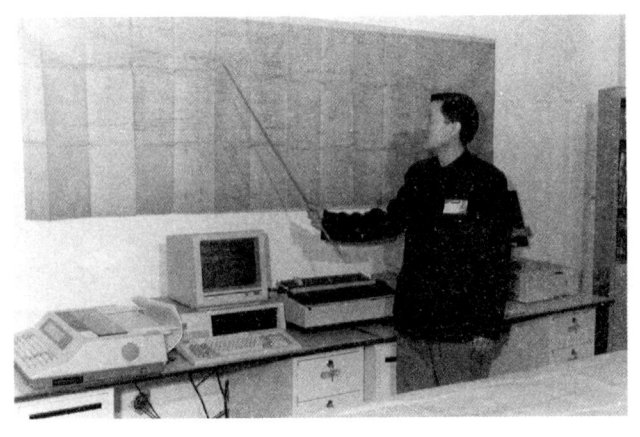

授课

人，包括所有副总师，他们确实都把自己的事干得非常好，对我的支持非常大，没有这个基础，我决策再对也没有用。我认为这种各负其责的作风影响深远，这种做法会带出好队伍。为什么说中国出了个毛泽东，中国革命才一步步走向胜利。他就是认准方向，星火燎原，最终取得了革命的胜利。像我这样微不足道的小领导也要学习领袖这种品质。因为品质是最根本的，是决定一个人成功与否的基本条件！

张国治：

一个飞机型号的总体设计如何，要看总师的水平。一个型号的细节设计如何，考验的却是队伍。所以很多人说，"飞豹"研制不仅诞生了一个型号，还带出了一支队伍，建设了一个飞机设计所，这种说法一点不过分。经过这个型号，603所的队伍真正锻炼出来了。这支队伍的成熟，还体现在以陈一坚为首的总师系统班子比较整齐。陈一坚能够把总师系统各专业带头人统领起来，总师系统又在协调各系统、各单位接口关系上充分发挥了技术抓总作用，这的确不简单。

徐甘泉：

陈一坚总师和整个研制群体非常不容易。

我们是在一张白纸上开始研制"飞豹"的。当时没有样机，没有参考型号，只有军方提出的一个"飞豹"的概念。正是由于陈一坚抱着这条路一定能走下去，而且一定能走好的坚定信念，带领这支队伍不懈努力，艰辛探索，终于成就了这个型号。这种矢志不渝的敬业精神，无论是全行业还是我们海军都值得发扬光大。

从我们国家航空发展的历史来看，要"枪毙"一个型号太容易了，但是要保住一个型号太难了。这里面就得看我们设计、生产、试飞各家的表现，尤其对总设计师是一个非常严峻的考验。陈总和各位副总师对技术工作非常负责，对试飞过程中遇到的重大问题高度重视。现场一出现问题他们就连夜做试验，对每一个故障都研究得非常仔细，处理得相当及时，也相当漂亮。我们时间紧，经费也紧，各种声音又太多,你不抓紧把问题处理好,型号随时可能被"枪毙"。

马承麟:

从1977年开始介入到1995年飞机设计定型,陈一坚在这18年当中是"飞豹"技术线上的决策者、指挥者、组织者。不是说所有的关键技术问题都是他想出来的,但是他作为技术决策人、指挥者是起关键性作用的。

第一,在组织队伍协调,走群众路线,依靠大家的智慧,集思广益这方面,他做的是不错的。

第二,与兄弟单位协调配合。首先是603所这支技术队伍,另一个就是总师系统这个班子,他来组织这个系统,协调配合得比较好。

第三,他对部队和机关的意见比较重视,积极采纳并认真加以落实。

原副总师朱余华:

陈一坚最突出的优点就是他的组织、归纳、总结能力。

他当时没给谁多发一分钱,但基本上把这些副总师都用到位了。他那时候就像毛主席带队伍一样,只管好几个人,把副总师管起来就行了。当时副总师也都非常忠于职守。像吴克明、刘国强等一批人,真是把这些工作当成自己的家业,为603所的利益,为603所的名誉,为603所的发展不辞辛苦。那个年代,这些副总师在行业内外还是有发言权的。

全面推行质量管理

我们都知道,产品质量决定着产品的命运,而航空产品的质量如何,更具有特殊意义,它直接关系到部队的使用和飞行人员的安危。

"飞豹"研制先后建立了行政指挥系统、型号总设计师系统、总质量师系统。各系统层层建立了明确的工作标准和质量责任制度。各厂所基本上都设立一名主要领导主管"飞豹"飞机的产品质量控制，有些单位还设立了总质量师，专管质量控制工作。

我们所承担着主机设计任务，主机设计的质量如何是整机质量好坏的关键。如果主机设计上考虑不周或失误，不仅会造成整个系统在质量上不协调，更重要的是影响飞机性能的发挥。1984年底，"飞豹"飞机总师系统第二次会议从组织上落实、建立健全了质量管理网络系统。603所任命卢长吉为总质量师，协助所长、总设计师开展质量管理工作。

质量是设计出来的，万一有故障而我们没有发现它，它迟早会冒出来惩罚我们，而且发现得越晚代价越高。所以，我要求总师系统一手抓技术，一手抓质量，坚持实施质量否决权的原则。并反复跟大家讲，一定要充分认识到设计缺陷将会给飞机整个研制和使用过程留下无穷隐患，会给研制进度和经费带来极大损失。我们还是要老老实实、不放过任何细节地去设计，跟保证重量一样，采取各种各样的措施保证质量。设计隐患发现、消灭得越早越好。

在飞机设计过程中，总师系统开展了一系列质量管理工作，严格遵守飞机设计程序，重视规范论证工作，明确质控重点，贯彻执行单元件及特性分类制度、标准化制度、工艺审查制度，重视质量信息的收集、传递和管理，并重点抓了以下几项工作。

设计质量评审：它是设计阶段中转段的重要标志。在整个设计过程中，我们多次进行了分级、分阶段的设计评审。

设计质量复查：是设计单位依靠自己的力量，对自身的设计工作进行检查，力求及早发现设计差错。与设计评审一样，都属于预先控制的质控措施。

试验质量控制：试验是检验设计正确性的基准，为保证"飞豹"飞机的各项试验质量，603所制定了一系列试验控制文件，分别对试前、试中、试后各阶段进行控制。控制重点是试前抓质量检查；试中抓程序和环节的衔接；试后做好质量评审和总结。

技术攻关的质量控制："飞豹"飞机的技术攻关分为预研攻关和对试制、试验、试飞中出现故障进行的排故攻关。为确保攻关质量，分别制定了两种攻关管理制度。攻关立项，攻关要求，纠正措施，攻关鉴定及验收，均有严格规定，并贯彻到各攻关项目的始终。由于采取以上措施，保证了预研攻关的成功和故障的彻底排除。

此外，总师系统还积极组织各试制单位质量部门间的密切协作，保证各阶段工作间的衔接和系统成品间接口关系的协调、正确。

自行研制"飞豹"飞机的成败取决于质量。有了好的设计质量，好的试验质量，好的试制质量，好的试飞质量，才会成就好的飞机。

通过日常的质量管理，阶段的质量复查和质量审查，提高了全体研制人员的质量意识，加强了研制过程的质量控制，保证了设计、试验、试制的质量，从而确保了"飞豹"飞机机翼翼盒扣合一次成功，总装一次成功，各项系统地面试验基本一次成功，全机静力破坏试验一次成功，机上通电一次成功，首飞一次成功等。

"飞豹"型号总质量师卢长吉：

一系列质量管理文件和办法出来之后怎么去执行？以前没有做过的东西怎么才能够做好？这是我们总质量师系统考虑的重要问题。我们与总设计师系统的目的只有一个——少走弯路，更省劲地一次成功地把飞机设计搞好。

质量管理刚开始时，排斥的人比较多，既包括技术员、也包括管理机关。但是陈总要求我们对型号负责，务必把质量管好。

"飞豹"研制中从上到下，又自下而上的多次质量复查，是保证型号取得成功的重要因素。我们叫"拉条挂账、登记销号"，发动全所技术人员一项一项地查，查出的问题不管大小，一个个登记。我们的质量处在总设计师的支持下，拿着这些记录，到各科研室去逐条检查、销号。

第九章
一切通过试验

"飞豹"飞机采用的许多先进技术,在国内都尚属首次。为了确保设计正确、可靠和使用安全,"飞豹"飞机自方案论证开始,就把"一切通过试验"作为设计的指导思想。

不经过试验的设计肯定不能过关。理论设计必须经过计算、试验验证,最终试飞考核。尽管计算的已经很有把握了,但是计算存在好多假设前提,肯定与实际有一定距离。因此,一切设计必须通过模拟、原理、元件、部件到全系统试验,上机、下机和全机联试。通过不断地试验,来考核你的设计。

603所最初参与"飞豹"飞机研制的人员只有800多人,没有一间固定的实验室,许多试验都在露天完成。靠手摇计算机和计算尺处理成千上万的数据,所有图样都是用铅笔和尺子在图板上一点点画出来的。

"飞豹"研制的时候,我们办每一件事都力求节约,一分钱掰成两半花。为了以最少的投入换来最优的结果,好多试验设备都是我们自己设计加工,自己装备生产的。当时,由于"文化大革命",我们的科研队伍、物质条件、试验条件、计算条件破坏

全机G0情况破坏试验

全机电磁兼容地面模拟试验

淋雨试验

得所剩无几。20世纪七八十年代只相当于国外50年代的水平。而给我们的任务是,要设计出在世界上能站得住脚、在国内还要是最先进的飞机,就是说用落后30年的手段,来研制超前30年的飞机,这个硬件、软件条件都是非常不足的。

燃油系统地面模拟试验

雷达罩试验

第九章 一切通过试验

当时没有实验室，条件的确很差。为了准备地面模拟试验，我们所从"飞豹"研制一开始，就投入大批技术骨干进行实验室的建设。我们把有限的科研费省吃俭用、精打细算，从试验台架设计、制造，

液压系统起落架收放试验

自己动手搭建工作间

到试验件加工和试验测控系统配置,一切立足于自力更生。为了提高试验模拟的真实性和准确性,我们结合国内的技术基础,尽量采用先进技术,建起了试验区和四大实验室,实验室设备和技术当时在国内首屈一指。

到1986年,几大实验室相继建成,并开始了大型试验准备。

每一项全机系统地面模拟试验都是一项复杂的系统工程，都是靠自力更生、艰苦奋斗的创业精神，在长满杂草的空地上，建设起实验室，并完成各项试验的。正是有了充分试验的基础，"飞豹"才得以成功放飞。

在方案论证和打样阶段，综合应用国内外先进试验技术，做了大量的新工艺、新材料和结构的选型，新成品选参和局部性系统试验。在430厂斯贝发动机试车台上，先后进行了飞机与发动机相关试验。为了装机前试验导弹火控系统，还专门改装了一架轰5飞机作为试验机，用试验机验证新技术在国内还是第一次。在详细设计和试制阶段，除提出补充完善设计需进一步试验的项目外，主要完成了"飞豹"飞机研制方案中提出的首飞前必做的大型地面模拟试验和设计定型前应完成的试验，保证了首飞一次成功。

"飞豹"的全部研制经费只相当于1亿美元。用10亿人民币研制出如此先进、复杂的"飞豹"飞机，在国外任何一个国家都是不可想象的，一位美国评论员在刊物上曾慨叹"不可理解、无法想象"。国防科工委一位领导曾说："把这点经费交给世界上任何一个搞飞机研制的队伍，我看谁也不敢接这个任务。用1亿美元研制一个新型号，在任何搞飞机研制的国家都无异于天方夜谭。但是，603所做到了，

因陋就简，席棚里面做试验

这个奇迹在他们手上诞生了!"

任长松:

1981年国家经济困难,603所基本建设、实验室建设全停了。这时飞机总体方案要调整,需要进行各种各样的结构性技术试验、原理性试验等,怎么办呢?我们就在厂房内盖了一个高空和燃油的简易试验场,在原来的猪圈上盖起了简易的强度实验室。没钱请施

猪圈上建成的强度实验室

试验人员在原汽车库的一角安装试验
台做主起落架收放试验

工队，全靠设计员自己动手设计实验室建设方案，基建处组织施工，搅拌水泥、砌筑砖墙的全是飞机设计师。

实验室盖起来之后，买不起砖，没有院墙。结构、强度室主任又组织工程师用业余时间去找砖。当时隔壁630所有个露天电影场，很多家属看电影的时候都是找块砖头坐着看。电影一散，场地上总有一些砖头丢在那儿，我们的职工就一块块捡回来。就这样一点点把院墙垒了起来。尽管实验室不怎么样，但设备还比较先进。投入使用后，我们这个实验室完成了几十项结构新技术强度试验和"八字腿"起落架模拟试验，获得了宝贵的数据，节省了经费。

液压系统脉动试验是在没有盖好的厂房里做的。为了验证"八字腿"起落架的空间运动、收放情况是否正常，他们设计了真实的1:1主起落架和舱门等实物。在原汽车库的一角安装试验台，完成了验证试验。把原先的豆腐房改成振动测试间，进行飞机颤振模型测试试验。

军械实验室场地在露天，技术员们搭了个架子，用吊车把试验炸弹吊上去挂好，进行炸弹投放试验，测量投弹安全角和弹射力。机载天线需要测方向图，没有实验室，他们就用平板车把天线安装好。为避免干扰，晚上夜深人静的时候，他们才开始到机场的空旷地带去做试验。

风洞试验

由于"飞豹"没有原准机，所以刚开始气动力设计的时候就特别慎重，做了大量高速、低速风洞试验。在当时自行研制的飞机中工作量是最大的。这与飞机设计难度有关，也与我们缺乏经验、需要实践有关。

正是由于这些大量的基础性工作,"飞豹"飞出来的性能数据,操稳特性和预测的结果非常吻合,使"飞豹"飞行性能、战技指标一次到位。在没有原准机的情况下,取得这一成绩非常不容易。

为了获得可信赖的气动力试验数据,我们采取了一系列措施,充分利用国内的风洞资源,重点扶持这些部门的试验技术。由于这些项目的需求,促使这些试验单位探索出一批新的试验技术,创造出新的试验方法,并获得了成功。

付大卫、俞敦信:

我们在国内首次建立了型号标模——"779"模型(1977年9月做的模型),以后每一次重大风洞试验前,首先要拿这个标模去吹,看风洞天平测试系统有没有变化,和原来的风洞试验数据吻合了,再去进行新一轮的风洞试验,这在国内还是第一次。

当时设计员都是手工画曲线,这也使他们能对每条曲线、每个数据进行很认真的分析、比较。我们还对从风洞到飞行的气动力修正体系、修正方法做了十分细致的研究工作,建立了一套比较完整的修正体系及修正方法,后被《风洞到飞行相关性修正》标准所采纳。另一个创举就是关于飞机性能计算中的阻力修正,我们搞了一套自己的阻力修正体系及修正方法,较好地解决了困扰飞机气动力设计的难题,受到了业内好评。

进-发匹配方案与试验

"飞豹"飞机是国内首次在设计中创建进气道-发动机(进-发)匹配方案与匹配指标的机型。由于斯贝发动机的原型是英国罗·罗公司生产的,"飞豹"的进气道如何与已有的进口斯贝涡轮风扇发动机相匹配成为一项技术要求高的复杂的设计工程,也是"飞豹"研制的七项关键技术之一。

在没有现成资料、先进设计手段和可供借鉴经验的情况下,我们选派设计人员赴国外考察,拿出发动机和进气道的匹配方案,并经过多次风洞试验与反复改进。当时,我国发动机高空试车台尚未建成,我们组织技术人员采用模拟板技术,用1:1的进气道和发动机在地面成功进行了实物匹配试验,开创了我国在室内试车台上进行全尺寸进-发匹配试验的先例。试验结果表明,进气道设计满足斯贝发动机的要求,从而保证了进-发的良好匹配。

英国罗·罗公司特使贝克特来华看到发动机各项试验结果后惊奇地赞叹:真没想到你们能在这么短的时间内做出这么精细的全尺寸模拟板,并完成了相关试验,结果令人非常满意!

这项试验是在与国外同类试验设备相比非常简陋的条件下进行的,由于我们采用了科学态度、大胆创新和土洋结合的方法,从而达到了国外同类试验的技术水平,为我国今后进-发匹配性研究提供了有价值的资料,积累了宝贵的经验。

603所原副所长郑作棣:

进口的斯贝发动机是成品,无论性能还是安装接口都不能变,实现飞机战术技术指标完全要靠飞机进气道的设计来达到,技术上存在诸多不确定因素。首先是发动机和进气道的匹配,进气道的唇口面积和内流道形状要满足进气流量和流场畸变指数的要求,以为发动机提供正常的工作条件,并防止发动机喘振。

总师系统首先组织安排了风洞试验、模拟板试验、地面台架试车等进行验证。其次是发动机在飞机上的安装,根据发动机安装节和机身框的相互位置及使用维护要求,构思了发动机的安装形式,除了图面协调外,还用1:1的实体样机协调安装位置并呈请批准,保证了进-发匹配试验的成功。

轰 5 导弹试验机

"飞豹"火控系统是国内全新设计的数字化系统,交联关系复杂,从零开始,研制周期相应较长,系统精度等关键技术直接关系到工程成败。利用轰 5 试验机进行导弹火控试验,缩短了"飞豹"导弹火控系统地面试验周期 6 个月,缩短试飞周期 18 个月,节约经费 334.8 万元。

搞轰 5 导弹试验机,在海军的大力支持下,花了很少的钱,改装也只用一年多就达到了预期目的。改装、试验成功后,很多领导都来了。他们感觉我们这个队伍是值得信赖的。

对未知世界,我们只能通过试验认识它。导弹是"飞豹"飞机配挂的唯一远距离攻击性武器。为了离机安全,由自由投放改为弹射投放,导弹能否顺利进入下滑弹道,将关系导弹研制的成败。

在轰 5 导弹试验机上检查

风洞投放试验表明：高速摄影捕获的姿态已超出导弹控制能力限制，这将涉及导弹构型和控制系统的大调整。怎么办？飞机、导弹两总师系统主要负责人协商决定：改装两枚弹，进行空中飞行投放试验。

遥测结果表明，导弹离机后的滚转姿态发散并非风洞模拟试验显示的那么严重，似在可控范围之内。这次全尺寸投放飞行试验说明两个问题：缩比模型低速风洞投放试验与飞行试验不完全相同，以低速预测高速特性试验技术尚有待进一步完善。最终确定了导弹构型，加速了武器研制进程。试验给我们展示物理现象，揭示基本原理，试验为我们解决技术难题壮了胆。

导弹试验机首飞的时候，刚一上去就发生了鸟撞。当时我浑身是汗，手脚冰凉，心想坏了，就这么一架宝贝飞机，你给我搞砸了，我不得重新再来吗？好在指挥员很有经验，指挥飞机安全着陆。飞机一落地，我们急忙往飞机跟前跑。到那儿一看，庆幸不已。进气道边上好大一个凹坑，如果再偏一点，发动机空中一停车，飞机就完了。结果马上修好再飞，一切顺利。

试验机飞行成功以后，国防科工委说可以给我们两个亿，一听要给这么多钱，大家那个高兴啊，回去不久就给了2.3亿元，这是历年来给钱最多的一次。

轰5试验机开创了国内对关系型号成败的关键技术进行领先试验的先河，以致后来被多个型号研制所采用。同时，证明了导弹火控方案与精度能够满足导弹承研单位提出的要求，并且还有足够余量可供"飞豹"飞机在大范围内进一步动态考核，解除了困惑我们并争论很长一段时间的难题。

原副总师朱余华：

为了验证"飞豹"火控系统，我们在一架轰5飞机上进行改装测试。这也是一个创意，大家都没有办法了，那么多不安全因素，把系统直接装在"飞豹"上所产生的风险不可承受。因此就考虑先把这套系统在另外一个飞机上进行验证,通过验证把它的原理搞懂,提取数据,从而增加其配装"飞豹"的可操作性。

67%强度试验

通过67%强度试验就可以首飞上天,"飞豹"在航空工业部内还是第一家。多年来,新机试飞有一条不成文的规矩——一般强度试验要到80%才可以首飞。按照国家要求,飞机上天以前,强度试验一般要做到100%破坏,即飞机拉坏了才允许上天。但是如果这架"飞豹"飞机不到100%拉坏了,就需要用另一架飞机继续试验,那样不仅要花很多钱,时间上也不允许。

当时钟定逵是强度室主任,我跟他讲,能不能试验到67%上天。于是我们就去使用单位调研,据他们反映,首飞载荷一般都很低。经验上是可以的,但是理论上是否可行呢?我们又在国内请了几位专家帮我们分析、判断。大家在一起讨论。最后定出一个方案,打了报告给上级,上级很快就批准了。我们是航空工业第一家以创新的精神这么去干的,而且成功了。

强度试验达到67%设计载荷即可首飞上天的决策,是对以往传统做法的重大突破。决策一出台,立刻在业界引起了激烈讨论。技术专家们在讨论中分歧也很大,有的专家说,这个老陈真是胆大包天,这是个世界性的课题,苏联都没有这么做,全国也没有人敢贸然尝试啊!

最终,我们运用充分的科学依据和成功结果,说服了众多技术专家。这个看起来小小的改变,不但缩短了研制周期,而且改变了传统。如今,我国所有的飞机强度试验,只要达到67%设计载荷即

G0情况破坏试验后技术人员检查破坏部位情况

可首飞。

钟定逑：

地面强度试验够了的标准，就是完成经过批准的试验大纲中的所有试验项目，它包括对飞机各个部件严重受载情况的80%、90%、100%直到某一情况飞机破坏为止。根据"飞豹"飞机大部件机型、机身的连接形式，大多数试验情况必须要在全机状态下进行。当时供试验用的飞机只有一架，进度上又要求在首飞日期前完成各项试验。按以往传统的要求和方法去做，是不可能完成的。

陈总做出了除起落架地面受载情况外，飞行受载情况全部只做到67%即可首飞，首飞后再配合试飞要求逐步做完全部试验，达到大纲要求这一决断。试前经过调研和论证，得到各方认可，试验也取得了成功，可以说取得了科学性、经济性的双丰收。

强度试验负责人全文经、柴银龙：

只有一架飞机，我们的压力就是只许成功不许失败。一旦静力试验出了问题，试验飞机报废不说，整个研制周期不知道要推迟多久。

勘察强度试验现场

强度试验中有两项试验比较紧张。一个是进气道试验,进气道里的载荷是负吸力,要保证它气密。但在实施过程中确实不容易实现密封,漏气的声音大得可怕,感觉就像炸弹快要爆炸一样。后来到一定压力就不敢再往下做了,继续下去很危险。时间不等人。我们先往里塞塑料泡沫,减少里面的容积。塞了很多泡沫还是不行。没办法,我马上骑自行车从耀县到172厂要密封腻子、密封胶。172厂派了工人到试验现场,把漏气的地方用密封胶堵上,这样才坚持把试验做下来。

还有一次试验中,起落架的作动筒出了问题。飞机加载的时候,起落架是飞机的支撑之一。结果加载以后,就听见"轰"的一声响,我当时吓出一身冷汗,以为飞机坏了。经过检查才知道,是起落架那个铝制的作动筒强度不够。好在当时用的先进设备MTS是自动协调加载设备,带有保护功能。如果没有这套系统,恐怕飞机就弄坏了。因为腿部的支撑一旦失去,飞机立刻会失去平衡而倾覆的。后来换上钢制起落架作动筒,才继续做完了下面的试验。

弹射救生试验

603所的弹射救生专业是随着"飞豹"研制而组建发展起来的。之前，国内的弹射救生都是对单座飞机而言，而"飞豹"需要的双座弹射救生，特别是低空救生在国内还是第一次尝试。我当时要求他们设计一个全新的弹射救生系统，并提出，我们不仅要出型号，还要出专业、出人才。"飞豹"的弹射救生、座舱盖系统的基础研究后来走在了国内前列。

"飞豹"飞机弹射救生系统是全新设计的，整个控制系统也是我们自行设计的，座舱抛盖，还有前后盖联动，这些都是过去没干过的。当时，海军对"飞豹"飞机提出的弹射指标在国际上都算高的。我和总师系统决定分两步走：第一步集中力量解决双座弹射的干扰问题；下一步就是在此基础上扩标。

弹射救生试验主要是解决串座双人前后弹射的程序问题。先弹一个，后面接着的那个什么时候弹，因为是火箭弹射，要是慢一点就被烧了。关键就是解决两个问题：弹射程序要符合安全标准；上去以后不要打架，能够安全降落。能不能成功主要就是试验的手段和设备了。试验之前我们在家里做了好多次试验，先进行了弹射舱盖试验。弹药的数量与定义的高度有很大关系，用了各种各样的数量，从中找出最佳方案。

我曾三次到火箭试验场跟试。跟试解决什么问题呢？看看座舱盖强度够不够。我们是"软式"座舱盖，过去苏联是"硬式"座舱盖，要按那个时候的强度计算结果，软式的强度不够，算了两三次，怎么算都差一点儿。最后一次开会，我也参加了，调查了一下，美

弹射救生试验现场

与601所陈榆源总师（右）分析试验情况

国的F-4和我们相似，也是"软式"座舱盖，F-4的强度够，而且F-4速度更大，人家马赫数是2.1，我们不太可能超过它。我说能不能冒一次险，有问题责任不在大家，于是我决定进场。

强度不够的"软式"座舱盖要去现场试验,那天我心情特别紧张,要是错了会怎么样，飞机在半空中人还没出来，座舱盖就散了，那不就完了嘛。后来还挺争气的，座舱盖落地之后我们赶紧跑过去一看，只有裂纹，没有解体。说明座舱盖飞出去以后在弹射过程中没散，是掉到地上后才裂开的，可以断定，"软式"座舱盖的强度满足弹射要求。

第十章

一飞冲天

十年铸剑,大器晚成。1978年开始研制,历经坎坷的"飞豹"飞机,终于在1988年迎来了放飞蓝天和验证试飞的一刻。经多方选拔,我们确定黄炳新(空军试飞团团长、试飞英雄)、邢彦才为"飞豹"飞机首飞试飞机组成员。

飞机首飞前先要进行低、中、高速试滑。前后共试滑23次。高速试滑时飞机前轮就抬了起来,已经有飞的感觉了。

最后一次高速滑行要离地,我们跟飞行员讲好,什么地方抬前轮,我们几个人到那个地方去看,飞机一到那儿就起来了,而且非常平稳,这时候我心里一块大石头落地了,至少可以飞起来了。因为很多人早在七八年前就问我:飞机这个重量能不能平衡?我说所有状态都经过计算,应该没问题,而且留有3%的余度。但这句话没经过考验,只有试飞以后才能确认我这个问题回答得对不对。

12月13日上午,我们所技术人员与试飞员最后一次讨论首飞实施方案。试飞员背诵了首飞的每个动作,细述了各种特殊情况的处理预案。当天下午,在西飞宾馆举行"飞豹"飞机放飞签字审批仪式。

1988年5月31日与首飞试飞员座谈

此刻，我的心中既有期待，也有忐忑。首飞放飞签字的时候我感觉握笔的手特别沉重。当时就感觉心脏收紧了，写字时手也在发抖。

16位将军从北京乘坐专机来到试飞现场，见证中国第一架歼击轰炸机展翅升空。"飞机城"数千名参研者汇集在跑道两旁，大家伫立在寒风中兴奋地等待。

13点30分，一颗绿色信号弹拉着弧形烟雾，迎着瑟瑟寒风，

原中央军委副主席刘华清讲话

一飞冲天

观看新机首飞的职工

首飞现场

打破了天空的沉寂。

13点47分,伴飞的歼教6飞机呼啸升空,为"飞豹"飞机探路。

15点整,三颗绿色信号弹再度冉冉升起。15点04分,"飞豹"飞机开始地面开车,在人们期待的注视中,滑出停机坪,进入起飞线,15点09分,试飞员加大油门,"飞豹"飞机在发动机的巨大轰鸣中,英姿勃勃,越滑越快,转眼间腾空而起,直插浩渺的苍穹。

要问我对这个飞机的感情有多深,我想,很多细心人都有所体会。

我曾几次问唐长红同一个问题,你摸过飞机没有?这是什么意思呢?

我有个习惯,到很多地方参观飞机,我都要摸一摸,一是看看表面质量好不好,工业水平高不高,这是技术层面上的,更重要的用意在于思想感情。

自己研制的飞机就是自己的孩子。我们都有体会,摸自己孩子的感情是非常深厚的,母爱也好、父爱也好,都是带着感情去抚摸的。摸飞机也能反映我们心里这种深厚的感情,正像父母喜欢孩子是发自内心的一样。我希望唐长红也能用那样的情感去抚摸、感受、疼爱飞机。我这么问就是想知道他对这问题的看法,对飞机有没有那么深的感情,是不是把飞机当做自己的孩子来看,唐总很快就明白我的意思了。

飞机离地后,我非常激动,直到这时才感觉到成功就在眼前。十年来一直干着连自己都没有绝对把握的事情,今天,它总算迈出了成功的第一步!

然而整整18分钟的首次飞行,也让我的心和飞机一起悬到半空。在场边观看的时候,那种感觉真的是度秒如年——飞机拉起来后,它能不能转弯?能不能在200米、300米高度通场?着陆后减速伞能不能放下来?着陆以后还会遇到什么问题?一大堆问号在我脑海里盘旋。别人不知道,我跟我女儿讲,你给我拿着救心丸,看我不

首飞成功后合影(右八为陈一坚)

行就给我塞一丸。我就怕自己太紧张了,心脏一时受不了。

后来飞机平安降落了,我这才松了口气。赶紧跑过去问飞行员:怎么样?他说,够呛!别的都没事,飞机、操纵系统都没事,但我下来之后都看不见你的仪表板,这不行,接受不了。听他这么一说,我的心像被人使劲捏了一把,暗想,坏了!

首飞成功的莫大喜悦霎时间被冲淡了。

导致试飞员无法看清仪表板的原因是飞机发生了强烈的振动。我知道前起摆振的机理、原理都清楚,很多飞机也都出现过这个事,但这个飞机没有原准机,应该说出现这个问题可以理解,但作为总设计师,我心理压力非常大,什么原因造成的呢?我想到,要么是起落架的减摆器出了问题,要么是机身设计不合理引起了共振。回来后我立即组织队伍排查故障,很快发现并修正了起落架减摆器的问题。

试飞院原副院长、"飞豹"试飞总师张克荣:

首飞那天规模很大,整个现场人很多。我们第一次在现场用大喇叭把空地通话广播出来。

飞机上去后不久报告说,火警灯亮。什么意思呢?起火了?!

新机首飞都有伴飞。为"飞豹"伴飞的歼6驾驶员卢军说,"我来瞧瞧"。他在黄炳新的上下左右都看了看,报告说,"没有发现问题!"

飞机按原定计划继续飞,快着陆的时候,我们都在跑道西头等着。早就组织好几个小姑娘在西头等着给试飞员献花,然后排着队向首长报告:试飞成功!结果我看见黄炳新把飞机停在东头不动了!我知道坏了,一定出事了!

"飞豹"首席试飞员、原空军试飞团团长黄炳新:

陈总亲自送我上飞机。他没有多说什么话,但眼睛里充满了希望。我紧紧握了握陈总的手,跟他讲,你放心,这架飞机哪怕是仪表不指示,但只要有一台发动机在工作,我就能把它飞回来!

首飞过程中，飞机确实出现了一些问题，第一是出现火警信号灯报警，这表示飞机起火了！经过分析判断是误报。第二是前后的速度表差了 70 千米/小时。第三，落地以后，前轮减摆器不工作，飞机出现了振动，造成座舱的部分仪表都被振掉……

吴克明：

歼轰 7 飞机首飞着陆后出现前轮摆振，导致前机身内许多设备不同程度的损坏，我们很快怀疑，减摆系统为何不起作用？经地面再次试验，从功率图上看出了问题所在，增加了回油补偿器，同时加强了前机身刚度，这样故障就排除了。

1989 年 1 月 23 日，"飞豹"飞机又在试飞院机场举行了隆重的汇报飞行表演。国务委员宋健、军委副主席刘华清上将、副总参谋长何其宗、国防科工委科技委副主任叶正大中将、国防科工委副主任谢光少将、海军司令员张连忠和副司令李景中将、空军副司令林虎中将、国家科协副主席兼党组书记高镇宁、总参装备部副部长贺鹏飞少将、陕西省省长侯宗宾、陕西省人大主任李溪溥、航空航天工业部副部长何文治、总工程师王昂等首长连同部机关及各界代表观看了汇报飞行，这是一次完美的飞行表演，取得了圆满成功。

砺剑惊心

飞机飞起来并不意味着成功。新型飞机在试飞中必然会暴露出各种各样的问题，有设计的、制造的、成品的、材料的。试飞验证正是为了发现和解决这些问题。这些不足和缺陷只有在试飞中才能彻底暴露出来，越早发现对飞机越好。飞机的真正成功是它被广泛接受，用户评价出勤率高，好维护，用起来很顺手，这时候才能得出最终的评价。

孔子说："三人行，必有我师。"面对试飞故障，我时常以"海纳百川，有容乃大"的胸怀要求自己，摒弃门户之见，请我国航空界有名的教授、专家们对"飞豹"的重要系统和关键部位设计"品头论足"，尽可能把大家的智慧和建议融入设计之中。

通常，新型号飞机试飞分为首飞、调整试飞和定型试飞三大阶段。"飞豹"调整试飞用了一年零五个月，定型试飞用了八年零七个月。在长达十年的试飞当中，无论是在阎良机场，还是在异地，603所跟飞人员始终与试飞员、各单位跟飞人员一起，团结协作，排除故障，为新机保驾护航。试飞员多次凭借勇敢和高超的技术化险为夷、转危为安，为"飞豹"研制成功做出了突出的贡献。

当时的有利条件，首先是飞行试验鉴定单位试飞院有决心、有试飞手段。他们为确保"飞豹"试飞真是全力以赴了，基本上把好的设备全都用上去了。

第二个有利条件是有海军使用单位的支持。最重要的就是我、张克荣（试飞院）、易志斌（172厂）三个人组成了强有力的设计、制造、试飞三结合领导小组，在保"飞豹"试飞成功的问题上认识高度一致。

调整试飞阶段，"飞豹"的故障率较高。1991年12月，针对试飞中暴露的一系列问题，我们总师系统决定在冬春飞行日不多的季节，进行一次综合治理，解决试飞中主机、辅机出现的故障。

1992年的早春二月，航空航天工业部部长林宗棠到阎良检查"飞豹"排故工作。我向林部长详细汇报了603所职工节假日不休息，对柔性接头、C交点破裂、油箱舱局部变形等故障情况的排除，以及在行政指挥系统的大力支持下，举一反三，第七次质量复查采取自上而下，自下而上，普遍查和重点查相结合的办法，确保新机研制质量，影响试飞安全的故障都基本排除时，林部长说，我们在座的都是搞设计的，飞机给我的直观感觉还是不错的。将来还会有这样或那样的问题,但是,颠覆性问题不能出现。关键要飞得好,飞得好,才有钱,飞得不好,就不是钱不钱的问题,而是这个型号要不要取消的问题。该做的试验一定要做,该花的钱必须要花,就是当了裤子、当了皮夹克也要干!

吴克明:

失败是成功之母,我看挫折也是一种经验。1992年底到1993年春节期间,总师系统决定:将所有重大故障的排除放在全部5架机上贯彻。为高密度、大强度的定型试飞打好基础。

张克荣:

我们三家当时提出一个共同的口号:设计、制造、试飞是一条绳上的三只蚂蚱——要跳一起跳,谁也跑不掉!这和陈一坚总师,和603所的指导思想是非常吻合的。

从试飞院来讲,到我退休为止,新设计和改型的飞机都算,已经盖章完成了37个型号的鉴定试飞,所以经历得比较多了。但是在"飞豹"飞机的鉴定试飞中,三结合的指导思想非常明确,这与陈老总的态度关系很大。他认为,试飞就是检验设计师成功的标尺。就像工人把东西做出来了,符不符合使用标准,得靠实践检验,试飞就是检验。

这种认识作为一个型号总师来讲真是难能可贵,我接触了37个型号的总师,他这一个特点非常突出。

跨声速振动

调整试飞有一个专业术语叫"扩大包络线",就是飞机的飞行速度开始是在中间状态,中间比较安全,然后再去飞边界——速度越来越大或者越来越小。高度一定是从低处慢慢往上攀升。"飞豹"在扩大包络线到一定高度和马赫数的时候,就发现了一个问题——跨声速振动。

振动的结果跟摆振一样,以致飞行员看不清仪表。飞行员下来后告诉我,当时的振动频率非常大,他感觉腿都发麻,问我这是怎么一回事儿。

为了摸清楚跨声速振动的原因,我们请来了国内航空专家。有的说,可能是方向舵的间隙不正常;有的说是发生了方向舵"嗡鸣";还有人认为属机身后体振动……大家都在找原因,争论不休,想了各种办法:把方向舵角度调到最小,让它卡得紧紧地检查一下;在飞机尾部贴上丝条去飞,看后体气流乱不乱;在方向舵前、垂直安定面的后缘上加扰流条(角片),从而使气流产生扰流,把激波位置固定等。

经过几轮讨论,跨声速振动的问题并没有从机理上得到解决。我和飞行总师张克荣商量着需要装一个传感器,在飞行中测一下振动频率、频摆正负大小等。我们一拍即合,决定马上进行改装。试飞院就在方向舵上装了两个传感器。我们跟飞行员说好这次是试验性飞行。后来才发现我的话没说全,当时也没有研究透,应该加上"飞机发生振动的时候马赫数在1.05以上就会冲过跨声速",说这样的话就没事儿了。结果我没说这句话,确实有责任。老张也没有给飞行员说这句话。

黄炳新真不愧是试飞英雄。我们在地面看不到他,他一直在跨声速的情况下飞,就他来说,知道这是在做试验,想给我们记录好,他没错。但是我没有多说那一句话,下来以后方向舵没了,明显是飞机破坏。这种振动虽然是等幅振荡,但它的破坏力也是很强的。

方向舵是安装在飞机垂直尾翼上控制方向的重要装置,失去了它,飞机就如同没有方向盘而又在高速行驶的汽车一样极难控制,一不小心就会机毁人亡。

向李景副司令员汇报"飞豹"试飞情况

只要伸手按下身旁的弹射救生按钮,黄炳新他们就会离开飞机,化险为夷。但他意识到,上万人十多年的心血、汗水和技术积累全都凝结在这架飞机上……危急关头,经验丰富、胆大心细的黄炳新没有选择弃机跳伞,而是想方设法凭借高超的驾驶技术控制飞机着陆。

没有方向舵的飞机,操纵起来相当困难。在高空速度大,影响还比较小,关键是低速落地。飞机要落地时,转弯要靠副翼来改平。飞机一直晃晃悠悠,黄炳新来回修正着航向,最后总算把飞机停在跑道上。

实际上,在新机的试飞、定型过程中还有一个特别重要的问题,即试飞员往往要经历与生命安危相关的风险洗礼。当总师的人最能感受到一种新机的成败很大程度上是取决于试飞员敢不敢冒险,如飞包线的边界,那都是最极端状态,试飞员去飞这些点的时候都是冒着可能回不来的风险的。黄炳新他们是拿生命来配合我们的工作,他们对飞机的贡献太大了。因此,我对每一位飞行员都很尊重,对这些人的感情跟我们上前线的战士是一样的。因为我从心里感觉到,他们的付出比我们大。人家是命行不行,我老陈顶多是名行不行。

世界上很多飞机,包括国内那一时期的飞机,都有这种故障。一个原因是跨声速时飞机的激波要传递到方向舵上面来,方向舵一摆动前面也会有激波,激波的移动也是引起"嗡鸣"的一个原因。第二个是结构的刚度没有设计好。它的最准确理论和机理并没有解决,但起码有这么两个比较公认的说法。"嗡鸣"形成的振荡必然要造成破坏。

方向舵飞掉是大事,当时我也听到从上到下都有些评论:"你们怎么设计的?怎么把方向舵都给飞掉了!"说白了,就是你这个总设计师是怎么当的?!

卸载排故的时候,总师系统经过研究讨论最后做出两个决定:第一,在方向舵的前面铆一个L形型材,以此来挡住过往的激波;第二,把方向舵从头到尾的刚度重新计算一遍,设计成等刚度的(后来我们发现,原先设计的方向舵是非等刚度的,三分之一以上和以下刚度不同,这个地方有一个连接点特别弱)。

大概只用了十来天,连计算带发图全部改完了。要按过去,没有三个月时间改不出来!172厂也很争气,厂长、总师下定决心,从上到下一路"绿灯",全厂按照新图做这个方向舵,不到一个月,新方向舵就造出来了。排故期间,龚鑫茂副总师经常通宵跟产、试验,最后又带人连夜在现场安装测量。第二天一早我到那儿,他们告诉我:"根据你的要求都测了,振动频率拉开了。"

上述措施实施后,验证试飞结论证明,飞机在不同高度的跨声速飞行中均未出现飞行员有感的跨声速振动,排振措施有效。

困扰我们几个月的跨声速振动故障终于排除了,大家都非常高兴。部领导又一次来听汇报并慰问大家,我就从原理上汇报了什么是"嗡鸣",英文叫buzz,我还跟部领导开玩笑说,buzz就是布什总统,而buzz"嗡鸣"就是等幅振荡。

因为部长本来就有气,一听我讲话还这么轻松,就拿起笔记本往桌上一拍！生气地说："做总师的就应该事先想到这些！"我一听也很扫兴，就说：部长，你也是技术出身的干部，一次成功的要求是对的，但并不现实，科学技术试验要允许失败。现场气氛骤然紧张起来，我又说，你们如果信得过我就用，信不过我，我也没话好说。他问我问题到底解决了没有，我说解决了，然后介绍了故障排除的经过。

排故一般都有两个特点：一是病根找到没有，二是"药"用得对不对，用上去之后是不是达到了预期的效果。一次次排故的过程最能体现我们"飞豹"这个团队的技术水平提升之快。刚开始两眼一抹黑，是没有经验的一个团队，后来经过型号历练，进步非常快。跨声速振动两个多月就被我们排除，而且成功了。总共多少故障我没算过，大大小小太多了，但这么多故障，二次排故的情况很少，基本上都是一次成功。

说心里话，"飞豹"飞机研制出来以后，经历了将近十年的漫长试飞，其间的波澜起伏一言难尽。而在我看来，这样的反复磨炼并没有打击我和我们团队的信心，反而让我们看到了更大的希望。

的确，在18年的总师生涯中，当型号三落三起的时候，我感觉太难了。那时候就想，事到如今只能走下去，没有回头路。大约有十年的时间，我整天像热锅上的蚂蚁。方向舵一掉，我往飞机跟前跑的时候心里难受啊！不但沮丧而且害怕。怕什么呢？怕这个故障到底是什么原因我弄不清楚，不一定能认识到，认识到也未必能解决。但飞机都造出来了，我能说不干了？我从来没想过。走上这条路，再难我也要挺下去。我已经和飞机融为一体了，荣辱与共！

现在想想，失败与成功、故障和信心都是成比例增长的，失败越多，成功的可能性就越大。开始几年连我自己都没有信心，越到后面故障排得越多，信心也逐渐增加。边界飞得越多，方向舵问题出来之后，与气动、结构有关的问题就少了，慢慢变成一些小故障，如铆钉掉了、螺钉没拧紧之类的。这时候我感觉这个飞机基本上成

1997年4月,向原国防科工委主任曹刚川(中)汇报"飞豹"研制进展情况

功了。

经历了1600多次试飞,"飞豹"飞机的各项问题都得以暴露和解决,终于为设计定型、装备部队做好了准备。

黄炳新:

当时三家单位都很重视,请了不少专家一起探讨出现振动的原因。结果很长时间都没法找到真正的原因。陈一坚总师希望试飞院协助找原因。作为试飞员,我只有在空中重新进行测振试验,通过仪器把故障情况记录下来。为了得到确切的数据,当时在飞机上装了两套测量仪器。

我一上去先飞8000米高度,没有振动,一到5000米,从马赫数0.9就开始振动,表速大概是飞到1180千米/小时的时候,就出现跟上次完全一样的情况。为了找出原因,我又增速,大概又增加了10千米/小时的时候,就听到咣当一声,飞机一下子不振了,非常安静。

因为这次是带两枚导弹进行超声速试飞。我就问后舱领航员杨步进,是不是导弹飞掉了,他说,没飞掉。我蹬舵的时候发现方向舵不起作用,这才知道方向舵飞掉了。

吴克明:

当时外界有很多报道,互联网上介绍试飞英雄黄炳新的时候把这些事情添油加醋，渲染得危言耸听。我看了这些报道心里非常难受，整天戴个草帽，大部分时间都在飞机旁边组织人员查找原因、研究故障机理，晚上很晚回到家还要研究排故方案。发生这件事说明我们在没有原准机的情况下，很多东西当时的确认识不到。

张克荣：

当时部领导一听说飞机被弄坏了，立刻从北京赶到了阎良。

汇报会上，部领导发火了，指着时任630所所长的戈平："你这个所长是怎么当的？"又指着试飞局局长李源平："你这个主任又是怎么当的？"见这两个人都闷声不响，他拿起茶杯盖狠狠摔在地上，好在有地毯，没有摔碎。

那天各方面领导把会议室挤得满满的。我坐在老远的地方，一看这局面怎么收场啊，部长熊人了！我就站起来说：

"部长，我有话说。"

"说！"

"我在航空干了30多年了，还有48个月退休。我认为……这次事故有可能是方向舵'嗡鸣'引起的，我们下一步将采取措施排故。由于飞行员黄炳新处理得当，尽管丢了一个方向舵，可代价并不高嘛。"

他一听又指着我："你这么说有多大把握？"

"百分之八十。"

原海军驻现场工程办主任谢圣良：

方向舵飞掉了以后，工程办的压力也很大。我们召开恳谈会，研究工程质量问题。我们把陈总和当时的70指挥部总指挥、172厂的陆颂善，还有全国闻名的振动专家、试飞院的张克荣副院长也请来了。

有些会议陈总不一定参加，他不在的时候，或者有些很具体的问题，吴克明副总师就揽过来了，在这种时候，他处理得很好。

解决这些问题当然是以陈总决策为主，凡事都得由总师定夺。

现场所有人，包括军方在内，不管你分析得多么到位，说得再有道理，最后拍板的只能是陈总。他把603所的技术人员集中起来，搞了个分析会，大家畅所欲言，然后又走访了试飞院、172厂、工程办，把这个会议再扩大，最后综合考虑，拿出了一套解决方案，叫172厂照这个去改。实践证明，问题解决得很成功。只花了两个月的时间。可不要小看这个故障，它如果不能很快解决，就足以使型号颠覆！

试飞一等事故

"飞豹"飞机的导弹火控和武器系统试飞课目是在异地进行的。

1993年3月，吴克明、丁绵仲两位副总师对飞机和导弹的定型分工进行了调研。603所组成以浦传彬、丁绵仲副总师带队的15人跟飞队，驻现场跟飞。6月18日，84号机转场到位，开始两地试飞。8月份，创首飞以来5架机月飞行90架次，单机月飞行29架次的最高纪录。

此次异地试飞任务繁重，制约条件多，遇到的困难大。每飞一个起落都涉及天上、地上、海上、主机、辅机等各个方面。首先，飞机、机载设备、试验的设备和武器状态都要好。第二，天气要好，光测设备要求能见度20千米。第三，要协调空域，同一块空域有几个机场，大家都要飞，须排队等。第四，地面测试设备（雷达、经纬仪等遥测、光测设备）要正常到位。第五，海上靶船要能拖出，海域要清理好。各种条件都具备才能放飞。

在众多困难面前，各单位的参试人员大力协同，艰苦奋斗，加班加点，保证试飞顺利进行。我和徐嘉善副所长、吴克明副总师多次到现场指导工作，处理重大技术问题。我们所有700多人次由浦传彬、丁绵仲副总师带队，历时三年多到现场跟飞，为完成"飞豹"定型试飞任务做出了重要贡献。

首席试飞员、试飞院副院长黄炳新在飞机一侧模拟弹和挂架被机场冷气车撞坏的情况下，为了不错过难得的试飞机会，一侧挂弹，不对称飞行，完成发射空舰导弹试飞任务，并命中靶船。

在那边飞的时候，飞机有几次冲出跑道。这和操纵系统新以及飞行员的操作不习惯都有一定关系。

1996年8月某日，"飞豹"飞机最新的一架试验机在执行惯导验证试飞任务着陆时，塔台指挥员发现飞机起落架未放到位，急令复飞，但为时已晚，飞机接地，经过一段滑行后冲出跑道，撞在机场灯座上，两名试飞员杨晓彬、唐纯文当场牺牲！

那天中午我正在家里吃饭，接到电话说飞机冲出跑道，大家一下子全惊呆了，怎么办？出这么严重的事故，会对型号造成毁灭性打击。

得知消息后，我带着嘉善、老吴（吴克明）以及试飞室几个人就往咸阳机场赶，先飞北京。当天就坐上了到现场的火车。结果碰到试飞院张克荣副院长带着一批人也在车上。大家见了面都很严肃，谁也不打招呼。在情况尚不清楚的情况下，大家心情沉痛，一句话都不说，气氛紧张得不得了。

到了之后，我们连夜赶到事发现场察看。飞机倒扣在机场旁边的草坪里，座舱玻璃全碎了，现场惨不忍睹，心里觉得一阵阵的刺痛，因为对这两个飞行员都非常熟，挺活跃的人，关系很好。因此当时看到眼里，都感到非常难过。但痛苦归痛苦，问题还得处理，到底是什么原因得搞清楚。好在当时所有的飞行参数都已经拿到了。

事故发生后，中国航空工业总公司立即决定由王昂副总经理带领机关有关司局人员连夜赶赴事故现场，几天之内，我们在跑道上详细察看，询问场站人员情况，同时多方了解飞行员前一天的活动情况，对飞机也做了相应的检查。

回来之后，我们又做了一万多次起落架收放可靠性试验，没有发现故障，认为飞机没有问题，这才保住了型号。

张克荣：

那次摔飞机是我去处理的。摔飞机是国家的一大损失，一个更大的压力就是会不会使我们"飞豹"型号的研制中断。

作为总师单位，603所处理得很好。我们用三结合这种组织形式，用一条绳子上的三只蚂蚱这种思维方式来看待、处理问题，互相之间没有过多的指责，一有事情，大家都在想办法把问题解决好。

从试飞角度来讲，思想涣散是个很要命的事。试飞现场首先要有秩序，这是试飞组织管理里面最基础的东西。第二，思想一定要高度集中，如有人在机场问我，"五一"放几天假？"不知道，没定。"实际上我心里清楚，但就是不说，因为一说大家就散了，就去想别的事了。

王士珍：

那么多年，老陈为"飞豹"不知熬过了多少不眠之夜，常年睡不好觉，二十年中精神高度紧张，从那时候的照片就可以发现，他的脸色和其他人的截然不同。全所都在看着他。他每次汇报回来，一些室主任、副总师都在门口等他，想知道他这次带回来的是好消息还是坏消息，他必须要给大家树立信心。

在外面再苦再难，他从来不把坏情绪带回家里。但回到家我就能看出来他情绪好不好，他尽管回来什么都不说，但我看他不爱说话，吃饭也不香，心里就明白了。我尽量多给他做好吃的，让孩子去哄他开心。这个时候家里人一定要支持、温暖他，不能说气话，更不能抱怨。我和孩子一点压力都不能给他，不然他真要受不了了。

试飞当中一出故障大家都在传，我听说后也为他担心，但我总说，荣辱得失都可以置之度外，人没事是第一位的。那么大的工程成败绝不是一个人的。大女儿当时在电气室当设计员，一出问题也特别担心，怕是自己的过错影响到飞机，更怕因此影响到她爸爸。所以我有时候想，党和人民今天给老陈的荣誉也是他应该得到的，因为这么多年他的责任太大，的确太操心了。

可靠性补课与疲劳定寿

"飞豹"设计初期，由于历史条件和技术水平的限制，战术技术指标中没有可靠性这项要求，维修性的要求也比较粗略。飞机研制从着重注意性能，转向重视可靠性、维修性、后勤保障效率等多元综合的思想，是认识上的一个飞跃，引起了飞机研制质的变化和提高。

从其他型号的经验和教训中，我们看到了这个问题的重要性，同时从引进的技术资料中也吸收了大量这方面的知识。我们比较早地认识到，这项工作将直接影响"飞豹"的信誉，组建了可靠性专业，从组织上加以保证，采取"请进来、送出去"的办法，培训了一批骨干力量，为后面的补课创造了先决条件。

可靠性、维修性，当时要求得不具体。我与北京航空航天大学的杨为民教授专门讨论了"飞豹"的可靠性问题，请他给我们所搞可靠性的同志讲课。因为这方面我也是外行，虽然知道一点儿，但只是皮毛，对具体原理还是了解不多。我跟大家一起学了好几节课。听完课以后就采取措施，机械附件、电子附件、机构及系统全都按专业的套路来。就这样通过讲课、听课来补充我们过去的不足。

这个事我们抓得比较早，成果很显著。过去以经验为主的维修大纲，变成了现在以可靠性为主的维修大纲，这个转变使我们在设计理念上提高了一大步。为什么"飞豹"飞机在部队用户那里的反映要比过去的老飞机好得多呢？我们一年的使用率可以达到90%，而别的飞机三年才达到90%，其中一个重要原因就是可靠性补课起了很大作用。

通过对"飞豹"飞机操纵系统等六大关键系统进行的可靠性增长和必要的试验，把20多个危及安全和任务完成的重要故障排除在地面。同时，配合攻关部门尽快排除试飞中出现的故障，有效地保证和促进了试飞工作的顺利进行。

六大关键系统故障占全机的30%～40%，因此，六大关键系统可靠性的增长，对全机的贡献为12%～15%，这是相当可观的提高。不仅节省了大量经费（初步测算直接节省费用约6600万元），而且大大加快了设备可靠性增长工作进程，缩短了研制周期。

1995年12月，航空军工产品定型委员会办公室在西安召开"飞豹"飞机设计定型审查会。

1998年8月，国家有关部委批准"飞豹"飞机设计定型。同年10月，"飞豹"飞机被评为中国航空工业总公司科技进步奖一等奖。第二年"飞豹"飞机获1999年度国家科技进步奖特等奖。

尽管"飞豹"历经坎坷，但与各种原因中途夭折的飞机、发动机型号相比，已经非常幸运了。抛开不可抗力（政治、经济）带来的影响，"飞豹"成功的人为因素应该有以下几点：第一，我们最初关于飞机的定位和设计思路是正确的；第二，尽管当时所里大部分人没搞过飞机，外界反对派的声音很大，这种情况下还能成功，首先是我们遇到了大小"三驾马车"，他们始终是型号研制进程的中流砥柱；第三，如果说我也算一个因素的话，就是我这个人不是那么轻易服输的，只要感觉方向没错，就是背再多的包袱，我也要一直走到底，即使明知道这么走下去有可能身败名裂，我想我总可以试试看吧！第四，也是最重要的一条，就是603所这支队伍实在是太棒了，从管理人员到科技人员，真是兢兢业业、任劳任怨，遇到个人利益和型号任务的矛盾，都能够从"型号成功我成才"的认识高度,服从大局、服从工作需要。

时任可靠性室主任刘瑞琨:

603所是在"飞豹"飞机所有辅机成品(指178项新品)均未定型的情况下,开拓性地紧密结合内场六大关键系统的可靠性增长试验和外场性能试飞,同步进行定延寿和可靠性增长,解决了成品和系统的薄弱环节,显著提高了定延寿和可靠性增长的效果。

朱余华:

"飞豹"原本没有可靠性设计,因而没有可靠性指标,它平均多长时间发生故障,咱们叫平均无故障时间就不清楚,我们就一点点验证。

以前军机没有这方面的要求。我们想通过"飞豹"的可靠性补课,把飞机的机载设备、电子设备都给出可靠性指标。机械设备通过可靠性性能试验,给出它的寿命。而且寿命基本都是跟飞机的寿命相匹配的。

陈一坚总师当时对这个事情非常关注,开了几次会,还亲自参加了可靠性知识的培训,在总设计师系统建立可靠性的观念。这架飞机给出了安全寿命,从可靠性上讲,是提高了飞机的战斗力和出勤率。

马承麟:

"飞豹"开始时的起点并不算高,但是随着时间的推移和新技术的发展,研制技术线一直在与时俱进,不断完善,不断发展。要不然30来年了,怎么还会有生命力呢?就是因为它与时俱进,不断发展。

补课对飞机寿命有很大帮助。正因为有了补课,才带来了"飞豹"在部队出勤率这么高,50周年国庆阅兵飞越天安门才会那么顺利。

第十一章
横空出世

第一次接受检阅

1995年9月,"飞豹"飞机还没有定型的时候,海军要进行新装备演习,中央首长要去检阅,一方面是检验部队的战斗力,一方面是检阅装备。海军要求去两架"飞豹"飞机。

10月14日,中央军委首长和解放军三总部、国防科工委领导观看了新装备静态展示和飞行表演。我们去参加保障的技术人员都换了士兵服站在旁边,以备首长提问题时回答。中央和部队首长对"飞豹"飞机表示出了浓厚的兴趣,在海军司令员等陪同下,冒着大雨参观了"飞豹"飞机的静态展示。"飞豹"是参展飞机中参观人数最多、看得最细、问得最多的机种,有的首长还登机体验座舱布置。

10月15日海军装备检阅时,"飞豹"飞机飞过观礼台,中央首长观看了这架飞机的飞行。演习过程中,总指挥要求"飞豹"飞机多通场一次,高度再低一点儿,多飞一段时间。最后,飞行员按这个要求多飞了两圈,深受中央和部队首长的好评。

亮相珠海航展

1998年11月15—22日,来自国内及英、德、法、美、俄、南非等70多个国家和地区的参展商云集珠海,交流高科技信息,展示航空航天领域的成果,宣传并推销自己的产品。中国以庞大的阵容参展,仅实物飞机就有18架。

中国第一代超声速歼击轰炸机以 FBC-1，代号"中国飞豹"这个响亮的名称首次揭开神秘的面纱，成为航展上万众瞩目的焦点。对于我们整个团队来说，这的确是一个扬眉吐气的日子。"飞豹"的问世，不仅填补了我军机种的空白，更标志着中国的飞机设计实现了从仿研到自主研发的跨越。对于这架完全由中国人自行设计研制的歼击轰炸机，国外媒体和专家们十分关注［注］。

"飞豹"在珠海航展上做飞行表演

当时还有一段小插曲，因为这个飞机在珠海航展期间还是保密的。一般飞机下来就在展览广场上放着，这个飞机是在机群后面，用铁丝网围起来。因为前一天下雨，铁丝网旁边都是水坑。有个英国记者想爬过去拍照。我看见他了，就知道这家伙不怀好意，想近距离去拍"飞豹"外形。我也没有保安的职能，没办法去阻拦，只能看着他爬。结果老天爷帮助，他没有爬进去，还从铁丝网上掉进了水坑里，搞得浑身是土又是泥，狼狈不堪，最后还没拍着。

11月15日上午11时10分，中国"飞豹"发出巨大的轰鸣声，以雄伟的气势、优美的身姿直插蓝天，现场10多万名中外观众为之欢呼雀跃。"飞豹"的跃升、俯冲、横滚、侧飞等精彩表演，让观众大开眼界，为中国人能研制出如此先进的飞机而赞叹不已。"飞豹"

国务院副总理吴邦国参观珠海航展"飞豹"展台

珠海航展上原国防科工委主任刘积斌（前排左二）
亲切询问"飞豹"情况

飞机的参展成为此次航展的最大亮点。

当时的全国人大委员长李鹏，国务院副总理吴邦国，军委副主席张万年上将，总装备部部长曹刚川上将，全国政协副主席钱伟长、胡启立，国防科工委主任刘积斌，航空工业总公司副总经理刘高倬、

珠海航展期间，陈一坚（右二）、603所原所长李洪毅（左一）、首席试飞员黄炳新（左二）接受珠海电视台专访

与首席试飞员黄炳新合影

张洪飙等领导先后到"飞豹"飞机模型展台参观。我是解说员,和所长李洪毅、副所长黄强等在展台前向高层领导介绍中国"飞豹",汇报了603所职工艰苦奋斗、无私奉献的事迹。领导们对中国"飞豹"表现出了极大兴趣并给予了热情赞扬。

航展期间,中央电视台、《人民日报》、《科技日报》、《光明日报》、《中国青年报》、《中国航空报》、香港《文汇报》以及一些海外报刊、杂志、电视台、广播电台等新闻媒体,对"飞豹"飞机作了大量报道。

当时,参加航展的英国《简氏防务周刊》记者评论说,FBC-1("飞豹")的最大载弹量超过轰5轰炸机一倍,最大航程比轰5多50%,飞行速度和突防能力大幅度超过了轰5。"飞豹"设计合理,航程远,载重系数高,在综合性能方面远远超过了空军装备的轰5和强5,接近国外同类飞机性能水平。"飞豹"飞机的机体内部有效空间大,可以安装较多的燃料和设备,大量的空间还有利于在后续改进中增加设备。从外表上来看,该机的工艺明显好过以前的中国战斗机,甚至优于前来参展的苏-27和苏-30K。这说明过去十年来中国在制造工艺领域取得了巨大的进步。尤其是该机采用的整体油箱和用于机翼的金属超塑成形技术,这是中国在军用飞机制造领域达到西方20世纪80年代中后期水平的又一例证。这也表明中国军队在海湾战争的影响下,其作战理念已经有了飞跃式进步。作为当时中国国产战斗机中唯一可以覆盖南中国海地区的机型,FBC-1"飞豹"将成为中国空军的"掌上明珠"。

注释:

1988年3月15日,中国海军与越南海军在南沙群岛赤瓜礁附近爆发武装冲突,虽然海战的结果以越方的一艘大型登陆艇被击毁而告终,但此战也充分暴露出中国海军缺乏有效空中掩护的弊端。当时西方军事观察家普遍认为,中国无法对这一海域进行有效控制,因为这一海域已经超出中国海军航空兵和空军所有战斗机的作战半径，附近越南空军装备的米格-23和苏-22攻击机对于缺乏现代防空系统的中国军舰构成了严重威胁。

在这种态势下，中国航空技术进出口总公司（CATIC）在同年于英国举办的航展上公开展示了一种被称为B-7的大型战斗机模型，这也是"飞豹"第一次公开露面，立即引起了世界各国的极大关注。

《简氏防务周刊》在评论B-7时认为，由中航工业西安飞机工业（集团）有限责任公司（XAC）发展的苏-24这一级别的中程轰炸机，表明中国空军对于南沙群岛的主权争执是采取相当认真的态度来应对的，这种大型作战飞机将可以有效支援中国海军在有争议海域的活动。其实当时"飞豹"还没有进行首飞，根本谈不上装备部队。

一直到1995年底，在CCTV新闻节目中播放的关于中国人民解放军在东南沿海举行的海空军协同演习的新闻中，一种从未被西方军事观察家见识过的新式战斗机出现在电视屏幕上。虽然只是短短几秒钟，但依然被包括香港无线电视等传媒捕捉到，并在当地反复播映。当时人们的注意力集中在敏感的国际政治问题上，所以并没有引起西方国家的特别关注。

真正使外界洞悉该机全貌的是在多年后。2001年5月日本航空自卫队前一佐福岛丰文在接受右翼杂志撰稿人土屋政男采访时披露，1997年11月23日一架日本海军的P-3C反潜巡逻机奉命支援在"尖阁列岛"（我钓鱼岛）附近海域活动的海上保安厅舰只时，该机的雷达侦察接收器截获到地面大型远程警戒雷达信号，日方判断这一型雷达主要用于对空远程警戒和引导，所以非常有可能出现对方的作战飞机，日方据此马上进入战备状态。上午9时43分，日机再次截获通常用于战斗机的X波段雷达信号。日方当即从那霸基地起飞两架空军的F-4EJ战斗机前往该海域，并在钓鱼岛以西海域上空与中国战斗机相遇。

据日军飞行员福岛丰文事后描述，在此之前，他们从未见到过这种战斗机，也从未听说过中国拥有这一类的大型战斗机。福岛丰文更进一步抱怨说，中国飞行员似乎根本没有国际间公认的"游戏规则"概念，几乎是迎面径直"撞"向日机编队，在迫使日机采取紧急规避动作之后又强行贴近日机与之进行"编队飞行"。不过，福岛丰文也坦承，日方借机拍摄了大量中国新型战斗机的照片，但他同时强调说"中方飞行员也在进行同样的事情"。

中国新型战斗机给福岛等日机飞行员留下了深刻印象，该机从外形上来看有些类似"美洲虎"或三菱重工的F-1攻击机的放大版，几乎与F-4不相上下。但该机的机动和敏捷性要超过日机飞行员所熟悉的歼8战斗机，在与F-4EJ的对阵中显得游刃有余。最让他们感到吃惊的是，该机的航程非常大，按照福岛的经验，中国飞机受航程所限一般打个照面就会返航。但这一次中国战斗机与他们周旋了很长时间，直到F-4EJ已经感到非常吃力不得不返航的时候，中国飞机似乎还没有掉头的意思。

直到1998年于中国珠海举行的第二届航空航天博览会上，有关这一战斗机的详细情况才得以正式公布。被命名为"飞豹"的一架FBC-1歼击轰炸机以中国航空技术进出口总公司的名义参展，并进行了精彩的飞行表演。

FBC-1是"飞豹"的出口编号，其中字母F代表战斗机，B代表该机具备轰炸功能，而C则是英语"中国"的首字母。"飞豹"则是第一个正式由航空系统赋予的可公开的国产战斗机绰号。

最激动人心的时刻

1998年初，经中央军委批准，"飞豹"飞机将参加国庆50周年阅兵。"飞豹"飞机刚刚装备部队，就执行这一重大而艰巨的任务，是对603所过去多年努力奋斗结果的严峻考验。

共和国五十华诞的阅兵盛典，举世瞩目。世界的目光聚焦在天安门广场的世纪国庆大阅兵，聚焦在飞越天安门广场上空的飞机方队，尤其是"飞豹"的精彩表演上。美联社评论国庆阅兵展示的新武器时说，国庆看阅兵，阅兵看飞行，飞行看"飞豹"。

"飞豹"为什么会如此引人注目？因为"飞豹"是我国完全依靠自己的力量自行研制的多用途、全天候、超声速歼击轰炸机，荟萃了我国航空工业50年所取得的技术成果，展示了当代航空技术最新发展，是我国自行设计、自行研制、自行生产作战飞机达到一个新水平的标志，是中华民族工业的结晶，是跨世纪的"华夏民族之鹰"。

那天，"飞豹"不辱使命，以箭形编队飞越天安门广场。也是在这一天，"飞豹"创造了数个第一的辉煌成果：第一次完成升机型跨机种改装；第一次以整建制完成陌生空域长途转场；第一次完成箭形编队的空中阅兵。同时，创下了参阅飞机机型最新、改装时间最短、飞行密度最大、编队难度最高、阅兵航程最远五项新纪录。

六机箭形编队的"飞豹"飞越天安门广场

为保证训练飞行的安全，完成阅兵任务，我们组织了强有力的跟飞保驾队伍，在现场与空地勤人员广泛交流，密切配合，做好服务工作。詹孟权副总师在双亲生病住院的情况下，坚持在现场工作一个多月，直到阅兵任务完成。龚鑫茂副总师率领的跟飞保障组两天两夜只休息了几个小时。在受阅训练中，"飞豹"创造了多项第一：飞机出勤率达90%；创造了战斗部队年度飞行最高纪录——人均150小时；在极其复杂的气象条件下，准时到达集合地点，并实施六机编队穿云飞行，下降到检阅高度而米秒不差。

在举世瞩目的国庆阅兵仪式上，我受"飞豹"飞机成千上万参研者的托付，作为国防工业系统代表之一，应邀参加了国庆观礼。当我们的宠儿"飞豹"在万人仰慕中呼啸而过，接受江主席等党和国家领导人的检阅时，我真的是心潮澎湃，思绪万千：从少年时代目睹日军飞机践踏我国土涂炭生灵，到今天"飞豹"编队列阵长空，我心里百感交集，激动的心情难以言表。

当时，新华社和中央电视台记者都在现场采访了我，我跟他们说，我是代表"飞豹"的总设计师单位603所以及成千上万参研者参加国庆观礼的，非常高兴，也非常荣幸。有两个没想到：一是40多年前，我在北京上学，没想到40多年后我们设计的飞机能在国庆盛典上接受祖国和人民的检阅；二是没想到年纪这么大了，还有机

1999年10月1日受邀参加国庆阅兵典礼

会参加国庆观礼，真是三生有幸。我还说，"飞豹"飞机参加阅兵还不是我们的最终目的，我们要不断为国防建设提供新的装备。

实弹演习百发百中

在中国航空史上，"飞豹"留下的的确是辉煌灿烂的一笔。除了珠海航展和国庆阅兵之外，我平生最难忘的还有"飞豹"在国家领导人和军队首长面前进行的第一次实弹演习。

海上打靶演习，相当于进入实战状态。那天的海上风浪有六级，六级海浪按说是不能打靶的，但是中央领导已经到了，就只好按计划进行。

第一次进入飞行瞄准的时候，飞行员就报告了一个几乎令我停止心跳的消息：目标靶船很难瞄准。

由于风大浪急，靶船在海面上漂得太厉害，而靶船旁边有一艘也来参加演习的新型驱逐舰。那么大的海浪，万一导弹没有瞄准靶船，误打到驱逐舰上不就坏了嘛！我坐在领导后面，随时准备回答他的问题。当时手上全是冷汗！好在指挥员当即决定，飞机着陆，演习推迟。

第二次进入演习之后先是打单发，飞机一下就抓住了目标。我又急得不得了，因为抓到它那一瞬间就应该发射，这个时间只有零点几秒。结果导弹直接命中靶船。除了现场视频，还有爆炸的声音传过来——真真切切！我心里非常高兴，汗也没了，满面红光。

第三次是打双发。把一艘三千多吨的船灌满油往那一摆，这就叫实战。那时候我也非常紧张，就在心里祈祷苍天保佑"飞豹"这回一定要打中，给咱们露露脸。第三次也很顺利，第一发就打到了。

靶船面积就像浮标那么大，有三千多平方米，被击中以后就爆炸了。第一发导弹飞过去以后，第二发导弹紧跟在后面也击中了，而且是从第一发打进的弹洞穿过去的，准确度很高。

这一切我都亲眼看到了。靶船爆炸后起火燃烧，那景象就跟蘑菇云差不多。当时我别提有多高兴了——我们的飞机真的可以在作战当中用起来了，我可以跟部队领导说我们"飞豹"终于可以作战了。这个飞机不是摆设，它是可以打仗的！这个比定型还厉害，定型不一定能作战，有很多飞机就是在作战这个关口过不去，打不中。

当时在场的中央首长全站起来，鼓掌祝贺。这时候有人就问，总设计师在哪里？我说我在这儿。他们都走过来和我拥抱……

"但愿皓首伴银燕，卜居何必武夷山。"我们国家终于有了第一架既能够起歼击机作用，又能够起攻击机作用的飞机，我们填补了一个空白，我感到自己这一辈子没有白过。这是最让我自豪的。

"飞豹"研制的20年是我一生最辉煌的，也是特别不容易的20年。一直在失败的边缘行走，时刻体验着临近失败那种精神状态。所以我常跟今天的年轻人讲，我们这一代比别人更知道什么叫坎坷。

从成为总师那天起，这18年来每天有大大小小的问题需要决策，开会，到现场做试验，看设计报告。一天十几个小时，没有年

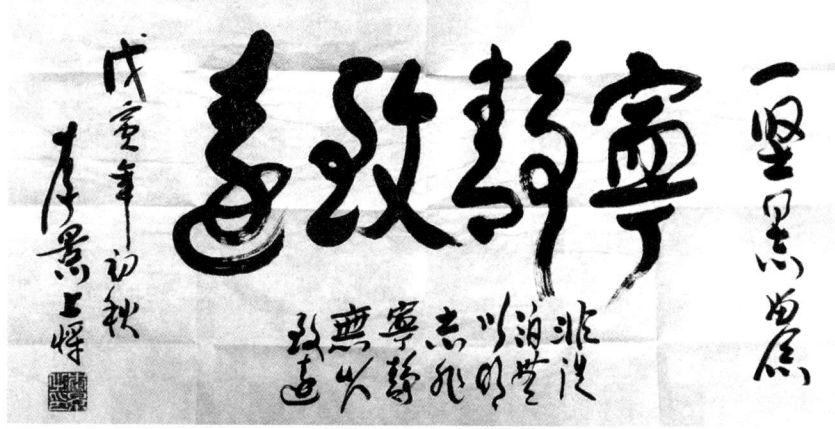

海军李景上将挥毫"宁静致远"相赠

初一、年三十。心脏跳动频率非常高，常常处于"应急"状态。

最焦虑的时候我会自己想办法排遣，例如，回家听听音乐，最喜欢贝多芬、莫扎特、施特劳斯等的曲目。当领导就需要懂得克制，我自制能力还比较强，喜欢赋诗作词，应该算是比较善感的人，但不一定非得表现出来，我从小就懂得克制自己，不喜欢情感外露，读书的时候遇到不愉快的事情，我也是自己琢磨琢磨到底对还是不对，没有错就坚持下去，做错了改过来就是了。

这么些年，我最大的体会就是如何做人，这是最基本的。做人有很多学问。我始终追求精益求精的工作，淡泊名利的人生。我们清华人，学校老师就教育我们要用"自强不息，厚德载物"的校训作为做事做人的准则，一切追求完美、追求最好、追求高质量，归结起来就是志气、拼搏、创新，这也是我一生的准则。

一个完全由我们自行设计研制，填补国内空白的全新机种，在支持者不多的情况下，难度和风险可想而知。这是空前的挑战，不但中国人没有遇到过，就连外国人也没有遇到过，对我来说是背了18年的包袱，沉重得很，技术责任都在总师，成也是你、败也是你。

18年来我奉行这样几条原则，首先我按照卧薪尝胆、如履薄冰的指导思想、不争论、不辩解，既要更多新技术（以支撑先进性），又要有尽量多的继承性。我们在战略上藐视困难，在战术上正视挑战，一步一个脚印，一个问题一个问题解决。

第二是实事求是，就是在空海军之争的时候一定要实事求是，尊重使用者，空军的要求也不是没有道理，但是你要用计算和吹风的结果去说服他，一定要实事求是,技术问题来不得半点违心的假话。还要尊重科学实践，对自己一些成果也不要过早下结论，要通过实践试飞最后定型以后，才能说是成功的，成功不能说在前面，要说在最后。甚至要随着飞机的改进改型，才能检验我们到底有没有问题。

第三，"全机最优、全周期最好"是总师的责任。有时候需要适当妥协完成全机协调，以求全机最优，局部服从总体。

总设计师最重要的是建立设计整体的思想，以全机最优协调局部优化。搞飞机设计的人都是追求局部最优，但是局部最优加到一起不等于全机最优，全机最优是我的责任，要求总设计师具有这个本领，能听懂来自各个专业方方面面的学问，好在哪里，不足在哪里，决策的时候必须拿出确保全机最优的决策。

第四，一切通过试验。理论设计必须经过计算、试验验证，最终试飞考核，以建立研制体系。尽管计算的已经挺好了，但是计算存在好多假设前提，肯定距离实际比较远，因此一切必须通过试验，必须通过模拟、原理、元件、部件到全系统试验、上机、下机和全机联试，不断地通过试验来考核你的设计。不经过试验的设计肯定不能过关。

第五，因陋就简，以最少投入求得最优结果。"飞豹"研制的时候没钱，尽量节约办一切事，一分钱掰两半花，好多试验设备都是我们自己设计、加工，自己装备、生产，比如燃油试验台架，两边不同心度不得大于0.5毫米，是我们自己做出来的，必须节俭。

第六，设计是先导，使用者是上帝。这个思想是很难建立的。因此，我们要虚心听取用户的意见，要为他们服务，要尊重相关同仁，到实践第一线去。

最后，"质量至上"贯彻研制全周期。问题越早发现损失就越少。追求全生命周期、高质量、低成本，立足"十年磨一剑，三十年可改型"。

事实是最有力的宣传。我刚当总师的时候就到处宣传，"积极防御"的意思是不但能守，更要有机动的能力。那个时候全国都是只搞歼击机，连轰炸机都很少，歼轰型飞机更是闻所未闻。那个时候我就看到"飞豹"突出了积极防御里面"积极"这两个字的含义。积极防御的方针除了具有控制的意义和防御的能力外，核心就是攻防兼备的能力。因此，我把"飞豹"定为积极防御方针里面积极的内涵，这是我到处宣传的理念，我说大家要坚定信心。

外面老有人吹风，说"飞豹"没有用。我作为总设计师一开始

陈一坚在603所

20世纪80年代,随团对联邦德国MBB公司
MPC75项目进行考察

就心中有数,"飞豹"太有用了,跟人家争论的时候我也是很明白的,我说歼击机很重要,我们首先要拥有制空权,但"飞豹"是攻的,你是制空的用途,我则是兼具攻击的用途,空地海我全都能攻,这个其他飞机取代不了,你们点攻击可以,面攻击没有我不行。

但我并不是走到哪儿都跟人家争,好坏咱们最后看结果,不能急,以柔克刚、柔能胜刚的道理就在这里。你别以为这是软弱可欺,我这种柔最后是要克刚的。20年过去以后,结局不就是这样——从百分之九十几反对到现在百分之一二的反对,这最能说明总设计师的品性,你应该坚持这一点,要有正确的认识和判断。所谓人格魅力,不是要跟人家打架,不是要跟人家感性地争论,要理性地争论。所以我从不去和别人吵得脸红脖子粗,不和别人做无谓的、感性的争辩,必要时我当然会解释,但我不愿争论,我说你们瞧,看谁笑到最后,我相信我会笑到最后[注]。

总结18年的经验,我认为一个飞机总设计师应具备的首要条件,就是紧跟世界航空科技发展的趋势,选好应用的技术,保证研制先进飞机,以促使更快赶超世界先进水平,又要能尽快拿到顶用好用的飞机。了解国家安全形势和我们研制飞机的作用,知道国家安全的全局,就是你设计的这个飞机,在国家安全全局里面起个什么作用,将来的成果在国家安全里面的位置,在部队装备里面的位置,你要非常清楚。

要成为一个称职的总设计师,最基本的条件就是不但要在技术上、学识上、学术上比较广博,某些学科还要具有一定深度。一些系统你虽然不如设计员钻研那么深,但是你应该了解,知道原理、知道优劣、知道优化。

还有很重要的一条就是善于学习,不仅能当先生,更要当好学生。就像计算机和疲劳那些东西,开始都不懂,那就先当学生。这学生非当不可,因为你是总师、是先生,人家都要给你汇报工作,人家说了半天,你还听不懂,怎么去决策?你可能走得比我远,但

2002年在母校清华园留影

我也懂了这方面的知识,你问的说的问题我都能听得懂,还可以判断谁好谁坏。这就是做总设计师的基本要求。

另外要看科技发展的全局,因为飞机有四五十年的寿命,在设计基本型的时候,就要预计到这个飞机将来可以有很多发展、改进型。定型虽然是确定了,但是以后的发展趋势却是不能确定的。大局要看好,一要看准,二要跟准。我们的飞机再改个二三十年也没有问题。要有预测能力,了解航空发展趋势,据此选择新技术、新设备等。

总师除科技要学习、紧跟之外,在人文方面也要有一定的兴趣和修养。科技和人文是一体的两面,是相互补充、相互促进的。要有广泛的爱好,因为世界是多元的,人类社会也应该是多元的,只有更多学习才能了解其精华,只有更广的涉猎,才能有更全面的认知。

学习用心的人一般工作上也会用心,只要用心就一定会有结果,虽然结果有大有小,但都不会白用心。人要想取得成功的话,第一条得顺着潮流走,而且是直直的,不能歪歪地走,更不能逆着潮流走,因为潮流你是扭转不了的;第二,你要按照自己的兴趣、自己的志向走,当志向和潮流不一致的时候,你得服从潮流;第三,有了前面两个前提条件,你还要肯用功、能吃苦。我这个人不是那种对自己要求高得不得了很难满足的人,物质生活上我也没有太高的要求。"飞豹"研制那么多年,尽管大家工作、生活条件都很艰苦,但我比一般人还是优越不少,虽然谈不上富裕,但也没有衣食之忧,和社会上很多人的生活相比,已经算中等了。

注释:

在"飞豹"飞机研制中,603所共获得省部级以上科技成果奖98项,其中国家级成果奖5项。为"飞豹"配套研制的176项新成品、11项新材料,成为新的产品和材料,特别是在陈一坚领导下的我国第一部歼击轰炸机设计规范的成功编制,成为"飞豹"飞机研制经验的总结和升华。

"飞豹"飞机研制也推动了一批基础技术和计算机应用集成化的发展。曾荣获国家科技进步奖二等奖的航空工业部"六五"重点预研项目7760CAD/CAMM系统,就是以"飞豹"飞机研制为背景发展起来的,其中的总体优化、结构有限元非线性分析、CAD/CAMM等先进的计算机技术都首先应用于"飞豹"飞机的研制,并取得了明显的效果。

"飞豹"飞机20多年的研制实践,培养锻炼出了一批思想好、作风好、技术精、专业配套的歼击轰炸机设计研究、试验、管理人才。

与陈俊章总师(左一)讨论

1977年,"飞豹"飞机研制工程立项时,603所有研究室13个,科技人员591名,主要是20世纪60年代国内培养的年轻工程技术人员,有少数留学生、研究生和20世纪50年代毕业的技术骨干。仅有部分人参加过轰6仿制、运7测绘设计和一些改进、改型设计。

到1998年"飞豹"飞机设计定型时,全所有设计研究室21个,专业组83个,有专业技术人员1559名,其中研究员55名,高级工程师362名,并涌现出国家级专家1名,部级专家7人。另外还有20多位在"飞豹"研制中锻炼出来的研究员和厂所级领导干部调往上级机关和其他单位,为国家输送了一大批人才。

1999年12月,"飞豹"飞机总设计师陈一坚当选中国工程院院士。2000年5月1日,前所长李洪毅被国务院授予"全国先进工作者"称号。2001年4月,陈俊章总师获航空金奖;沈长河书记获全国国防工业系统劳动模范称号;黄强所长被评为第十二届中国十大杰出青年。

补　　记

"但愿皓首伴银燕,卜居何必武夷山。"这是陈一坚院士从型号研制一线淡出后最常用的诗句。尽管已经功成身退,他依然为中国航空事业的发展奔波忙碌,依然关心着"飞豹"的后续研发和改型升级。

"飞豹"作为一个具有常规威慑力的机种,研制之初可能还不是一个完整的轮廓,但是随着系列的改进改型,特别是武器火控系统上去以后,新军事变革带来的我军装备的战略转型,不断赋予它新的使命。这个飞机目前在用户中反响甚好,"好用、管用、耐用"的口碑决定了它不会是一个使用寿命很短的机型，其生命力会延续到一定时期，直到有新的机型去取代它。

2002年，新一代"飞豹"在陈一坚当年培养出来的接班人唐长红［注］以及新"飞豹"研制团队的手中腾空而起。

2009年4月，在庆祝海军建军60周年的海上阅兵大典上，海军航空兵驾驶的新"飞豹"振翅高飞，与雄壮威武的军舰编队一起接受了国家领导人和军队首长的检阅……

尽管"飞豹"磕磕绊绊走了20多年，然而随着历史时间的延伸，回顾这个型号的成长历程，会越发感觉到它对整个航空装备的贡献和部队装备的改型升级，对整个航空工业的推动和影响，对航空技术的发展和进步，做出了应有的贡献。

航空工业研制的机载雷达已经达到世界先进水平，某些关键技术还处于领先地位。每次一说起"飞豹"上的机载雷达，相关配套厂所都有很深的感情。"飞豹"的发展对飞控、惯导、火控、航电以及电子设备等都有非常大的带动，还有发动机，带动了生产厂的发展，为今后生产自己的发动机奠定了非常好的基础。

注释：

1982年7月，唐长红从西北工业大学毕业，来到一飞院的前身西安飞机设计研究所时，"飞豹"的研制工作正进行得如火如荼。他被分在强度研究室颤振专业组。

在飞机设计中，飞机颤振和气动弹性、伺服弹性对飞机的稳定性和安全性非常重要。在飞机飞行史上，因这类问题导致机毁人亡的例子屡见不鲜，这一抽象深奥的学科所涉及的问题，在世界飞机设计中都是十分棘手的，对我国初次自行研制的新机种而言更是一道天障。

1988年，"飞豹"飞机装上飞控系统，按正常的程序和方法进行计算以及地面试验。当时，唐长红带着这一课题考入北京航空航天大学攻读硕士学位，与导师一起进行飞机伺服气动弹性稳定性研究，他在"飞豹"研制中也做了这方面的工作，经过开创性的研究、计算，提出结构和控制系统可能存在"伺服振动"。当时，大家并不了解这个潜伏的问题，经过多次研究，意见无法统一。最后陈总决定，支持这方面的研究。经过唐长红仔细计算，并做了仿真试验，终于解决了这个潜伏在设计中的大问题。

而在参与"飞豹"研制的过程中，唐长红与总设计师陈一坚也有了接触。当师傅领着他第一次到陈总那儿汇报工作时，陈总对他说，现在飞机设计行业遇见的新问题很多，需要你们这些年轻人去解决，还特批他坐飞机去沈阳和北京学习。陈总的信任对他来说既是压力，也是动力。而早年与陈总接触的三件事，令他至今难以忘怀。

一是陈总让他负责飞控系统的稳定性这一专门领域，当时该领域在国内还是空白，陈总鼓励他，只要你算出来是对的，不会没关系，我在国内给你找专家一起研究解决。

二是"飞豹"原型机定型时，唐长红已经成为总师团队中最年轻的一个，其他人最小的也比他大 20 岁，陈总在报告中强调了三件事：十年磨一剑、攻防兼备和顽强坚持。陈总的战略眼光和顽强精神使他深受触动。

三是新"飞豹"首飞之前，他去向陈总汇报，陈总问他："飞机上的零件、机身你都摸过没有？"去看飞机的时候，陈总又问172厂的老总："小唐常到这里来吗？飞机上他摸过没有？"回来后，陈总对他说，你摸没摸过飞机感情是完全不一样的。型号重大，你要负全责，首先要对它倾注感情。陈总对新"飞豹"和年轻总师的关切溢于言表。

现在，唐长红是新"飞豹"的总设计师。

第十二章

院士十年

我是1999年评上院士的。当时"飞豹"的国家特等奖还没有颁布。国家特等奖的评选结果一般是当年评上第二年才公布，有时候可能到第三年才发证。

中国工程院院长宋健致函祝贺陈一坚当选中国工程院院士

2002年5月，在央视《同一首歌》节目现场接受著名主持人朱军采访

1999年我申报了院士，有关部门给我出具了一个证明，是"飞豹"评上特等奖的证明。这是一个有利条件。第二个，正好是国庆50周年大庆，"飞豹"参加阅兵的消息一登报，新闻上一报道大家都看到了。所以评委们一讨论，投票通过了。那一年三喜临门，的确很开心！

为大飞机立项奔走呼号

当选院士之后我参加了各种各样的论证会、评审会，参加了各种新型号的论证、评判委员会的一系列会议以及最后的投票评分。还有比较大的跟型号有关的项目，像空天技术、超声速飞行器，每一阶段评审都叫我去。再有比较大的像水上飞机，我从头到尾参加了立项会议。我还参加了风洞试验基地、结冰风洞建设等一些决策会，航空口的项目我参加了很多，这也成了我工作的一部分。

大飞机立项是一个最具代表性的工作。

大型飞机技术是衡量一个国家科技水平、工业水平和综合国力的重要标志之一。从我国第一代领导人开始，就有了研制大飞机的愿望。然而几十年过去了，中国的大飞机几经周折仍然是举步维艰，一直未能完成祖国和人民的重托。

直到2007年2月，国务院常务会议听取了大型飞机重大专项领导小组关于大型飞机方案论证工作的汇报，原则上批准大型飞机研制重大科技专项正式立项。至此，中国的大飞机梦想重新起航。

我以前也说过，20世纪80年代，我和高占民等四人写了一篇文章——《中国民用航空发展的道路》，我们坚持"先支线后干线"。

21世纪初，中科院的王大珩院士，大家都知道他是"863计划"的倡导者，还有一位师昌绪是两院院士，加上顾诵芬院士和我这些主要航空部门的院士，再加上科学院搞发动机的、搞热的、搞力学的院士，大家一起开了多次会议，论证航空工业搞大飞机是不是一个战略方针，以及是战略方针应该怎么做。

由于社会上关于大飞机的争论很激烈，这里面既包括航空人士也包括非航空人士，他们通过写文章以及网络宣传造了很多舆论。我想大家对这些事情应该是有目共睹的，这里不再多说。

像我这种不太爱说话的人不喜欢无谓的争论，直到今天我还是不愿参与。说话和做事都要有根据，以理服人——我坚信这一点。

我们两院院士首先论证得出：大型飞机是必需的，而且要搞的话必须集中全国的力量。

我们大概开了七八次论证会，给国家领导人写过三封信。

院士给国家领导人写信有个"绿色通道"，能很快送到领导人那里。一封信不到三四天就批复下来，三次都是支持。看来党和国家领导人确实想到了国家的战略和发展航空工业的战略。这令我们十分感动，也更增加了我们搞大飞机的决心和信心！几十年来，我们一直在尽力往前赶，正好趁这个机会在2020年以前把中国的航空工业向前推进一步。这一点，中央政策起着决定性的作用。如果没有这样一个"绿色通道"，就不会达到这么好的效果。

到了"十一五"开始的时候，国家提出发展十六个重大专项的战略，其中发展大飞机被列为国家发展的重大专项。

国防科工委召集一批院士论证大飞机，同时让我当组长，为的是向国务院提出大型飞机的发展规划。

我们干了一年，准备了三个方案，是我们一飞院20多位同志帮我搞的，一个方案一厚本。最后交给了国务院。

后来国务院成立了大型飞机论证委员会，由一位副总理负责，

2005年7月在大飞机工程飞机方案组第三次工作会上发言

活动中心在北京航空航天大学。论证委员会有19位委员，其中有7位院士。北京航空航天大学校长李未是组长，顾诵芬、张彦仲是副组长。

按国务院领导的指示精神，对干什么大飞机和怎么干大飞机，经过几轮论证，终于有了明确的结论。

在国务院大型飞机论证委员会的汇报会上，我用一整天介绍了三个方案。温家宝总理很关心大飞机的发展，对我们技术上有没有困难做了询问。

150座和250座两个方案我都作了介绍，我倾向于大型客机可以搞250座。虽然250座的需要量比150座少，但是它的价值比150座大。我们做了一些统计，国外也是这种意见，航程稍微长一点还是250座好。但就市场需求的统计来看，150座使用量较大，大概占60%，250座只占不到20%。

我们还聘请了国内外很多飞机公司以及民航、汽车等领域的大型企业的领导给我们作报告，几个省、市的领导也作了争取任务的介绍，他们也说，最需要的还是150座级的中短程客机。

我的表态很简单，我说我们做民用飞机就是为民航服务的，你要什么我们给你做什么。250座我们有我们的看法，可以保留。第一步搞150座的,我们没意见。第二步就是250座的,我们是讲科学的,讲求国家利益的。最后就达成一致,很快就定下来了。

后来向总理汇报的时候,我们写了汇报提纲。第一次汇报,总理就很满意,他作了六条指示,提出了具体方案、原则、安全性、四性等,其中有一条就是组织原则,成立一个民用的飞机公司。

第二年年初,温总理又召开了第二次汇报会,最后原则批准大型飞机研制正式立项、组建大型客机股份公司,并尽快开展工作。

国务院常务会议认为,研制大型飞机是党中央、国务院做出的重大战略决策,也是全国人民多年的愿望。我国航空工业经过50多年的发展,已经具备发展大型飞机的技术和物质基础。自主研制大型飞机,发展有市场竞争力的航空产业,对于转变经济增长方式,带动科学技术发展,增强国家综合实力和国际竞争力,加快现代化步伐都具有重大意义。

会议指出,实施研制大型飞机的重大科技专项是一项复杂的系统工程,必须充分认识这项任务的艰巨性,充分估计可能遇到的困

国务院总理温家宝与陈一坚亲切握手

难和风险，以百折不挠的决心和意志，坚持不懈地努力，完成这一光荣的历史使命。

当院士这十年来，我在大飞机立项论证方面投入的时间和精力最多，起码有五年都在论证这件事。

成立民用飞机公司是从市场经济角度出发的，我给它加了个"国家所行，社会所利"的市场经济。就现在看来，全球金融危机下只强调市场经济而忽视社会主义是不行的。一些人那时候就说市场经济万岁，包括一些经济专家也认为，市场经济可以主导一切，航空工业也是一样。我就在会上强调市场经济前面得加四个字——"社会主义"。

航空工业这么大一个系统工程，完全靠市场不行，需要有国家的干预和支持，就像温总理讲的"要有立法"才能搞好航空工业。大飞机整个方案很齐全，包括费用、研制周期之类的估计以及发动机的安排等。

国务院的一位领导找我个别谈话，他说我是老航空了，想要多听听我对大飞机发展的看法，让我把会上没有说完的话告诉他。国家领导人的水平就是高！他们可能估计到有很多知识分子爱面子，有话说不出口，单个谈话效果会好一点儿。

我把大飞机的来龙去脉，包括人才培养都说了。我说现在有一些人只考虑到怎么样去请外国人给我们干飞机，我赞成这一点，是应该利用国外资源和人才，但是研制的主要力量应该是中国人。虽然我们的人年轻、没有经验，可以让国外有经验的人参与进来，但是领导权要在中国人手里，这样就可以把我们年轻的一代带出来。飞机干出来，研制经验也吸收了，你走了我也不怕。

有些话确实是会上没讲的。主要涉及组织机构、航空工业发展、人才培养、材料、设备、发动机等问题。

关于发动机我认为，民用飞机发动机现在不可能自己做，但我们应该安排力量赶紧做。发动机研发难度大，我们应该把国内的科研人员派到国外去。另外，还有资金，我估计现在的资金肯定不够。我还说了对航空工业现状的看法，我认为大飞机无论采取什么组织形式，都要发挥航空工业现有资源的作用，节约人力、物力和财力。

除了大飞机立项论证，大的型号论证我参加了很多，特别是国家评审。

机关有人说我，反正你是敢讲话、说真话的人。我有什么顾虑呢？只要符合真实情况，怎么对国家有利我就怎么说！说一些话的时候我知道要得罪人，我是按照自己的想法，不愿意听的我也要讲。

从总师到教授

当选院士后没几天，西北工业大学校长到我家里，说想聘请我当教授。我说你们看得上我就干。

做了教授主要是带博士、硕士，再一个就是讲座。在西北工业大学我一个学期开一两次讲座。因为年龄的关系，我不可能再去编讲义、讲课，只能开讲座。每次讲座满屋子都是听众，报告厅里站不下，很多人就站在外面听。我是尽我所有，把自己了解的行业内外的科学技术现状、发展方向以及多年的飞机工程经验毫无保留地传授给学子们。

争取课题的事也很多。曾经有一个很大的项目，当时我是评审组组长。上面感觉这是一个很重要的任务，高校没有必要干这个事，很多人说高校不能搞型号和项目。第一天开幕式我就说，高校技术很强，项目也能做，不是说全部去干项目，以教学为主，研究院所和工厂可以干，但是高校有特长，也可以干。再一个，原来西北工业大学历史上就干过，已经有很长一段时间了，别的地方还没有开始，现在把这个项目放在这里显然是合适的，对国家也有利。从国家角度考虑，就算我不是西北工业大学的人，我也会这么讲。后来终于争取到了，出乎大家的意料。

从总师到教授，从搞技术到做学问，我的身份有了很大的转变，反而觉得自己的责任更重了。虽然身份不同了，但我仍然热情不减，教书育人本是我父亲的终身信仰，如今我也在做，心中不免欣慰，也算子承父业吧。

我应邀参加了国内很多高校的报告会和讲座，受我影响的人也不少。南京航空航天大学飞行器设计专业的博士胡铃心就是其中一位。

2000年9月19日，我受福建省委"院士家乡行"活动邀请参加电视台节目录播，与一些爱好航空航天的青少年学生座谈，其中就有胡铃心，他当时正读高二。起初见到我他显得非常激动，看出他是鼓足勇气来的，他向我问了很多关于飞行器的问题，我一一作了解答。他对航空知识的熟悉及对航空的热情给我留下了非常深刻

航空百年邮票首发式合影（左起：黄强、唐长红、陈一坚、黄炳新）

的印象。第二天，我参加另一场活动时，告诉大家，我在福州遇到了一名非常优秀的中学生，说的就是胡铃心。第三天，胡铃心跟随母亲一道来见我，并送上万字的《卓越非凡的超级客机》创新方案，这个方案令我非常震惊和赞叹。后来我送给他一架亲笔签名的"飞豹"模型，并建议他报考南京航空航天大学飞行器设计专业。他对航空非常执著，听说他高考终于如愿以偿，在后来航空专业的学习中如鱼得水，成绩斐然。

当然，我举这个例子不是让所有人都去报考航空，也不是让大家都崇拜我，把我当成偶像，而是让大家树立目标和理想，并为之努力奋斗。

大学生们最爱听我讲这些故事。从"风筝为什么会飞"等简单生动的事例，到专业性很强的航空航天方面的知识，我力求用深入浅出、饱含激情的报告，用自己学习和工作这么多年最深刻的体会告诉同学们：成功固然是我努力奋斗的结果，但也离不开国家的深切关怀和爱护，离不开同事和朋友们真诚的鼓励和帮助。希望同学

为航空爱好者签名

2000年做客《大视野》栏目

们能珍惜今天来之不易的幸福生活,勤勤恳恳,踏踏实实,时刻都以国家和民族利益为重,走好人生每一步路。

我经常告诫同学们:逆水行舟,不进则退。希望同学们明白这个道理,珍惜生活中的每一天。我觉得一路走来,有四点感受十分深刻。首先,要善于把握机遇。机遇难得,碰上它就要有能力把它抓住。但这种能力不是与生俱来的,要靠我们后天刻苦锻炼。人这

2003年7月接受清华大学记者采访

一生不可能事事顺心，所以，我们既要能在顺境中不骄不躁，稳步前进，又要能在逆境中成才。其次，一定要勤劳勇敢，奋发学习，勇于冒险，不怕失败。第三，要重视团队的力量，有集体荣誉感，用团结协作的精神，团结一切可以团结的人。个人的智慧再高、力量再强，毕竟有限。第四，要牢固树立远大志向，并为之不懈奋斗！

最近我感觉年轻人有一点儿变化。刚当院士的时候到学校讲课，当时的学生和今天的不太一样，过去的学生对我们艰苦奋斗的故事反响强烈，现在的学生喜欢听我讲技术：飞机怎么先进，哪些技术应该掌握。

随着社会经济体制和人们思想道德、价值取向的转换，让年轻人过分看重技术、经济、生活，对过去一些好的传统兴趣不大，这是不是也是个问题。我没有答案。最近我感觉越来越担心，跟今天的年轻人讲"飞豹精神"，人家还愿不愿意听？

技术水平是很重要，汽车洋房都很重要，但我们发展不能只奔着金钱，享受的欲望是没有止境的，欲望的满足往往并不能带来真正的幸福和满足感。我们的确应该在今天的教育中弘扬一种传统价值观——怎么样才算是真正的幸福？幸福感绝不是来自金钱或者物质的满足，完全是因为人们内心对自己人生的衡量尺度不同。

另外，从学习这个角度，我总结了几句话，第一，人一定要一辈子坚持学习。周总理告诉我们，要活到老，干到老，学到老；第二，学习要从需要出发，但是只到这个层次还不够；第三，学习要变成习惯，不完全是需求。学校不可能什么都教你，出去以后也会碰到不懂的东西，所以现在就要老老实实，立足自学成才。

另外一个，学习要有兴趣，这样工作才能专心。过去我当总师兼所长的时候，针对很多人来所后对分配的专业兴趣不高，我制定了一条"土政策"，来到所里的年轻人对专业可以有三次选择机会。我认为如果他对某些东西比较有兴趣，基础又比较好，在条件允许的情况下，可以允许他选择其他专业；否则，自己不感兴趣，前途毁了，国家也受损失。政策实施以后，还真出了这样的人才。

在西北工业大学讲学的时候，我跟校长也提过类似的建议。报考不是一锤子买卖，进了学校以后，学校应给学生一个机会。比如我进了航空系，我觉得航空不行，想要到其他系去，可以允许他选择一下。西北工业大学也实施了，学生可以在入校后转学、转系。这些应该是可以放宽的，不应该限制得太死。应该考虑到他发展的前途在哪里。志愿填错了，难道还要让他错一辈子？

还有出国的问题。好多人都反对年轻人出国，说他们好高骛远。我说这么批评有片面性。我们自己培养的学生，当然希望给国家做贡献。我们知道，培养一个大学生需要很多钱，但是如果有条件出去，我是支持的。出国深造，从长远看，百分之六七十的人会回来的，留在国外的毕竟是少数，就算他留到国外，隔几年回来一次也会带回很多技术和经验。关键是要有一颗中国心。

我经常跟学生、同事这样讲，当然有时候也会得罪人。这些都是年轻人比较关心的。我经常拿"飞豹精神"作例子解答他们的问题。我还常举"规范"这个例子。明摆着是违反国家标准，只要对国家有利、对将来有利，就敢冒险转轨。做这个决定，是要承担很大风

谨记周总理的教导：活到老，干到老，学到老

被清华大学聘为兼职教授

险的,否则我完全可以很轻松地当这个总师。但反过来说,如果不违反规定,那这个飞机出来后,性能各方面都不会太好,还是我背包袱。大家冒险,定下来,就这么干,结果真的还成了。

温馨晚年

20年来,如果说有过什么顾虑的话,就是我当初接这个任务的时候有点冒失。不是说我不该接,这个事完全应该干,这条信念还是很坚定的,没有动摇过。但是从个人角度看,相当冒险。

这么多年,我对家庭、孩子都照顾不上了,万一失败以后的结果也不能多想了。如果型号画的是个失败的句号,将来航空史里就会有一句话:"飞豹"的设计是失败的,它的总师姓陈。

执子之手,与子偕老

成功男人的背后都有一个坚强的后盾，我说这句话简直就是真理，这点我有深刻的体会：没有我爱人，就不会有我的今天。

"文化大革命"当中她和孩子受的苦比我多，我只是内部软禁，一年多没有回家。他们在外面要忍受来自群众的歧视，精神压力大，比我苦。

这么多年我们感情特别好，这都是缘分。

我在家基本是不管事的，三个孩子出生时我都不在她身边。她很坚强，都挺过来了，而且这么多年非常勤劳，一门心思把家弄好，把孩子和我照顾好。我不会做饭，熬稀饭还是后来才学会的。她从来不让我做家务，我也习惯了，除了工作就是学习，回到家一有时间就看书。家里的事全是爱人和孩子他们去管。几个孩子都是靠自己自立、自学成才，他们非常争气，哪个都没让我操心，他们也从来没跟我提过什么要求。但我对自己身为儿子、丈夫、父亲都不太满意……

人到晚年，什么名利、钱财我都不在乎。虽然忙碌，但是觉得有生之年国家还需要我，我还能为国家做点事，也不算虚度了。

75岁生日时的全家合影

王士珍：

老陈作为丈夫，我可以给他打满分。他对家庭、对子女和我都没得说。还有他对父母的孝顺也让我非常感动。

老陈有时候问我，你满足不？我总是说，满足得不得了！因为我们的孩子、孩子的孩子都这么懂事、有出息，还有什么不满足的呢？

我们两个人心态都比较平和，任何时候都不会觉得自己低人一截或高人一等，孩子们也是这样。我们教育孩子从不刻意要他们怎么样，只在必要的时候告诉方法，培养孩子不依赖人。孩子们从小就知道，爸爸看书、工作的时候不能去打扰。自己的人生路要自己去走。

陈冰：

闲暇时，爸是一个对生活充满兴趣的人。做了院士以后他空闲时间多了，一回到家就跟我妈说说笑笑的，逗我妈乐。爸现在也研究做饭，还向我爱人请教，因为我爱人饭做得特别好。爸最拿手的是做早餐，蒸虾皮鸡蛋糕，牛奶煮麦片，然后再配点别的，外加卤豆腐干。这是他常做的老三样。

奶奶在的时候，爸爸经常帮她理发，哪儿不舒服了，也是我爸按时给她贴膏药。奶奶老了以后有点糊涂，但爸爸妈妈对她非常耐心。爷爷和奶奶的骨灰现在都在阎良的公墓。每年清明爸妈都要去祭奠。

附录 一

共同走过的
峥嵘岁月

原航空工业部副部长王昂：

我国航空工业鲜为人知的一项科技成果是在没有原准机的情况下，自行研制出了我国第一代国产歼击轰炸机——"飞豹"。该机是603所及172厂、630所等参研单位的工程技术人员和广大职工发挥聪明才智、辛勤劳动的结晶，是我国军用飞机发展史上的一个里程碑。

"飞豹"飞机的研制跨越了计划经济和市场经济两种经济体制。研制初期（1979—1982年6月），因国家经济暂时困难，曾被列为"量力而行"项目。1982年经邓小平同志批准，国家拨专款，把它列为国家重点常规装备项目。尽管后来又遇"下马、上马"的变迁，但研制工作始终坚定地按照战术技术论证、方案设计、技术设计（打样）、详细设计、试验、试制、试飞、设计定型的研制程序进行。在研制经费十分紧张的情况下，靠自力更生、艰苦奋斗、团结协作、无私奉献的精神坚持了下来，直到成功。用这样少的经费，成功研制这样水平较高的飞机，是中国航空工业在技术上的又一个突破。

"飞豹"飞机研制成功并装备部队，填补了我国歼击轰炸机的空白，增强了我军机动、灵活、纵深、精确的空中突击力量，大大提高了我国空中打击力量的活动半径，对贯彻军委新时期军事战略方针具有实际意义，对捍卫东、南海诸岛主权、保卫海疆和巩固国防都有十分重要的现实意义。

张国治：

每次谈起"飞豹"这个型号的研制历程，我都会想到一句歌词：黄河之滨集合着一群中华民族优秀的子孙……我觉得我们不应该忘记为"飞豹"做出贡献的人们。我们有一支非常强的技术带头人队伍，那就是以陈一坚为首的总师系统，包括若干位副总师和若干位主任设计师。在国外，一个飞机设计师一生能搞几个型号，在我们国家，一个人在有限的技术生命里，能搞的型号非常有限，能搞成功的型号就更加有限，所以说，很不容易。

应该说，中国的所有型号都是在风风雨雨中渡过的。我们战战兢兢、如履薄冰，不敢有任何的闪失。在这样一种环境里，我们这支队伍不去埋怨"飞豹"排不上队，不埋怨给我们投入太少。为什么？因为这就是我们的祖国呀！我们的国家确实有许多事情要办。大家当年都是很苦的，要倒苦水，肚里都有很多的苦水。但是这支队伍最终用行动证明了自己的忠诚与可靠。我们没有辜负祖国和人民的重托。

陈一坚刚当总师的时候，603所还是很困难的，连实验室都没有，当时的队伍也不是现在这个状况。但陈总与机关和军兵种之间的配合十分融洽，积极配合机关工作，反过来，机关支持陈总的力度也是很大的。这是给总师撑腰，给总师系统撑腰，没有这个，光靠总师来回跑，有时候可能"叫天天不应，叫地地不灵"。

有件事情使我很受感动，有一次"飞豹"在某地摔了以后，我们去处理，当时海军石云生副司令员也到了现场。人家石司令员跑到我住的地方，对我说："飞机是好飞机，我们没管理好。"这下子等于把飞机出事的原因都揽在自己头上了。后来任何人都没再提这个事。就是说，没有一个好的使用部门配合你，反过来说你的飞机这不好那不好，那不就完了？

将来历史会证明这一点，参与这个型号研制的，或者做出这个型号研制决策的，历史都会给予很公正的评价。假如把这个型号从我们的部队装备中抽掉，不好说不堪设想，至少是个很大的缺憾。正是有了它，我们部队的武器装备才具有对外的常规威慑。和平时期不打仗，但是人家知道你有这个装备跟没有它是完全不一样的。

徐甘泉：

回顾整个"飞豹"研制成功的历史，它是饱含着坎坷波折的磨难史，闯关攻坚的奉献史，有经验有教训，需要我们很好地总结。最值得欣慰的就是这段历史也是技术队伍、管理队伍的成长史，这对我们今后做好工作非常有益。简单说三点工作当中的体会：

第一，要有一个好的工作目标。所谓好目标，就是我们研制目标的定位问题。我认为一个好目标需要两个决定性因素：需求牵引、技术支撑。按照军队今后的使命任务，只要是打仗要用的、打仗有用的、打仗能用的，它就能站得住。"飞豹"之所以能走过来、顶得住，并且发展下去，不管是空军航空兵，还是海军航空兵，对地对海攻击都是一项非常重要的使命，不能没有，不能不强。

技术支撑，我认为不能搞高、大、全。高指标、大系统、全面发展，最后是成不了事的。那么"飞豹"的成功，我认为也在于尽管经过不少波折，最后定位是准确的，决心下得是对的。在定位中还需要注意的问题，我个人的体会是采用系列发展，就是它留有改进余地，可以持续不断、循序渐进地提高技术水平，在未来的战争中确实能发挥作用。有这么几条，我觉得这个目标定了，不能三心二意，不能左顾右盼，一定要矢志不移。大家把思想统一到一起，事情就能办成。

第二，要有一支好队伍。我们几个来阎良次数很多，觉得阎良这三家得天独厚，设计、生产、试飞同处一地，力量还是非常强的。我们开始不能说三家很团结、很和谐，但是在共同的奋斗过程中，是越来越团结、越来越协调，心齐劲足，真正体现了为事业无私的奉献。比起那些大型号、富型号，我们是穷得可怜，可我们参加"飞豹"研制的这些同志，就像人家形容的"吃的是草，挤出来的却是奶"，所以我在参加这个型号的工作中也受到了教育、激发，让我好好地干事。

第三，要有一个好的管理。这里面包括管理体制、管理的运行机制。大家都清楚，决策的失误是最大的失误。那么决策的好坏，实际上体现在管理当中。管理的好坏可能走出两条路：一条是好、快、省，一条是差、慢、费。从总体上评价"飞豹"，我认为和其他型号比较，基本属于比较好的。

原海装飞机部部长殷铭燕：

我总觉得，人是要有一点精神的。我曾经在一本杂志上看到，西北地区有一种特有的树，叫做胡杨。这种树看起来不美观，也不挺拔，黄杆黄叶，但是它的杆茎上黄筋暴露，苍劲有力，顽强地生活在西北戈壁滩上，给人们以渴望的树荫以及大自然的生机。这种树最为可贵和独特的地方，在于它活着的时候，一百年都不死；死了以后，一百年不倒；倒了以后，一百年不朽。我感觉，这是一种精神。我们大家知道，许多共产党人，为了共产主义事业，砍头只当风吹帽。我说这些就是想说明"飞豹"之所以能够到今天，它首先是一种精神的产物。

20年的时间，"飞豹"从最初的想象到成为一个成品，成为现在我们国家已经设计定型的飞机当中最好的、最具战斗力的一个飞机，这首先是源于一种精神。我觉得精神和物质是可以互相转化的，精神如果转化为物质力量的话，它将是无穷的。我们老一代的科技人员和工程技术人员，都是我们中华人民共和国培养出来的第一批或第二批知识分子，他们经过"文化大革命"以后，等于是把全身积蓄已久的没有释放出来的能量全部用在这个型号上了。

当然也带着当时时代的特点：敢想、敢说、敢冒险，这恐怕有点"文化大革命"的特色。但不管怎么说，提出了在当时来说是非常先进的一个战斗机方案。

我认为，"飞豹"之所以能够出现"三下"，或者叫"三缓"，也说明我们当时的指标是很高的。当时的中国领导人，特别是军界的领导人，还有点不大放心，总觉得它是不是不行，你们这些人是不是不行。但是总有一天，也就是在1982年，我们国家的领导人，我们军委的领导人通过这么几年的一段过程，认识到我们"飞豹"的设计者，也就是我们西北地区的这帮人还是有点本事的，于是下了这个决心，才有了今天的结果。

原航空工业部飞机局副局长、"三驾马车"之一马承麟：
看任何一个问题都要和我们国家的实际情况、军队装备的实际情况、航空工业发展的实际情况相联系，当然也要和国际对比。应当说"飞豹"在当时我们国家的各种客观条件下,是一个比较适用、顶用的飞机。因为保卫领海、领土都极端重要,至于保卫领空、空中格斗,那是另一类飞机的事情。就从突防和打击能力来说,"飞豹"是适应中国战略发展要求的好飞机,至少它在从装备部队到退役20年之内管了大事。

任长松:

那时候加班加点,没有加班费这一说,也没有加班饭。详细发图的时候才给每个设计员补贴3毛钱,不过我们的职工照样每天晚上在家里吃完饭再来干活,那3毛钱舍不得吃。看着那些人一天天瘦下去了,我们心里那叫难受啊!怎么办呢?后来我们就不给他们3毛钱,而是给他们每人一包牛奶两个面包。详细设计的时候,大家热情非常高,很多同志到了夜里12点还不回去,怎么办呢?我们就把闸给拉了,等我把电闸合上,大家又干起来了。

徐嘉善:

603所能有今天,和歼轰7是分不开的,而歼轰7也确实给603所争了气。为了歼轰7研制成功,我们很多人都把全部心血投

与高镇宁(中)、马承麟(右)在"飞豹"前合影

入到事业上，一门心思想把工作做好。当时好多同志都觉得"文化大革命"耽误了那么多时间，现在有机会为国家做点事都非常高兴。很多女同志晚上带着孩子来加班，非常感人。有很多同志带病工作，在这个型号研制中，有一批知识分子积劳成疾，献出了生命。

付大卫、俞敦信：

1976年夏，"飞豹"飞机的新一轮高低速风洞试验在四川安县进行，中间正值松潘、平武大地震，风洞就在离安县不远的地区，我们有20多人正在做高速风洞试验。地震过后倾盆大雨，大家都在地震棚中吃、住，生活非常艰苦。其间还余震不断，但我们谁也没有打退堂鼓。因为我们心中始终没有放弃这个型号。作为技术人员，我们都希望这一辈子能为国家做一点儿贡献。我感觉这辈子没有白过，至少完整走了一个飞机的研制过程，干出了一个型号。

钟至人：

在"飞豹"设计质量复查中，我们发现飞机结构最为关键的机身-机翼接头某关节轴承强度不满足要求。这可是一个特别重大的技术问题！是不是把轴承换了就行了呢？不是，因为机身-机翼连接是不可卸连接，要拆卸轴承，需要分解机翼-机身之间的大量高精度螺栓，分解后就装不回去了。当时有两架飞机已经进行了翼-身对接，一架已进入总装，准备第二年年初首飞；另一架已运抵623所，正在进行全机静力试验前的各项准备。试飞、试验进度很紧，也没有空余时间来分解机翼-机身连接。即便停工等待排除故障，谁又能保证故障一定能够排除呢？

攻关组考虑了许多方案，都一个一个被否定了。困难在于：首先，不分解机翼-机身怎么把关节轴承卸下来？其次，即使把关节轴承卸下来了，又如何能在已经总装的飞机上更改接头呢？

我们好似在求解一道无解方程。

一天凌晨，我躺在床上，突然想到，172厂的杨师傅有一个风动工具，能不能用它反锪，把接头双耳片一侧的孔扩大，把轴承顶

强度试验现场合影
(后排：右一，钟至人；右二，陈一坚；左二，高占民)

出来？如果行，然后压回一个钢衬套去，再把连接销轴插回去，这样不就解决问题了吗？

我们向有关领导汇报后，现场指挥部决定成立三结合攻关小组实施操作，由原攻关组部分成员以及172厂杨师傅等三名老师傅负责。经过现场研究，确定了实施方案，大家熬了几个昼夜，终于更换了接头。

张志友：

603所人有个特点，条件再艰苦大家都很团结，一心一意干工作，没有怨言。钻研技术很认真，没有不经过试验就得出结论的，而且当时的试验条件很简陋。以"八字腿"起落架设计为例，它与机体连接的整体件很怪，空间想象不出来，又没有计算机。怎么办呢？当时费管良主管拿石蜡刻了个模子，用手工把它刻出来，然后照着石蜡模型做了一个木质模型，再来做试验。经试验没有问题了，再根据木质模型设计图样，然后才去打锻件。锻件打出来到172厂做不出来，设计员站在旁边亲自指导。这样的例子很多，太不容易了。

张速成：

小轮距"八字腿"机身主起落架设计，不是起落架专业想创新或别出心裁，而是"飞豹"总体布局、机体结构布置情况以及全机气动性能要求等苛刻条件，把我们"逼上梁山"的。

主起落架设计方案初步确定之后，仅仅是理论和图面上的，是否安全可靠，心中仍然没底，需通过试验进行验证。但当时所里根本不具备开展试验的条件。在室党政领导的大力支持下，我们决定在所农场的粪场旧址上自己动手建设实验室。

建材从哪儿来呢？陈乙华、于俊虎到我们所凤翔基建工地收集槽钢、角钢、螺纹钢和钢筋等建筑材料，从凤翔往回运时，他们自己装车并随车押运，回到阎良时几个人冻得瑟瑟发抖，两条腿都不会动了。

水泥是从耀县水泥厂买回来的。装车、卸车全由我们自己干，结果人都成了灰人，只能看到眼睛和牙齿，谁都认不出谁了。

露天加工

从没拿过焊枪的设计员，利用八小时以外的休息时间完成了大量焊接任务，由于没有必要的防护面具，许多同志的眼睛被电弧强光刺伤、变得红肿。

经过全室上下三个多月的艰苦会战，一个具有两个承力（墙）柱、七条地轨的简易实验室终于建起来了，验证主起落架设计方案可行性的试验任务终于有了着落。试验证明，主起落架设计方案基本可行，大家对"飞豹"飞机的研制成功充满了信心。

"飞豹"飞控系统负责人、613所范治玉：

火控系统体现了歼击轰炸机的水平和能力。我们起初搞的"飞豹"火控系统是光学瞄准具。在一次"飞豹"方案研讨会上，613所就提出"平显火控系统"的方案，并在大会上作了介绍。但当时不管是主机所还是国防科工委，都是考虑到研制的成熟性（那时候平显在613所尚处于预研阶段），因此，没有选择这一方案，而是定了光学瞄准具（这是装机的配套方案）。而平显系统被作为研制的第二步（第一步上瞄准具，第二步上平显）。

后来我们积极配合主机所进行研制，争取将平显状态定型。平显不仅仅是一个设备的增加，而且增加了火控一些比较新的瞄准方式。

冯芳标：

在"飞豹"研制初期，在各个电子产品不是很先进的情况下，怎样保证它的总体性能，这也是陈总的一个设计思想。第一个是信号交联，主要是看所有设备连起来以后，输出的信号够不够，输入输出方对不对头，波形是不是符合要求。这个问题最终的结果还是比较满意的。

第二个是在1984年，"飞豹"飞机主要是给海军航空兵用的，海上很潮湿，盐雾很大，所以要解决"防潮、防霉、防盐雾"的"三防"问题。如果按照美军标对相关电子产品提要求肯定不行，美军标准太高，我们的元器件都是国产的，达不到那个标准。我就和郑作棣

（603所原副总师）商量，定了个"飞豹"飞机的气候与机械振动试验条件，也就是制定了一个指标，这个指标比以前有所提高，但是比美军标还是低一些。后来陈一坚总师和603所通过了这个指标。但是在开会时，有些单位不肯签字，认为指标太高，达不到。一些单位的代表会后吃饭时连酒都不喝，很生气。但我们还是坚持发了会议纪要。当时大多数厂所都能按照这个指标做，但也有一些厂所根本不理你，动都不动。

后来我们也想，这个东西他们以前没搞过，现在突然提高了指标，他们可能确实感到困难，所以光加压不行，还要帮他们想办法解决。于是我们先委托一两个厂做实验，塑料、非金属材料、导线等，都做了试验，哪些防霉性能比较好，哪些防潮比较好，做完试验，把结果交给各个厂，供他们选择。

这个工作做完以后，我又到各厂所去了解，召开技术交流会，大家一起讨论哪些材料可以用，哪些可以过关。在解决了大部分厂所的问题之后，我们派人到几个仍不接受指标的单位，一是帮他们解决技术问题，二是监督他们按照规范去做，最后都达到了指标。当时雷达局非常高兴，他们说，这是我军首次在机载设备上解决了"三防"问题，评价还是比较高的。后来海军代表提出来说，我们的飞机以后都要搞"三防"。

还有一个是电磁兼容。飞机里面有好多电子设备，相互之间要协调，不能彼此影响或干扰。要解决它，就需要一套电磁兼容的测试设备，这套仪器应该很灵敏，任何细小的信号都能接收到。但是这套设备国内没有，我就向电子部汇报，申请经费，从国外引进。电子部同意了，我就派了几个同志到美国去考察这个测试设备，最后订了一套设备回来。

设备回来后还要搞一个屏蔽室，否则测出来一大堆信号，分不清是谁的。这个东西国外有，但是很贵，我们就在国内订做了一个屏蔽室，是常州一个厂做的，最后在我们所安装。测试设备到位了，我们开始按照国军标对电子设备提要求了，和相关设备生产厂家一个一个协调，免费帮他们做试验，之后再上飞机去用就好多了。

可以说，飞机上的信号交联、"三防"、电磁兼容试验，这三个问题都是"飞豹"飞机先搞的。其他很多飞机型号都借鉴了"飞豹"的经验。

朱余华：

"飞豹"弹射救生系统采用气弹组合设计，几个弹的研制都不难，但整个系统匹配要达到一个工程组合，那就难了。像炒菜一样，佐料都放在那儿，你必须懂得组合才能调到最佳状态。这对当时国内救生技术来讲是一个很大的挑战。

由于当时所里的生产能力和技术保障条件都不具备，做火箭弹摸底试验的时候，我们就在办公室里进行模拟试验。有个同志点火的时候，因为弹是装在作动筒底下的，底下有负载，可能是卡死了，结果发生了弹腔爆破，爆了以后，就飞了出去，非常危险，幸好没伤到人。所以在摸底测这些数据的时候，意外情况还是很危险的。

原环控救生室副主任莫文炜：

"飞豹"弹射救生试验是在河南兰考进行的，那里的条件非常艰苦。陈一坚是唯一一位参加这项系统试验的飞机总师。

当时有几个细节。减速伞的伞塔距驻地好几千米，因为不放心，万一减速伞不行，滑车就会翻车。所以，他坚持要看伞塔。当时又没有车，他带我们走了几千米去看。

陈总特别认真严谨，凡是涉及到关键问题，他都要亲自去看，例如，火箭发射十分钟准备的时候，所有引气全都拔掉了，只有总师能去看。虽然我们不让他去，但是他每次都要等到红色信号弹打了才离开。

有几次去河南，我们就住在火车站旁边的招待所。那里都是民工卸了煤住宿的地方。当时也没什么吃的，经常就是买个青椒拍一拍，用酱油拌了给陈总当菜吃。

原强度室主任全文经：

陈总不仅自己对工作一丝不苟，而且经常告诫我们，搞科研就是要踏踏实实，一步一个脚印，来不得半点侥幸和马虎。在他的影响下，我们这支队伍养成了干什么事都踏踏实实、认真严谨的作风。

首飞完了以后，飞机就要进入调整试飞，做高载试验，每一次加载飞机都有可能破坏。当然我们都留有一定的余量。等机身机翼的主要部件基本都做完了，也没有出现什么大的问题。

到1989年6月，所里准备派我们出国学习。原计划7月走，这时候全机试验的主要部件试验都做完了，就剩下全机破坏试验了。但是陈总还不放心，说："出国推后，全机破坏试验做完才能走。"而且要求强度室的领导都到试验现场"蹲着"，主要试验人员要爬上飞机仔细检查有无裂纹。负责机身、机翼结构设计的主要骨干都到耀县去，爬到你们所管部分上检查有没有问题。

全机破坏试验的时候来了好多领导，包括海军的首长、部里面的领导、厂所专家，弄得我们这些试验负责人非常紧张，出了问题那就是了不得的事。

试验成功以后，我们眼泪哗哗地流，真不容易呀，终于成功了！现在回忆起那段日子还是挺激动的。试验的时候，心都提到嗓子眼了，加载到67%前不怕，之后就越来越紧张，75%、80%……，到了85%以后，就听到试验件嘎吱作响，刚到98%的时候，就听一声巨响，厂房里顿时烟气腾腾的，最后核算下来是97.89%，如果能过100%，那是最好的。试验现场检查，机身机翼同时破坏了，这种现象很少见，这说明机身和机翼是等强度的，设计得比较好。不足的那点经检查是机身机翼对接处工艺出了问题，因此，我们心里的一块石头总算落地了。

原试飞副总师浦传彬：

首飞之后就开始调整试飞了，时间也比较长。我当时心里很矛盾，希望飞机飞，但每次飞了以后都会出现问题，平均故障间隔时间只有18分钟。1991年以前，飞机的故障有570条，平均无故障飞行时间为18分钟，一个起落平均出现三个故障！这些故障还有个特点，一共五架飞机，故障是共性的，另外这故障比较危险，试飞员要是掌握得不好，就可能导致机毁人亡。处理问题的时候，603所是相当困难的，作为总设计师，陈总也是艰难得很，我们几个副总师陪着他，围着他转。那时以陈一坚为首的设计单位压力是最大的。

出了故障以后，通常是我们把现场掌握的情况第一时间告诉所里，告诉陈总还有吴（克明）副总。他们了解完情况后叫我们马上请飞行员来，了解"第一手"情况。试飞员很支持我们，一请就到，不等机载数据出来，故障的真实细节我们已经全部掌握了。

接着要根据故障属性找原因，研究排故方案。如果是设计的问题，那我们就想办法改进，如燃油导管柔性接头，一直要找到图样，找到是谁干的。当时所长、总师要求他们到试飞院去，把最真实最准确的情况毫不隐瞒、毫无保留地跟试飞员交代清楚，这个柔性接头到底怎么回事，如何妥善解决，让试飞员和试飞工作人员心里踏实。柔性接头搞了很长时间，因为它在起落架舱里拐来拐去的还不好拆。不好拆也要全改！最后全改过来了。

张克荣：

总师和副总师代表一个团队的形象，代表一个设计所的水平。我觉得603所在陈总的带领下，整个队伍的作风比较好，实事求是、踏踏实实。通过"飞豹"，这个队伍已经成长起来了。

跨声速振动问题暴露出来以后，有很长时间都找不出故障原因。

当时我作为试飞院总师，心想不能影响其他试飞课目。我们把飞行包线割断，跳过这一段，先飞其他的课目。我下令试飞团所有人在高度5000米、表速1000千米/小时以下的这块暂不去飞，留着研究。

这样大概过了一年。有一天我去找陈总，我说，不行了，其他扩展都飞完了，这块不扩展就没法飞了。我俩思前想后，能不能把一架机停下来，我加上8个振动传感器，再去重复飞，把振动记下来，然后再找到底是什么原因引起的振动。

我们塔台上有一个望远镜，就是用来看怎么放起落架的。测振试飞那天，小沙（沙长安）上塔台去等飞机回来，他拿起望远镜看他的飞机。飞机快着陆的时候，他喊了一声："我的飞机怎么没有方向舵！"我说他，你胡说！

当时黄炳新在空中说振动很厉害的时候，我怎么也没想到会掉方向舵，我只担心，搞不好气动力扰流把封严板撕开，那样就会把方向舵卡住，飞机就只能在空中绕圈，干不成别的了。

飞机下来后，我早就在飞机边上等他了。

黄炳新呼哧呼哧从飞机上一下来，就说了一句：

"老张，我今天把方向舵飞掉了！"

这时候已经是下午了，我当即告诉小沙，你们今天晚上无论如何把数据给我处理出来，我一上班就要看。第二天我到办公室时，马承麟早就来了。我拿到报告一看，结论的确是方向舵"嗡鸣"。

黄炳新：

作为试飞员，能够第一次试飞我们国家自行研制的飞机，我感到非常高兴和激动。然而一架新机的首飞成功，对飞行员来讲不仅肩负着重大的责任，还要冒很大的风险。虽然跟陈总承诺，只要一台发动机是好的，我就能飞回来，但从内心来讲，我也没有百分之百的把握一定能平安回来。它毕竟是我们国家第一次自行研制的全新机种。

当时我的两个姑娘小的6岁，大的14岁，她们都不知道。我爱人知道那天我要首飞，但没到机场去。我当时就是跟我们副政委讲了，今天我首飞，你把我的钥匙拿着，万一有啥事……家里的、办公室的钥匙都交给了我的副政委。交钥匙也就这一次，以前和以后都没有过。

首飞那天，我下来之后，陈一坚总师跟我握手的时候非常激动。

在我的试飞生涯中，大的故障遇到过19次，其中有几次印象最深的，第一个就是"飞豹"的方向舵飞掉那次。

按照当时的情况，飞行员应该跳伞，但是我没跳，为什么？因为"飞豹"是我们国家自行研制的第一个飞机，从设计到首飞到后来试飞十多年，多少人花了无数精力，国家花了多少钱。所以，我不能轻易弃机跳伞，它牵涉到责任。你跳伞以后很可能会耽误飞机的研制进程，影响部队的鉴定。也就是在这种指导思想下，我最终安然返回地面。下来后他们告诉我，塔台指挥员当时还说，"团长这次回来怎么这么不稳定，飘过来飘过去的？"他们哪里知道，方向舵已经飞掉了。

如果没有为祖国航空事业发展倾尽全力的人生追求和思想境界，我们试飞员也是不能完成"飞豹"试飞的。因为那时候不像现在待遇这么高，当时空军规定，飞一个小时两块钱。如果没有这份事业心，我们不可能冒着生命危险去飞的。正是因为这种高度的责任感，我们才能不计较报酬，一次又一次地执行我们自行研制飞机的试飞任务。

附录 二

印象陈一坚

张国治：

作为参与过"飞豹"研制的人，我为能够参与这件事而感到自豪。十几年前人家都不认可的东西，现在大家都认可，国内认可，国际也认可。确确实实成为了一个重要的作战武器装备。所以我觉得陈总不容易。我主张就是要树一面旗帜，有这面旗帜跟没这面旗帜是不一样的。突出一个人，就树起一面旗帜，在这个旗帜下面，就是一支队伍。打仗都是这样的，只要旗帜在，这支队伍就在，这支队伍就可以顽强地打下去。一个单位除了事业，还要有一些代表人物。

陈总给我们的感觉是做事很细，善于听取别人的意见。在重大技术问题的决策上他从不含糊，也能够抓住问题的要害，并且坚持自己的意见。

徐甘泉：

在"飞豹"这个型号上，陈一坚作为总设计师，在自己的岗位上履行职责是称职的。无论是来自行政的、专家的压力，还是所里内部的不同声音等，陈一坚矢志报国、坚定不移地要把"飞豹"搞好，个人的那些事都可以放在一边，这真的不容易。有段时间问题出得比较多，他的压力真的很大，有的人搞不好都会垮下去，有的人可能就撂挑子了。但是陈一坚在这些压力面前始终是坚定的。

谢圣良：

陈总非常平易近人，这么有学问的一个专家、一个大型号的总设计师，我们每次到他那儿去都不用预约。他不管多忙，都会放下手里的工作，倒上一杯茶，和我们说说工程上的事儿。

方向舵飞掉这个故障，如果当时排不了，这个型号肯定就停了。我对603所的知识分子非常敬佩。他们能把这个漂亮仗打下来，真是了不得。

陈总说他从来就没有轻松过，这话我信，因为他的任何失误，都可能使型号倾覆，他完了，603所同样也完了，我们工程办也完了，所以我们的目标是一致的，一定要把这个型号搞成功。

与技术人员分析试验现场情况

每次出故障,我们都是赶紧组织人,请专家来,一起讨论、分析,形成意见,我把这个意见反馈给陈总,陈总也发表自己的看法,有时候我们不谋而合,有时候也有分歧,在这个时候我当然得听他的,他是总设计师。他真像个兄长,十分可敬,是一个很好合作的人。

作为"飞豹"技术的第一责任人,尽管有些问题不是陈总直接处理的,但是作为总师,他要协调、操心,要耗费不少精力。为解决各种问题,我们不知开了多少次会,陈总只要有时间基本上都会来参加,吴克明副总师来得更多。陈总和我们工程办的配合也很好,有时候出了故障,我们请他来一起分析,他一次都没有拒绝过。我们有时候在会上谈,有时候在下面谈;有时候不用我们约请,他自己就来了,和我们交流情况。我们也把自己脑袋里的问号向他敞开,他是总师,我们也想听听他的看法,让他帮我们把问号"拉直"。

1991年,当时海湾战争正打得厉害,在军内外震动也很大。有一次我到他办公室,想看看有没有什么新信息。他不仅给我讲了一些新情况，还主动送了我一套资料。他不光关注自己的型号，也时刻关注世界军事的发展，关注世界形势、世界科技、军事发展的新动向，跟踪世界军事装备技术的发展。虽说我和陈总是互相配合，但他给过我许多帮助，能和他一起工作一段时间是很值得庆幸的。

詹孟权：

陈总是一个非常愿意接受新事物的总师。他接手"飞豹"型号的时候，对当时的新规范、新技术敢于实践，因为任务摆在那里，必须搞个好飞机出来，对国内的新机载设备，他给予充分的支持，对我们这些以前没有经验，但就是想把飞机搞好的人，他的思想是解放的，允许我们大胆尝试和采用新技术，他对整个飞控以及各个系统都很支持，博采众长，才实现了飞机整体性能的先进。

在陈总领导下，我们不但重视设计规范的选用，还非常重视验证试验。当时条件很差，没有实验室，我们就把有限的科研费省吃俭用，自力更生建起了试验区和四大实验室。当时国内没人做过这些试验，也没有这些项目，我们实验室的设备和技术在国内是首屈一指的。

我们应用的新技术在这些实验室里得到了验证。从部分原理试验、分系统试验到全机模拟试验都严格按照研制程序执行，地面样件、试验件、装机件，最后是可靠性增长试验，都严格按照标准、规范实施。正是有了充分试验的基础，"飞豹"才得以成功放飞。

陈一坚总师最大的优点，是尽可能调动大家的积极性，技术民主，尊重大家的成果，作为总设计师，这条非常重要。当然有时候容易给人误解，好像他没有多少自己的观点，实际上你什么都不依靠大家，什么都懂是不可能的，必须靠团队的集体智慧。陈总在发扬技术民主，支持新生事物，耐心听取大家意见，该决断的时候决断，这些方面都做得非常好。不能要求一个总师所有专业都出类拔萃，关键是听取大家意见之后如何得到最好的结果，这需要他做最后的拍板。

与所长高占民(后排右四)在试验现场讨论问题

全文经：

陈总严谨、求实、创新的科研作风给我留下了非常深刻的印象。

我们那个年代还处于手摇计算机向电子计算机过渡的阶段，手摇计算机使用传统的工程方法来计算，需要很多人力，速度也慢。但那个时候我们对新生事物还不大能接受。当时出现一个叫有限元算法，不管多么复杂的结构都能化成一个一个的单元，像堆积木一样，再复杂的结构都可以由计算机算出每一个结点的应力和变形。当时我们都怀疑这东西行不行，有那么神吗？但是"飞豹"的研制进度卡得很紧，都是用"网络计划"在控制节点，这么大一项工程来不得半点延误。再加上看到国外的有限元已经广泛应用了，所以也想赶紧起步，陈总决定把它应用于型号设计。

我们自己和北京科研计算所联合起来研制有限元程序，一算挺好。但是算出来的结果对不对、合理不合理，就需要靠经验判断了。当时我们的人手很紧，还请了西飞设计所的人过来帮忙算，结果一比较，量级上没有问题，基本可以。这样我们心里就有数了。

用有限元算完以后，还要出强度校核报告。当时校核强度都是手工来算的，工作量非常大。其他室都等着强度计算结果，根据这个结果才能做下一步工作。当时机身组天天加班，晚上11点以前没有回去的，后来陈总把我叫去商量，组织全室力量把机身强度校核报告拿下来了。

高忠社：

我那时候是搞机身的，在机身、机翼方面，有几项新的措施都在他的手里实现了。例如，我们飞机采用机身结构的优化设计，刚度、强度、重量，要把它们综合起来，怎么搭配，怎么能让飞机重量最轻、强度最高，这就要搞优化设计。另外还有采用钛合金材料，采用金属蜂窝，采用碳纤维材料，这都是国内没有用过的，陈一坚对这些都很支持，在他当总师的时候都实现了。而且在解决试验、工艺、生产等问题上，他积极支持新鲜事物。当时发动机的装配方案，是给机身下部开大门装发动机，还是用后机身"穿山洞"的方法装发动机，这些他都挺关心、挺支持的。他不但支持，还给你创造条件，保证你去实现。

要做空中打靶试验，但飞机还没有出来，就不能打靶，我们就把轰5改成打靶机。要实现这些想法，都得有过程，要克服好多困难，这个就是陈一坚的贡献，他当时是总师，你做试验没有钱，他就要想办法。

范治玉，副总师李克己：

陈总给我们的感觉就是有一种长者的风度，和蔼可亲、平易近人，没架子。在一些会上扯皮，陈总很少发火，总是耐心地处理问题。

作为"飞豹"研制的辅机厂所，我们的研制费都是由603所来拨，不经过集团。因为受当时的历史条件限制，上面的整个投入比较少，所以有关的奖励很少。记得有一次我们找到陈总说，您抓大事的同时，这些事情也得考虑考虑。他说，我是有考虑的。其实，我们也感受到了。

每次逢年过节，603所（以陈总的名义）都会给主任、主管设计师、副总师们送个贺年卡或小礼物，这也体现了陈总对我们技术或管理人员的一种关心。

给陈总提了意见后，我们发现后来部里也重视了，在"飞豹"定型后还开了一个立功受奖大会，还搞得很隆重，当时我们也参加了。总的来说，陈总这样的领导，能考虑下面的一些意见，特别是在怎样提高大家的积极性，怎样增强整个队伍的凝聚力这方面，做了不少工作。

陈总对待工作非常认真。我们去603所，几次看到陈总风尘仆仆地从风洞试验基地赶回来。很多试验陈总要亲自到现场，有什么会，又赶紧赶回来，衣服都来不及换就直接去开会。

陈总代理所长的那年夏天，当时天特别热。我们去他办公室，陈总的屋里连风扇都没有。我们一位同志说："陈总你还是所长呢，办公室连风扇都没有。"陈总说："现在大家都没有，我也不能搞特殊。"

冯芳标：

陈总很相信群众，会用人，放手把任务交给助手去处理。记得好像是1985年，当时飞机上的雷达功率很大，工作久了就会发热，需要给风让它冷却。陈总就委托我来处理这个问题。因为这件事在主机所和电子设备厂所的协商中出现了矛盾，陈总作为型号总师，他没有站在设计方的立场，而是放手让我这个电子副总师来处理。这显示了陈总的气度和风格。如果没有这个风格，他也许会站在设计方的立场上，用总师的权威来压电子一方。既然他这么信任我，我也不能只站在电子的立场上，也要站高一点儿，站在飞机的立场上，对型号负责。

最后，我们既解决了通风散热，又保证了试飞进度，圆满地解决了问题。陈总知道后很高兴，还写了封信给我们所长，表扬了我。这说明陈总相信群众，敢于放手，凡事都以维护型号大局为重。

还有一点，陈总这个人非常谦虚。每次开会，他去得都比较早，到了以后，还在招待所自己的房间门口挂个牌子：陈一坚。让大家有什么问题可以到他的房间讨论。

我从来没有看到陈总发过脾气，他对人很谦和。一般来说，每次开会，他跟航空单位的人谈得多一些，发动机啦、航炮啦，跟我们电子部门谈得相对少一点儿，但我对他的印象很好，不管有什么问题，他总是心平气和地讲道理，从没有以总师的身份压人，是个很有风度的人。

朱余华：

接口关系是一个非常重要的概念。东西都有，什么也不少，哪根线都在，连也连上了，但是在信号导通上，一开机就是有一些问题。实际上这就是接口关系不协调。当各家都说自己是对的，可交联以后就有问题，这就是所谓的接口关系没处理好。

过去我们说的接口是硬接口，把螺钉往一块拧，这就是接口。而陈一坚提出比较多的就是信息流、数据、信号这些接口的协调。

接口管理不是陈总发明，但是他结合"飞豹"飞机、轰5试验机，在那样特殊的历史背景和环境下，针对当时出现的一些问题，提出核心就在于接口的关系问题，我觉得这是他在管理学上独到的地方。

172厂原总工程师易志斌：

陈总这个人最突出的特点是非常敬业，有奉献精神。作为一个工程技术人员，没有为航空事业不计甘苦、忘我奉献这样一种精神是不会有所成就的。必须要有爱岗敬业，干一行爱一行，爱一行钻一行，钻一行就要钻出个名堂来这么一股坚不可摧的顽强意志和迎难而上、舍我其谁的英雄气概。

第二点就是求真务实。求真就是弄清楚事物的客观规律，务实就是处理问题实事求是。我们在总装期间，主起落架C交点断裂，开始大家都搞不清楚，有的说是制造问题，有的说是设计问题，说什么的都有。最后，陈总跟他的总师系统研究以后确定，还是设计上的问题，液压系统压力设计时没有考虑到脉冲压力的问题，使C

交点受力过大造成断裂，以后就改过来了。

第三点就是运筹帷幄。就是把总师系统、各专业的主任团结起来，调动起来，主要是在技术上能够统一起来。出了问题，不是他自己去处理，而是找有关方面的技术责任人。因为飞机研制是个大的系统工程，牵涉的单位有四百来家，怎么样运筹帷幄、抓重点难点，这方面作为总师，他是清醒的。在处理日常问题上，现场听到一些反映，他总是先找有关副总师商量，因为在整个研制过程中不断地出现问题，要不断去解决问题，而且要不断提高。

张克荣：

从技术上讲，陈一坚是"飞豹"的第一责任者，承担着很大的风险。

陈老总这个人确实是为人严谨、谦虚、严于律己。他不像有的总师那样高高在上，喜欢指责人家。在现场你只要提出问题，他马上就会说，我们回去研究一下，总是先从本单位从设计上查起。所以我们合作中很少争论，这是非常难得的。

黄炳新：

从"飞豹"首飞开始，我和陈总在一个战壕摸爬滚打多少年了。他是一个非常执著、非常认真的人。每次"飞豹"飞行的时候，只要陈一坚在家，他都要到飞行现场跟班，了解情况，做记录。

对于试飞员反映的问题他都非常重视，例如今天发现问题，他会召集手下人连夜分析，第二天向你解答，为什么会出现这样的问题。应该说这个总设计师是不容易的，院士也是当之无愧的。

另外，陈一坚非常平易近人，这点给我的印象也比较深，不论是过去，还是现在当院士以后，他都没什么架子。很多飞行员反映的问题，一些总师包括技术人员都不一定相信，但陈老总对我们一直都比较信任。

原清华大学学生赵晓林：

6年前，作为一名国防定向生，我怀着敬仰的心情，参加了与中国"飞豹"战斗机总设计师陈一坚院士的座谈会。

尽管陈老已经73岁了，两鬓苍苍，但是他仍然精神矍铄，席间睿智的谈吐又不乏幽默，经常赢得同学们长时间热烈的掌声。

陈一坚院士见证了我国航空工业从无到有，飞机研制从引进和仿制，到现在完全自行独立设计，可以说他老人家把自己毕生的心血都奉献给了中国的航空事业。他以他的人生经历给我们上了一堂生动的爱国主义教育课。

谈及历史，他老人家除了痛心外更多的是对我们的殷殷期望，他说他们这一辈老一代科技工作者已经把自己的一切都奉献给了中国航空事业，他们无怨无悔，现在中国航空技术赶上并超越航空强国的历史重任就压在了我们这一代年轻人的肩上，他希望我们树立坚定的献身国防的信念，努力学习科学知识，不断提高自身能力，培养自己对事业执著的精神。只要一步一个脚印地前进，将来一定能成为国防事业的顶梁柱。

谈到我国国防的现状，陈院士拿美国轰炸中国驻南联盟大使馆作为例子，他说美国之所以敢这样肆无忌惮，就是因为我们的国防不强大，我们的武器装备远远落后于美国，这是中华民族的耻辱啊！他说这口气憋在他胸中已经几年了，中国人这口气能不能出来，就要靠年轻一代的作为了。听到这里大家热血沸腾。军队领导之所以这么重视国防人才的培养，正是憋着这么一口气，这口气一天不吐，中国人在世界上就没有抬头做人的尊严，我们肩头的重担就一天不能减轻。他说国防领域是最需要大家去奉献的地方，也是最值得大家去奉献自己才智的地方，中国国防的强大，就靠你们年轻一代了。

这次座谈使我受益匪浅，回来后心情久久不能平静。我们的未来既有机遇，也有挑战，更多的是责任。老一辈建设强大中国国防的愿望就留给我们去实现了。我们只有努力学习，下定献身国防的决心，才能不负老一辈的重托与厚望。

附录 |三|

陈一坚重要文稿

"飞豹"飞机研制经验回顾

引 言

军用飞机是一种高科技、高投入、高风险、长周期、跨行业部门的产品。"飞豹"飞机研制历经二十多年,共花费近10亿元,通过飞机设计定型审查。它所携带的空舰导弹靶试成功,五发四中,皆命中靶心。在此之前曾发射过六发,也全部命中靶心。国务院、中央军委组织航定办召开"飞豹"飞机全武器系统设计定型审查会。1998年8月,批准"飞豹"飞机设计定型。

"飞豹"飞机采用双座前后排列,发动机在后机身双发并排布局,是我国首次研制的超声速歼击轰炸机,它可携带多种武器,可攻击敌二线目标(包括兵力集结点、指挥中心、防空阵地、通信中心、海空军基地、交通枢纽、水面舰船等)。歼敌机于地面,而取得我制空权,遮拦孤立敌纵深有生力量,是"积极防御"中的主要打击力量,也能起到威慑作用。

"飞豹"飞机采用了成熟的、先进的气动布局和总体、结构、系统布局。为中等后掠角和中等展弦比的上单翼、中下平尾、单垂尾、两侧进气、"蜂腰"形机身、武器全部外挂、机身式起落架。全机采用诸多新技术、新材料。全机机载设备389项,其中新研制成品(系统)176项,如多功能雷达、平显、惯导、多普勒导航雷达、大气数据计算机、恒速恒频交流电源、前后双座程序控制的弹射救生系统、飞行控制系统、座舱红光照明等,都是当时国内最先进的设备和技术。机身、机翼、尾翼大量采用整体壁板、整体肋和框等整体结构,部分构件采用复合材料、无孔金属蜂窝等新技术,提高了结构效率和生产效率。以轰5改装火控系统及其配套设备作为试验机,开创了航空工业首次使用试验机的研制道路,提前考核了复杂新系统和新设备。经审定,飞机性能、操纵品质、机动能力、起落要求等都满足战术技术指标。依据"一切通过试验"的原则设计,设计阶段共做了600多项试验,风洞吹风3万余次,为飞机研制成功提供了可靠基础。可靠性进行了补课,维修性经不断改进得到很大改善。研制中优先采用美军标作为设计规范,共选用170多项美军标、国军标,实现了从苏联规范到美国规范的转轨工作。采用了计算机辅助设计和制造技术,大大提高了设计效率、生产效率和产品质量,研制大型软件30余项。为保证部队使用,提供了随机工具、地面设备、场站设备和一批检测设备。提供了飞行手册、技术说明书、使用维护说明书、图册等全套资料。

经国防科工委批准成立了行政指挥系统和总设计师系统,负责全面研制工作。成立了质量师系统,对研制质量起到了控制把关作用。整个研制过程涉及10个国家部委和几百个直接配套厂所,成千上万名科技人员、工人和干部,在总参谋部、国防科工委、海军、航空总公司等部委领导下,经过了艰苦卓绝的努力,终于取得了成功。今天回顾起来真是思绪万千,我们尝尽了酸甜苦辣,可总结的经验太多了,也有不少教训。"飞豹"飞机研制是个复杂庞大的系统工程,是千千万万科技人员、工人、干部集体智慧的结晶,我只是个"领头雁",代表大家的意愿,矢志奋斗,历尽磨难终于到达胜利的彼岸。本文肯定概括不了大家的意愿和心声,勉为其难,仅起到抛砖引玉的作用。

"飞豹"飞机在国家武器装备中的地位

军事手段是保卫国家主权完整、维护国家民族尊严的一种手段和后盾。外交斗争是这种斗争的"文明"表现,其基本法则仍然是"弱国无外交",通俗说就是谁强大,谁说了算。因此,综合国力就成了各国求生存、求发展所必须追求的目标。综合国力强大了,科学技术、军事力量、武器装备也随之发展壮大,反过来有了强大的武装力量,又是综合国力的外在表现。所以武器装备的发展是长期战斗的需要,是不以人们的主观意志为转移的客观规律,是一个国家民族求生存、求发展的必然。

随着科学技术突飞猛进的发展和生产力的迅速提高,军事力量、武器装备也得以迅速发展,"兵戎相见,强者胜"的法则就体现在谁科技发达、谁武器精良上。原始的赤膊相争,单人格斗,发展到手持利器的群体相斗,武器使相斗双方的手得到延伸。利钝的差异继续决定着胜负。

我国近代史的耻辱,很大程度上表现在刀刃与洋枪洋炮的不平衡上。工业化高度发达的今天,飞机作为战争利器得到普遍重视,战争由地面扩大到空中,由二维扩展为三维立体战。航天的发展,使争夺太空控制权的斗争又进一步扩展。在信息时代,由于高科技更上一层楼,武器战略、战术也随之大幅度改变,战线变得模糊不清,单兵作用又得到加强,战争胜负标志随之改变。总之,高科技的发展大大改变了战争的战略和战术,飞机作为主要的战争工具,也随之有了质的变化。

纵观我国近代史,在抗日战争时期,总体上"敌强我弱"。要打胜仗只有创造局部优势，战而胜之，歼灭敌人有生力量，积小胜为大胜，从而彻底战胜对方。主要战术手段自然是"张开口袋"，"关门打狗"，这时候谈不上立体战，那时我们还没有航空工业。1949年以后，为了保护国家主权和尊严，我们面对的是武装到牙齿的对手。此时虽然有了航空工业，但仍然比较落后，有的也只是买来的飞机，买来的生产线。海军也只有近海作战能力。战略思想自然只能采取"坚守边疆"，拒敌于"国门"之外，飞机自然以歼击机为主。随着国际形势和地缘政治的变化，我国军事工业迅速壮大，海军初步有了远洋能力，也有了我们自己设计制造的飞机，有了虽不先进但仍可一搏的装备。战略思想也就发展到了拒敌于一千里之外，"积极防御"的战略应运而生。在国土之外打仗，自然人民损失较小，对飞机而言，仅有作战半径小的歼击机就显得很不够了，其不但缺乏打击力量，更无法拒敌于"千里"之外。除了保卫领空之外，保卫领海的斗争也十分重要。所以说战略上不但能防御（这是我国性质决定的，我国不是侵略的国家），而且要有足够的威慑打击力量，破坏敌后方基地，摧毁其指挥中心，切断补给线，孤立战场和直接空中支援。由于精确制导武器的发展，"飞豹"飞机所起的作用尤其显著。

　　考虑未来局部战争的需要，那么具有作战半径大、全天候低空大速度突防能力、综合电子战能力并具有较强打击力量，自身又有一定机动作战能力的歼击轰炸机就成了不可缺少的机种。纵观各国飞机种类的组成，歼击轰炸机一般占40%~60%，这大概也是不以主观意志为转移的客观规律。第二次大战之后的若干著名战役，显示威力的多是歼击轰炸机。因此，20世纪80年代前后，提出设计研制我国自己的"飞豹"飞机就成了合乎斗争形势的需要，顺乎航空工业发展规律的必然选择。今天回顾起来，应该说这是正确的航空战略决策，也是战术指标提出的来源和依据。但由于种种原因，"飞豹"飞机一直没被放在应有的重要地位，不但影响了研制的速度，而且使得原本先进的指标,今天也显得赶不上先进国家的机种了。由于科技人员的远见和努力,今天的"飞豹"飞机在国内仍是难得的,仍具有相当的威慑作用,仍是统一祖国,捍卫国家领空领海主权的主攻机种。

"飞豹"飞机的技术要求

战技要求制订之后,技术指标的制订和实现就成了完成战技指标的基础,也就是设计师系统主要的任务、成千上万的科技人员十几载孜孜以求的使命,多少人为此献出了毕生精力,献出了青春。

(1)飞机的全生命周期

一个机种从研制开始至最后"报废"生命终了,到底应该是多少年呢?没有一个确切的、一致的统计数字和说法。但一般设计比较成功的机种所经历的历程(分研制阶段和使用阶段),总共约40年的时间,也就是说全生命周期约40年。其中会根据需求的变化和科技的发展进行必要的改进改型。

现代科学技术发展迅速,技术产品更新换代周期日益缩短,这样长的生命周期无疑是一个十分漫长的时空跨度。一个成功的设计师系统研制的飞机在这样长的跨度内,使用时又不失其先进性,是十分艰难的任务和巨大的挑战。一旦战术指标、服务对象、使用环境确定之后,要采用哪些技术,达到哪些技术要求,使它经历40多年不失其一定的先进性,必须考虑:

①使用时应满足战术技术指标。

②跟踪并预测航空工业及配套工业技术发展的趋势。

③把握先进技术,确定其先进程度并在10多年研制中有成功的把握,太先进了可能办不到,太保守了可能拿到飞机之时,就已落后且是被淘汰之日。

④使用中会不断有新要求、新产品、新技术,需要改进改型时,原型机必须在空间、能源、承载、环境等方面留有一定的发展潜力,

以便走一机多型的道路。

⑤飞机是多学科、多专业的综合体，诸多组成中又要求其匹配性、成套性及达到均衡的先进性。

所以说，设计师系统必须是能够统揽全局、高屋建瓴的科技队伍。"飞豹"飞机研制成功及其预测应该说基本上满足了上述要求，在国内填补了机种的空白，是比较先进又十分实用的机种。

（2）"飞豹"飞机的主要特点

最大限度地消灭敌人，就是最大限度地保护自己。作为歼击轰炸机当然要突出其打击力量，它配置的武器必须满足打击其主要目标的要求，突出其主要攻击任务。

①"飞豹"飞机的空舰导弹是主要攻击武器

"飞豹"飞机对海军而言是导弹攻击机，自然突出了空舰导弹是它的主要攻击武器，其次还要配置现实拿到手的航爆炸弹，组成不同打击梯队。除此之外，为了机动自卫或为本机群护航，又载有空空导弹和航炮，这样的武器在当时是现实的，今天使用起来仍然满足战术要求，可攻击各种交通枢纽、火力集结点、中型以上舰船，可完成遮拦任务，打击敌指挥中心、后勤供应线，为我军其他装备和兵种的前进打通通道。

对"飞豹"飞机而言，武器射程越远越好，威力越大越好。但是它受制于导弹及机载设备研制的可能性，以及品种选择的可能性。"飞豹"飞机能携带的导弹，可以是超声速导弹。"飞豹"飞机当时能选用的雷达作用距离也约束了更大射程导弹的选用。从武器的数量上来看，"飞豹"飞机具备配挂多种武器的能力。当时总体布局考虑到必要时可配挂特种弹，这样一种飞机，应该说是有相当的威慑力量的。

②"飞豹"飞机具有大的作战半径

所有国家都是以其国家民族最大利益作为战略目标的。作为社会主义国家，我们没有侵略性，为了满足"积极防御"的战略方针，

"飞豹"飞机必须有拒敌"千里"之外的能力，有一定的威慑作用，所以"飞豹"飞机的作战半径必须够远，近了是强击机的任务，更远是战略轰炸机的任务。"飞豹"飞机可容易加装空中加油系统，其作战半径就更远，其威慑作用将更可观，作用就更大了，这就是"飞豹"飞机的生命力之所在。

"飞豹"飞机的主要技术指标，不是追求最大马赫数，也不是追求高的机动性和敏捷性。它追求的是在有一定自卫能力的基础上"活载荷"越大越好。所谓"活载荷"，主要指的是燃油加上武器的重量，这是一组不同的技术状态组合，它体现了上述的威力（威慑）量度，它与飞机空重之比就是"飞豹"飞机首要的技术指标。"飞豹"是否先进，不是与歼击机的马赫数、机动性等对比，而是与其他歼轰型飞机的"活载荷"的比值相对比。如果改进电子火控系统，加强电子综合能力等，"飞豹"应该说接近了第三代飞机。"飞豹"各主要参数与当今先进歼轰型飞机量级相当。这些不是技术上的巧合，而是战术技术配置优化的结果。

③ "飞豹"飞机具有良好的低空性能

"飞豹"飞机是以中远程攻击机为主进行设计的，其主要作战区域多在敌我双方对峙区域内，所以跨越战区攻击时必须有比较好的隐蔽性。隐蔽性是近代飞机设计的主要原则之一，其目的就是"出其不意，攻其不备"，有利于保存自己，消灭敌人。达到隐蔽性的手段很多，如隐身技术、电子压制、摧毁敌方防空体系等，对"飞豹"而言，当时还不具备隐身设计的条件，"飞豹"靠自身设计时采用低空突防的办法，提高隐蔽性，延缓敌方发现我机的时间，故"飞豹"设计初期，特别是方案调整阶段，将低空性能作为主要设计特点之一提出来，并在数十副机翼的选择、参数优化时作为主要要求加以优化。同时，斯贝发动机的设计点也在中、低空，飞机与发动机的匹配比较圆满。在方案调整中对长时间低空（海平面）飞行的各项要求，包括突风响应、飞机操稳品质等都以追求低空为主，遇有矛盾时，宁可牺牲高空、高速等其他性能，以满足低空性能的要求。规范对低空长时间飞行品质有每分钟0.5g颠簸不多于13次的规定，比国内现有机种都优越，从而解决了因长距离突防导致飞行员疲劳而影响战斗力的问题。低空性能中还存在地形跟踪和回避等问题，当时国内尚未解决这方面的问题，机载设备尚处于方案酝酿阶段。我们采用雷达防撞技术，与飞机飞控系统交联，实现飞越障碍的设计，结果证明是成功的，这样分两步走的思想得到贯彻和实现。将来机载设备更新后，可在"飞豹"改型中加以实施，使"飞豹"飞机能以更低的飞行高度突防，更好地保护自己，更有力地打击敌人。

④"飞豹"飞机具有夜间复杂气象条件下的作战能力

"飞豹"作为中远程攻击飞机，适应夜间复杂气象的能力，也是设计原则之一。这样可以更好地适应气象条件的变化，更频繁地出动机群，以提高作战效率，这方面主要取决于机载电子设备的配置。当时，我们选用了国内最为先进的设备，大量是与主机平行研制，经过努力有可能拿到手的设备。虽然冒了比较大的风险，经定型试飞考核，证明"飞豹"这个特点得到初步实现，而且是成功的。

"飞豹"飞机的主要设计指导思想

"飞豹"飞机这样高科技、复杂的飞机，涉及诸多学科和专业，涉及上百个部门和厂所，涉及诸多领导机关，参加的科技人员和管理干部数以万计。这样复杂的系统工程，精心策划和严密组织是绝对必需的。决策者们必须对各个方面高瞻远瞩、统一规划、统筹兼顾，必须有坚定的信念，科学的指导（原则）。"无规矩不成方圆"，有正确的指导思想，才会产生正确的决策，才会引导"飞豹"飞机战胜艰难险阻，走向成功。设计指导思想，开始时还不是很全面，随着研制的进展，随着问题的解决，指导思想得以不断完善。

（1）坚持自力更生，艰苦奋斗的设计原则

我国航空工业走的是生产－仿制－设计的道路，这是特定历史条件下形成的。那时强敌当前，航空工业又是空白一片，只好先买、先引进，造成了买飞机、买专利、买生产线的非良性循环，延误了自行设计研制的投入，或是说是投入力度十分不够，组织布局上又十分分散，失去了机遇和时间。回顾起来，航空工业生产一头过大，预研、研制一头太轻，科技储备太少，歼击机过分突出，各型号配套不够，型号研制延误。与先进国家相比，研制型号少，甚至一辈子参与不了几个型号，从头到尾跟进的机会就更少，其直接结果必然是部队可使用的飞机装备少而落后，技术队伍锻炼机会少，经验缺乏，水平不高。然而国家又需要不断有先进飞机补充，从而造成了买飞机恶性循环的后果。

此外，各国为了保卫自身的权益，军事装备又是十分敏感的商品，所以靠购买得到的只能是比较落后的产品，而且将长期受制于人。我国这样一个大国，军事装备依靠别人绝非是长久之计、妥善之策，所以从事军机研制的指导思想，必须是建立在自己力量的基础之上。至于引进、合作，只能是局部的、我们一时还赶不上的技术或产品。对我们来说，自力更生、艰苦奋斗必须是指导思想中的第一项原则。"飞豹"飞机研制成功也证明了这支科技队伍是能打硬仗、能克服困难的队伍，依靠我国自己的力量是能够设计出先进飞机的。

"飞豹"设计初期，从我所主客观条件分析起来，搞过飞机设计的人员较少，走过飞机研制全过程的人更少，设计队伍应该说是支很年轻的科技队伍。我们要从测绘运7飞机一步跨上完全自行设计歼击轰炸机，在既无样机又缺少预研成果的条件下，跨越的台阶是够高的。那时有人对我们投来怀疑的眼光是可以理解的，而且我们队伍中不少同志也是心中"无数"，但我们凭着对航空事业的赤诚和执著，勇敢地挑起了这副重担。当时我心中想的是，这是一生中的最后一搏，只许成功不能失败。"卧薪尝胆"是我的座右铭，而且是身体力行。面对巨大的困难和责任，我们把立足国内、自力更生、艰苦奋斗作为我们的指导思想，这就使我们形成了一支能打硬仗并取得胜利的志同道合的队伍。"梅花香自苦寒来",想让别人信服,首先应该相信自己,相信经过艰苦努力是会成功的。立足国内、自力更生就成了"飞豹"工作的基点。

（2）合理采用先进的技术规范

我国航空工业在发展的历史上,长期按苏联的一套技术规范、管理模式研制飞机。我们手中有的资料也只是苏联20世纪五六十年代落后的资料,试图以此为据,设计出90年代使用的飞机,有难以想象的差距。当时我们面临的就是这样严酷的现实,幸好那时已不断引进美军规范,于是,我们当机立断,放弃苏联规范,全面转向美军标。通过十多年的消化和使用,感到美军标体系比较合理、先进,运用得当有可能设计出满足战术技术指标的"飞豹"飞机。例如,苏联外载荷计算虽然简单,情况比较少,但比较落后。美军标是应用解飞机运动方程式的办法求得外载荷,比较符合实际。以垂尾外载荷为例缩小了百分之十几,工作量虽然大,但依靠计算机的应用,逐步建立了一套软件,同时也创造了不少办法,解决了各个难点。事实证明,"飞豹"飞机十分先进的重量指标,如果不采用先进的美军标是很难满足要求的,当然使用中也遇到了许多问题。如地面载荷,当时国内没有条件实施,经研究采用苏联规范,并作相应规定解决规范混用和剪裁的问题。总之,规范转轨是十分复杂和困难的工作,但最终保证了"飞豹"任务的完成,并建立了一整套规范使用、剪裁办法。在此基础上提出了"源于'飞豹',高于'飞豹'"的原则,编制了"歼轰型飞机设计规范",为今后歼轰型飞机的研制奠定了基础。

（3）确定"三突出"的设计原则

"飞豹"飞机是我国填补空白的机种,对我们来说,是首次遇到的任务,应该怎样实现战术技术指标,如何突出性能中的几个指标,才能体现"飞豹"飞机是攻击型飞机？在设计之初我们就确定了"三突出"的原则,以"三突出"的原则指导解决设计中遇到的矛盾,结果证明这些原则是正确的、有意义的。第一个突出，上面已经谈过，不再赘述。在解决速度方面，超声速是必要的，我们没有去追求一般军用飞机要求马赫数尽量大的要求。对歼轰型飞机来说，有一定的马赫数有利于实现其歼击性能，但过分追求将付出很大的代价。如进气道的设计参数，如果马赫数太高，超过"飞豹"目前水平，势必设计成多波系的超声速进气道，我们不是不会，但是将要设计调节系统和付出相当大的重量代价。其次，诸多亚声速航弹和飞航式导弹，又采用全部外挂形式，大部分巡航段是高亚声速。追求高亚声速时外挂物和外挂装置的匹配也是保证突出作战半径所希望的选择，国外歼轰型飞机也有这样的选择。至于攻击能力与自卫能力的关系，我们坚定地以攻击能力为主，体现"飞豹"是攻击型武器。那么自卫能力的限度又该怎么考虑呢？"飞豹"本身突出了作战半径，我国现役歼击机作战半径很难达到"飞豹"的水平，因此"飞豹"极有可能采取本机护航的配置，我们规定了自卫能力不低于歼7飞机的量度。这样就保证了"飞豹"执行攻击任务的装载状态，可以兼顾自卫歼击的能力，实现了歼轰型飞机总体匹配的要求。主要性能的取舍，"三突出"并不是唯一的，但结果证明满足了"飞豹"战术技术指标的要求。

（4）慎重选择发动机及主要新成品

"飞豹"飞机是全新设计的飞机，虽然做了六百多项地面试验和十多万小时的计算机计算，但地面模拟毕竟做了不同的简化假设，不可能完全模拟真实的飞行情况。潜在问题不可避免地在研制后期逐渐暴露出来，全新的飞机研制本身已经够复杂的了，风险够大了。如果选用未经考验的发动机，则必然难上加难，风险陡增。如果选用成熟的发动机，虽然不一定理想或不一定先进，但仍有改进改型的机会，国内外都有成功的例子。这可保证一次成功，减少研制困难，缩短研制周期，这就是通常说的"风险不可叠加"原则。"飞豹"选用进口斯贝发动机当然有历史原因，斯贝发动机引进后没有匹配对象，经"父母包办婚姻"指腹与"飞豹""完婚"，"飞豹"娶了个"洋媳妇"，事实证明两者的匹配十分成功。可以设想，"飞豹"如果选一台新设计的发动机，研制过程不知将艰难多少倍，甚至可能使整个项目被拖垮。

进口斯贝发动机是 20 世纪 60 年代设计的第一代涡轮风扇发动机，现在看来发动机性能（如推重比等）不太先进，但是它可靠性高、性能稳定、故障少，且没有大的故障，不失为国内发动机中的佼佼者，从而保证了"飞豹"比较顺利的研制。应该说选择斯贝发动机是实事求是的范例，是一条成熟的经验。

新成品，尤其是主要的新成品（系统）选择，对总设计师系统来说，是继发动机选择之后又一个严峻的考验。我国新型号少，机载设备选择余地小，"货架"产品更少，所以更多地采用由飞机型号牵引机载设备的发展模式。从实现各项战术技术性能的角度来说，"飞豹"必须选择尽量多的新成品，才能保证自己经过十多年研制成功后不失其先进性。当初也知道国外有一种说法：新成品比例一般不超过成品总数的 20%，否则风险过大。但体会并不深，此时风险"不叠加原理"和实施上分步走的策略起了决定作用。

20 世纪 80 年代初，我国已开始研制电传系统，对飞机控制操纵来说是十分受欢迎的。成品单位希望一步上"全电传"，当时我们意识到，电传系统的复杂性和研制的困难，对飞机本身的安全和性能影响很大，不可贸然行事，所以决定先上"准电传"，一方面能大大改善平台操纵品质，减轻飞行员负担，改善飞机控制性能，成品单位也可以起步研制；同时保留了原机械操纵系统，并在驾驶舱内增设转换开关，待"飞豹"成功之后，再改全电传。今天回顾起来，这个决策是正确的，保证了飞机的研制成功。

再一个例子就是"总线传输"的选用，当时 1553B 总线已经引进，但尚处在研制阶段，要有一台计算机负责分配信号，国外多用此体制。当时我们退一步采用了比较简单成熟的 ARINC 体制，经改造比较适合"飞豹"电子设备总的水平，待条件更成熟，信息传输更需要时再改制。主电源是选用循油系统还是更先进的喷油系统不但面临先进性的比较选择，还面临着相当一级领导已表态的情况，当时我们顶住了压力，决定采取分步实施的策略，否决了喷油系统。研制进程中主持研制电源系统的同志回忆起来，认为主机坚定走分步实施策略，不但保证了"飞豹"飞机的先进性和顺利进行，同时也使辅机单位免于被动。在"飞豹"方案的形成过程中，这种例子还有不少，总之是新成品的选择应该谨慎地掌握一个"度"。

①我国一个新型号的研制周期比较长，要在成功之时仍保持其先进性，就要选择一定比例的主要新成品（系统），例如30%左右。

②为了支持机载设备的相应发展，承担某些风险是可以接受的。

③飞机本身是受科技规律支配的，在"飞豹"飞机支持率不高的特定形势下，新成品（系统）采取分步实施策略。首先保证飞机平台顺利成功，然后走"一机多型"的道路是成功的。问题难就难在"度"的决策上。

④当然随着科技队伍更加成熟，货架产品选择面更加宽广，可以在"度"上作适当放宽，以促进更加先进产品的问世。

（5）质量是"飞豹"飞机的生命线

这是个老生常谈的话题，对于一切工作和产品研制，尤其是如此复杂的高科技产品——飞机的研制，更是个永恒的命题。随着引进"全面质量控制"的概念后，我们也逐渐认识到质量体现在产品中的不可替代的价值。

首先，产品是人设计出来的，人的质量与素质决定了产品的最终质量水平。如此众多的工作人员和工作环节，不抓住"人头儿"，就抓不住质量，在整个研制过程中都会出现进度和质量的矛盾，如何对待质量工作，实际上是表明了总师的水平和素质。我们比较早地觉悟到了"质量是'飞豹'的生命线"，作为口号也好，作为设计指导原则也好，我们一直是贯彻始终的，而且也是成功的。

其次，我们这支队伍，虽然对航空事业赤诚执著，但毕竟只测绘过运7飞机，是一支年轻而朝气蓬勃的队伍。如果抓好质量工作，不但能保证"飞豹"顺利进行，也会培养出一支既英勇又善战的队伍。

第三，飞机研制有许许多多大小阶段，各个阶段质量所赋予产品的价值，反过来说是潜在故障对产品所造成的损失，随着阶段的推移，呈倍数的关系。越早抓质量，价值越高，损失越小。所以我们较早地觉悟到设计阶段的质量具有特殊的重要性，从某种意义上说，"飞豹"是否会"翻船"取决于设计质量。

总之，"飞豹"是国内首次自行研制，一无原准机，二又首次使用美军标。采用如此多的新技术，上了这么高的技术台阶，队伍又是如此年轻，我们清醒地意识到客观的难度和责任。我们排除了什么先进的我们都能干的"激进"思想，同时也防止了认识不清而畏首畏尾的保守思想。究其根本，出路在于抓从人到物的全面质量控制，所以我们不但提出了正确的口号，并且发展了一套行之有效的质量控制办法。

①组织落实。我们抽调少数有经验、责任心较强的技术人员从事质量工作，由小到大组成今天的质量师系统。

②开宗明义地宣布，总师"右手抓技术，左手抓质量"。以质量工作来保证技术工作的顺利实现，随着技术工作的发展，抓实质量工作的内涵，既明确质量"否决权"的重要性，又明确质量工作的责任。辩证地处理这对矛盾，应该说是质量工作的灵魂。

③"没有规矩不成方圆"，规章制度变成了庞大技术队伍共同遵守的准绳，由粗到细，由低到高，最终形成了"质量管理手册"等一整套文件。

④抓研制各阶段里程碑的评审。我们根据不同阶段、不同技术关键、不同专业，排除干扰，抓了不同级别档次的评审，发现了许多潜在问题。既要避免陷入形式主义的怪圈、"千人一面"的简单做法，又要有针对性并灵活地运用前人的经验。

⑤根据不同阶段、不同专业，抓不同内容的质量复查。依靠自觉的质量意识，自查本身的工作；根据"旁观者清"的一般认识，组织了相互复查。从而发现了数以千计的潜在问题，为"飞豹""不翻船"做出了贡献。

⑥抓质量既抓软件也抓硬件，既抓计算也抓试验，既抓输入也抓输出。总之，质量工作无处不在，无孔不入，可谓"全面"控制。

（6）严格控制重量

一般来说，飞机设计的重量控制是贯彻于研制全过程的关键工作之一，包括生产阶段和更改过程。比空气重的飞行器设计，影响其成败的诸因素中，重量是关键因素。重量控制的好坏直接影响飞机性能，更有甚者将导致设计的成败，道理很直观。譬如，设计增重1克，想满足原性能指标，将在结构、系统等方面付出4～5千克的代价（飞机不同会有差别），这样大的比值就决定了重量控制在飞机设计中的重要地位，所以设计伊始就必须将重量控制纳入议案日程，紧抓不懈。其次，重量和质量控制有相似之处，越是在靠前阶段减重，对飞机所提供的价值越大，反之亦然。所以说重量控制的大头一般在设计阶段，而设计阶段又往往在方案阶段。但是重量控制还要随着设计工作的深入和细化不断检查和调整，"飞豹"研制成功也说明了这个规律。我们在方案形成时参照相近机种作了第一轮重量指标分配，经二轮打样设计作了相应的调整，原来超重约400多千克，经过大家努力不但达标，还留有几十千克余量，对"飞豹"设计的成功做出了重大贡献。我们主要抓了以下几项工作。

①不断宣传重量与飞机成败的关系及其重要性，提出了"为减轻1克重量而奋斗"的口号，依靠科技人员，打了一场"人民战争"，才取得这样的成果。

②重量人员一般都是比较有经验的科技人员，而且责任心较强，知识面广。我们一开始就重视组织建设和业务建设，各专业都设有兼职重量员，在各个阶段和主要技术协调活动中都请重量员参加，

一般都尊重重量员的正确意见和建议,事实上起到了"否决权"的作用,客观上为协助总师控制好重量做出了贡献。

③学习其他机种的经验和教训,学习美国重量协会公布的资料等,编制了重量控制规定。不但要重视重量分配,更要进一步深入到具体的设计中去,实施具体控制。

④不但抓了主机重量分配和控制,也抓了辅机的重量控制,取得了有效的成果。

⑤设立奖励制度,对减重有贡献者,给一些奖励,起到了一定的推动作用。

⑥对生产过程的重量控制也是十分重要的一环,制定相关文件加以约束。主要依靠生产部门大力协作,生产中往往都有增重的趋势,这也是规律性的问题。我们着重抓了生产增重总指标的控制。

(7) 提倡局部服从全局,追求总体最优

飞机是多学科、多专业、长周期、大投入、跨部门的高科技产品,它是国家工业水平的综合体现。就"飞豹"而言,就有389项新老成品,涉及10个部委,一级配套的涉及近百个厂所。各个单位、各个部件、各个成品设计者都希望自己交出去的是经优化的精品,为此想尽办法,促使科技不断向前发展,这当然是应该提倡的,应该大力支持的。一旦将所有部件、所有机载设备,组成一架完整的飞机时,想要达到预期的结果,往往有种种矛盾,从局部看都有道理,从全局看就必须权衡、剪裁、优选。这项工作贯穿整个研制过程,深入到每个协调工作之中。我们很早就提出"各个局部最优的综合,不一定会得到总体最优的结果",设计师的主要职责就是在各个矛盾面前,如何做出全机最优的判断、妥协和裁决。这表现出一个设计师的水平和素质,推而广之,代表整个设计师系统的水平和素质。

飞机本来是个完整的产品,因为种种原因人为地做了分工,不同的单位、不同的人员、不同的部件、不同的成品,错综复杂地发生有硬件和软件的关系,往往会出现交界处的"三不管"接口处。因此,

"接口"设计是飞机设计中不可缺少的部分，问题又往往出现在接口处。"三不管"，往往都会出现各自为政的现象，我们提出"各自负责设计部分，在交接处贯彻技术责任；接口部位，大家都伸些手"，一则互相了解才能为互相妥协提供思想基础；二则互相了解才可能优化出技术上最优的接口。我们为此制定了若干文件，并贯彻到日常协调工作中去，为追求全机最优补上了浓重的一笔。

（8）重视可靠性、维修性设计，提高后勤保障效率

"飞豹"设计之初，战术技术指标中没有可靠性要求，维修性的要求也比较粗略。而可靠性和维修性是先天的品质，不是后天生成的。它们是设计出来的，贯穿研制的全过程，有机地融入产品之中。飞机研制从着重注意性能，转向重视可靠性、维修性、后勤保障效率等多元综合的思想，是认识上的一个飞跃，引起了飞机研制质的变化和提高。随着科技的发展，随着飞机日益高科技化，飞机全生命周期费用不断成倍增加，其中不但设计生产费用的投入增加，而且部队使用中后勤保障资源的配置和费用也大幅增加，往往占总投入的40%甚至更多。因此，提高飞机的可靠性、维修性，不但直接提高了飞机的出勤率和生存力，提高了作战效能，更主要的是可以大大降低后勤保障费用，改善全机效费比率，甚至会影响到飞机的生命力。从其他型号的经验和教训中，我们看到问题的严重性和严肃性，同时从引进的技术资料中也引进了大量这方面的知识。我们比较早地觉悟到，这项工作将直接影响"飞豹"的信誉和信心，于是组建了可靠性专业，在组织上加以保证，采取"请进来、送出去"的办法，培训了一批骨干力量，普及了这方面的知识，为后面的补课创造了先决条件。在可靠性补课中对主要电子产品做了大量计算和试验，对六大关键系统也做了试验，这在国外一般是不做的，主要原因不是不需要，而是较好地模拟环境应力，投资太大，效费比太低。我们采用内场系统试验、外场信息反馈，既试验又分析的方法，来解决系统试验的问题，发现了不少潜在的可靠性问题，使可

靠性得到进一步提高,更主要的是培养了科技人员,提高了他们的素质,提高了全机的可靠性水平。依据分析和试验,现在"飞豹"飞机可靠性水平大致相当于F-16飞机出厂初期的水平。"飞豹"飞机在部队使用时创造了单机日飞7个起落的好成绩,不能不说这是可喜的开端。

我们自始至终坚持了为部队服务的思想,作为设计指导思想之一提出来并广加宣传,并着重落实在具体设计之中。其中对维修性的改善,没有因为战术技术指标比较粗略而忽视,相反从方案开始,我们多次请部队对维修性作评估。研制过程中不断与部队的方方面面接触,听取各方面的意见,并不断分阶段落实到设计中去,从而改善了"飞豹"飞机的维修性能。在可靠性补课基础上,应用可靠性理论进行了"维修性大纲"的编制工作,在军机研制史上也是首创。在设计全过程贯彻"五配套"原则,重视后勤保障设备的研制,得到了部队的好评。

(9) 提高经济性

全机研制过程的费效比,要求最小的投入,得到最大的产出。既包括设计也包括生产,既有内部工作也有外部工作,是贯穿研制全过程应重视的因素之一,也是设计师系统的职责之一,内涵十分丰富,但不外乎解决继承性和发展的关系,贯彻"价值工程"的设计原则,重视生产工艺性的改善,落实"三化"的规定等。

飞机是高投入的高科技产品,它的发展不断融进新的技术概念,从质上得以突破,形成一代一代新的飞机。但不管新的飞机有什么大的变化,无一不是在前人、他人的基础上注入新的创意,开发出新的更具使用价值的产品。世上没有"无源之水,无本之木",继承和发展是自然发展规律之一。过分强调继承性,将导致保守的结局;过分强调创新发展,容易风险过大,偏于激进。两者都有可能导致产品代价太大,甚至导致失败。道理容易懂,但对"度"的掌握恰如其分就不容易了。徐舜寿总设计师有句名言"熟读唐诗三百首,不会作诗也会吟",说出了尊重历史、注意继承的重要性。可是继承性绝不是照搬照抄,绝不是因循守旧、无所作为。而是蕴含着源于先人、高于先人的战略追求,博览才能精粹,登高才能望远。继承中隐含着发展,发展中带动着继承。我们坚持鼓励科技人员紧紧跟随国际先进的科技发展,又强调"熟读唐诗三百首",心怀锦绣,才能落笔生辉。多做平凡"乏味"的工作,高科技飞机才能"高科技"。只有解决了这个认识问题,才能从根本上解决经济性。

"飞豹"是全新的飞机,但是注重价值工程、"三化"的设计原则,不盲目追求创新,从而保证了经济性的实现。从方案到详细发图坚持了工艺性审查,不断吸收工艺、生产中合理的要求,大约90%以上工艺的意见融入了图样之中,改善了工艺性,大大降低了生产成本,从而保证了"飞豹"的良好经济性,这样全新设计的机种仅用了不到十亿元人民币的投入,在国内外都是最低的,不能不说是最少投入最大产出的范例。

(10)做好地面模拟试验和计算机辅助设计与制造

20世纪70年代末到80年代初,计算机开始大量使用,我们在航空工业内部最早全面使用计算机从事设计。虽然当时硬件条件有限,但计算机辅助设计的新概念最早得以实施。进而组建了7760CAD/CAMM软件系统,在"飞豹"研制过程中的使用越来越全面,加快了计算机辅助设计和制造一体化的进程,大大提高了设计效率和质量,培养了大量应用计算机的技术队伍,形成了一套软件系统。在首次全面引用美军标条件下,得到全机静力试验97.8%破坏的最理想结果,不能不说是十分成功的纪录。

如果说计算机应用是设计工作的一根支柱的话,各项试验则是另一根支柱。"一切通过试验"的原则,贯穿了"飞豹"研制的全过程。试验硬件的建设组成了当时最为先进的计算机实时检测、实时处理的试验手段。各系统各专业都十分重视试验验证和探索,全机共实施了600多项大小试验,为"飞豹"研制的顺利、成功打下了坚实基础。

几点值得探讨的意见

"飞豹"飞机的研制是在十分艰难的条件下进行的。在国家经济困难和对歼轰型飞机的认识不同等的重大干扰下，历尽坎坷和艰辛，总算研制成功。其中有许多经验值得总结，但也有不少教训值得我们深思，以利今后更大的发展。

（1）（略）

（2）行政指挥系统和设计师系统的体制在国外有不同的做法和安排，国内各部也有不同的侧重。"飞豹"研制中更加突出行政系统的指挥作用，设计师系统只对技术负责，飞机研制是"四坐标"论证和实施。本来是完整的整体，过分强调了技术与资源控制的分家，势必导致了解情况的设计师系统没有资源配置的手段；而隔一层的行政系统，决定资源的配置和使用时，有时会出现事倍功半的现象。苏联走的是总设计师决定全局，包括资源配置的道路。美国多数是项目经理负责制（也是技术为主）。究其实质，技术和资源配置基本上是合一的，必然有利于发展。在我国军工产品仍然是国家统筹的计划经济为主的情况下，加强行政系统看来也是"历史必然"，但应该说这是低效率的机制，值得研究解决。

（3）飞机研制程序是十分重要的问题。上级也有文件规定，也在不断修正中。它涉及到研制是否符合科技客观规律的大问题，也涉及到资源配置及分布的大问题。1995年我曾经撰文上报航空工业总公司和国防科工委，得到有关领导的首肯，据说已逐步纳入今后程序规定的文件中去。"飞豹"研制过程中程序及资源配置有些缺憾，希望引起重视。

（4）在"飞豹"研制中主辅机关系大体是正常和成功的，但有以下两个问题值得探讨。

①由于辅机的研制，特别是重大新系统的研制，基本是与飞机

研制同步的，缺乏货架产品，这样风险大，势必更改多，互相牵扯，对整个研制进程不利，尤其是像平显和惯导这样的重要系统比飞机起步还晚。"飞豹"配备平显和惯导是正确的决策，但也带来了研制后期的一系列更改。"牵一发而动全身"不但给技术带来混乱，也给管理带来了混乱。技术状态相对稳定，不要大变，是重要的经验，"飞豹"在这方面是有教训的。

②两个火控系统，从技术上看综合成一个系统是合理的，但我国特殊的行政体制硬是一分为二，现在看来是不合理的，带来了不少不良的后果和麻烦。现在看来行政干预应建立在技术论证和"飞豹"飞机设计经验总结优化之上，才是合理的决策。

（5）合同制是我国经济改革的产物，是新生事物，不可能一出现就尽善尽美。"飞豹"研制实行了这个制度，客观上保证了研制进程，也节约了资金，可是如何处理与工业部门的行政隶属关系，如何配合，是有待进一步改进的。

（6）按科学客观规律办事是大家经常挂在嘴上的口头禅。但在"飞豹"研制中几经起伏，这与行政上主观限定进度有很大关系。我们设想一下，如果没有几次主观限定进度，当初虽无技术储备，但选用更先进的布局，多进行探索研究，今天的"飞豹"飞机可能更加先进，进度也不一定比现在慢，这当然是"事后诸葛亮"。现在的"飞豹"飞机是大家，包括我一致赞成的，是为之付出了一生最佳时光的成果，今天回顾只是为了将来少干主观决策的蠢事。"飞豹"的这个遗憾，只能是历史性的遗憾了。

"飞豹"飞机这么一个新机种，几经磨难，在广大科技人员、各级领导的支持下终于成功了，是航空事业一大快事，是值得大庆、特庆的里程碑式的成就，蕴含着千千万万人的心血结晶，有的同志功未成身先逝，实在让我们在庆祝之余深感怀念！

"飞豹"飞机共花了二十年时间进行研制，这是不合理的理论值。其实1979年又做了方案调整，共优化了数十个机翼方案，相应机身、机翼、尾翼参数都做了调整。十多年来因国家经济困难和"飞豹"飞机存在的争论,又是"三起三落",至少影响了3～4年。理论上试飞7年,实际上没这么长。总之,实际上"飞豹"研制所花的时间只有12～14年,这样的进度是符合世界上全新飞机的研制规律的。"飞豹"基本上是在无预研储备,技术队伍又十分年轻,冲破多种干扰才诞生的新机种,是来之不易的。从经济角度看,总共才花10亿元人民币,质量是好的。今天总结起来,是值得庆幸和高兴的。

结束语

应该看到,"飞豹"飞机交给部队后,还会有许多问题需要处理和解决,还有待新的磨炼。"飞豹"飞机在空间、能源等方面尚有发展潜力,空海军亟需我们改进型和发展型的实施。四十年左右新生机种的全生命周期我们仅仅走了不到一半的路程。过去是辉煌的,今天是理智的,将来是锦绣光明的。

> 跌宕起伏十余载,
> 广垠心田勤耕耘;
> 拙笔如犁重千斤,
> 开拓奋进后来人。

最后,让我引用《易经》中的一句话献给新老伙伴们共勉:"天行健,君子以自强不息。"

战斗机的未来之路

(在中央电视台《百家讲坛》上的演讲稿整理)

内 容 简 介

    战斗机的未来之路也就是高科技的发展之路,是战斗能力更强、战场生存能力更高的发展之路。以信息化为基础的飞行器就把飞机变为网络里面一个节点,再一个趋势就是飞行器本身的各个组成部分都智能化、自动化、集成化,这是将来发展的一个趋势。再一个就是飞行器的无人化、飞机设计的数据化、一体化,这是将来的大方向。再一个就是飞行器的制造全部数字化、精益化,精益化的效率非常高,像美国精益化的设计部件,零件可以减少百分之二三十,它的成本降低50%,挺厉害的!精益化三分之二,这个效率非常高!所以高科技有非常高的含金量,道理就在这儿。

随着科技的发展，飞行器的性能不断提高。提高的速度也是非常快的，光从速度来看，现在都已经是超声速了。然后要突破热障，将来要搞高超声速飞行器。飞行器马赫数是5以上，就是高超声速飞行器。从速度这个例子来看呢，它发展非常快，一百年里面跨越了很大一个步伐。这样一个武器装备性能的提高，影响了军事理论的发展。从第一次世界大战用手枪、步枪、机关枪、手榴弹作为进攻武器开始，就出现了新的军事思想，就是争夺立体战争、就是争夺制空权的战斗。一直到今天，由于飞行器的本领大大提高，军事理论也逐渐得到发展。

现在的战争越来越是不对称的、非接触的了，所谓非接触就是看不见了。你在哪儿、我在哪儿你都不知道。过去肉搏的时候，是面对面、枪对枪、刀对刀的。后来格斗还看得见，或者说远距离格斗看不见，我还可以用雷达来瞄准。现在的战斗也越来越是非对称的了。非对称的概念很广泛，实际上最简单的概念就是技术上的差距太大了。所以从这个角度来看，再加上现代信息科学的发展，过去单机与单机，编队与编队的制空权作战，发展为空、天、地、海、电五维立体战争。从过去单机对单机，编队对编队，发展到今天体系对体系的战争。所以说航空器在军事领域里面的贡献是非常重大的。这是什么意思呢？大家都知道C^4ISR，就是美国人开发的一个通信联络系统，实际上它就是指挥、控制、通信、计算、情报、监督、侦查还有对抗。这六七个功能在整个系统里面都体现出来了，将来是怎样一个局面呢？就是天上有卫星；空中有预警机、加油机、电子对抗机，还有战斗机、攻击机、轰炸机、运输机；海面有军舰、潜艇；地面还有防空的雷达、雷达站，有指挥部，有陆军指挥部、空军指挥部、海军指挥部、总指挥部，就是这么一个立体的系统，有了信息以后，就有可能把它们串起来。串起来通过什么手段呢？实际上就是信息里面的一个组成部分，就是一个数据链，用数据链把信息串起来。以信息作为载体，数据链作为一个手段，把这么多东西，包括空间、地、海全部连在一起，那效率就非常高。就是说我飞机是一个载体，也是一个信息载体，也是一个信息的接点。它在天上看见敌人有一个目标，它可以实时把敌人的目标传到指挥部去。或者说看到敌人有一个军舰编队，就传给我们的海军军舰，实时地把信息都传给它了。这样的话，就可以减少很多人为的环节，大大节省时间。加快了战斗的决策，加快了决策的时间和力度。这样的话，打胜仗就有了保证。时间在战争的概念里比在经济里还要厉害，它是争分夺秒的一个概念，你抢了一分钟，你抢了一秒钟，你就抢了主动权。所以今天的战争已经跟过去大不一样，是一个五维的立体战。因此整个飞机、或者攻击机、或者轰炸机等都要作为立体里面的一个组成部分。现在设计飞机，不能像过去那样，只考虑到自己飞机的性能就完了。它应该放到整个五维的立体里面去考虑飞机性能应该怎么样，应该怎么设计。就是根据上下行数据链应该怎么设计？接口怎么设计？和机体里面的计算机怎么匹配？这些问题是很大的一个题目，可能一个人搞一辈子也不一定能搞得好。

第二，飞行器和航空、航天过去好像分得比较开，为什么？过去我们航空高度基本上是20千米以下，航天一般在四五十千米以上，接近地球轨道作为航天部门的一个领地，他们在那儿攻克它的难关。因此当中有一个断档，从高度上有一个断档，现在的航天呢，它往高发展，那就要占领三十、四十千米高度的领域。这样由于信息的基础有了，我们的高度再提高一点儿，通过信息，就把航空跟航天的界限模糊化了。这样，航空和航天就融合了。譬如空天飞机，实际上既是航空的也是航天的，这是由于有了信息这个手段以后，你飞得高，就有这种可能。

第三，就是机载设备全部信息化。大家都知道机载设备很多，大概主要是三个系统，一个是雷达火控系统，一个是综合电子系统，再一个就是电子战系统。战斗机或者歼击轰炸机还有很多系统，但是这三个系统是最突出的,是跟信息有联系的,是可以建立立体战的。

这个也把信息数据的技术都融化在许许多多的系统里面去了，大大改善了系统的性能。所以飞行器的设计、飞行器的使用对军事作战的影响，将会以五位的立体作战为考虑，这是我要讲的趋势的第一个问题。

第二个问题就是飞机一体化的设计技术。我是搞飞机设计的，飞机设计应该说是随着科学技术的发展，在不断地变化。我搞"飞豹"飞机的时候，最后句号画在"飞豹"飞机上，搞"飞豹"飞机设计呢，那就是一个专业一个专业大家分头去设计、分头去优化。如果说我是搞雷达的，我就要把雷达设计得最好、功能最多、最准确、最好操作、最好控制。每人都有每人的专业，自己都把自己的专业设计得最好，这是每人必然的一个趋势。让你干活你肯定想干得最好，在这样一个基础上，由各级总师，最后由总设计师协调这里面所有专业的谁应该服从谁，谁应该砍掉一点，做一个协调和取舍。这里面呢，有一些主观的臆断，所以没有一体化综合设计的这么一个概念是不行的。大家都知道数学的优化理论里面实际上已经说清楚了，就是很多局部的东西，局部的专业，所有专业都优化完了之后把它加起来，变成一个飞行器，它不一定是最佳的。这飞行器不一定最佳，是局部最佳的机械之和，不等于说总体最优。因此今天由于有了计算机技术，有了信息技术，我们就可以把许多专业分开优化，变成一体化的优化。说简单一点儿，就是综合设计。

我举几个例子，过去设计飞机单搞飞机，设计发动机单搞发动机。现在设计的时候飞机和发动机就可以一起优化，发动机设计到什么样的油耗，什么样的推力，什么样的重量，能够满足我这个飞机的需要。还有譬如说飞机发动机加上飞行控制系统，我这个总设计师要求这个飞机有多少个控制律，这个都定下来了。然后飞机和控制系统就可以集体去优化，因此在这个地方大家就可以看，气动布局加上动力，再隐身。这些东西呢，就是飞机的总体布置的几个主要需求，因为有了计算机，有了软件，把它们综合到一起，搞一体化设计，过去人不可能综合，人用那个手摇计算机都解决不了，回答不了这个问题，那个方程式太大了，解不了。

后面当然还有很多了，大家看，结构、强度、工艺制造一体化，将来我们这个设计院，设计出来的这个结构图样通过计算机网络就给了工厂，工厂接到这个数据流以后，就变成它的工艺装备的一个设计依据，这就连起来了。过去不是，过去是我们把图样发过去，它再消化图样，再把图样变成它的加工依据，那不但效率低，而且错误多。还有就是飞机的性能、飞机的控制系统、飞机的作战方案、武器这几个一体化。那就是使我们的火控系统效率大大提高，发挥集体的优势。再一个就是机载电子系统、电子战、人机工程、显示一体化。这几个专业都是给飞行员提供信息的，过去我们也是分开干，各干各的，将来就是一体化了。

第三个问题就是超声速巡航，过去我们民用飞机除了"协和"号以外，基本上都是高亚声速的。军用飞机我们现在能够超声速，但是不能够超声速巡航，就是超声速时间有限制。过去的飞机，第三代以前的飞机的阻力特性，就是气动效率还不足以长时间超声速飞行，再加上发动机性能不能够支持超声速长时间巡航。到了今天，气动效率大大提高，大家都知道，过去我们声阻比是七、八，已经搞得很了不起了，现在声阻比都是十几啊，十二、十三，预测二十年左右，大概声阻比就可以达到二十，气动效率将大大提高，再加上发动机也很争气，推重比也很大，因此就有提供超声速巡航的这种可能性，大家都知道，亚声速的阻力和超声速的阻力，基本上是一倍的关系，亚声速是 0.0021，超声速是 0.004，这个阻力系数大概是这么个量级，就是一倍的关系，所有的先进技术用上去以后，发动机不推加力，它就可以长时间超声速飞行。像美国的 F-22 飞机，它就可以在马赫数 1.5 的情况下长时间飞行，这优越性就大了。

在相同的载油条件下，有超声速巡航能力的飞机，可以飞得更远。在空军作战里面，有了超声速巡航能力，它的飞行半径就可以扩大很多。总之，有很多的优势。因此，超声速巡航是第四代歼击机和超声速战略轰炸机追求的一个目标。再一个就是超机动能力，这个机动大家都知道，飞机作战的时候，都是你追我打，敌人在前面我在后面，很多因素决定它机动的特性。我举两个例子，一个爬升率，"飞豹"飞机爬升率是每秒200米，要是敌人飞机的爬升率是每秒180米的话，我就比它多了20米，那肯定我占优势。我早就占领有利的地域来瞄准你，来发射导弹打你。第二个就是盘旋半径，过去近距离格斗的话，还是你追我打，以尾随攻击为主。要是我的盘旋半径比你的小，那我一下兜到你后面去，尾随攻击马上就成功。

再下面是高超声速飞行器，这刚刚已经说过了，飞机大概要突破几个障碍，一个低亚声速，然后是高亚声速，然后是超过声障，马赫数等于1，这些都已经解决了。后面当马赫数到了2.5的时候，就遇到了热障。热障是什么意思呢？是马赫数2.5以后，气动加热很厉害，一般机头和机翼前缘的温度很高，到250℃左右，铝合金基本就没有多少强度了，所以就出现了热障。如果你材料不过关，超过马赫数2.5就会出现热障。现在热障的问题也解决了。

美国人在七八年以前，就开始搞马赫数15～20的超声速洲际轰炸机，这种武器是非常可怕的，比洲际导弹还厉害，洲际导弹它还有一个过程，而它是可以高可以低可以有人操纵可以无人操纵，带了很多精确制导武器。因此由于高超声速飞机，出现了乘波飞机。什么叫乘波飞机？大家都知道，激波是一个消耗能量，是一个坏事。激波对气动力来说，本来是个坏东西，现在要把坏事变好事，把乘波的能量打到机翼上面，提高机翼的升力，坏事变好事。它还不增加阻力，所以声阻比猛地又提高一个台阶。这个飞机美国人正在做，我们也有这种远景的规划。由于高超声速飞机最大的两个问题，一个是动力，一个是材料。刚刚我已经说过了，马赫数越高，温度越高，这个问题就要解决。除非你不进大气层，在外面那跟卫星一样。你一进大气层，就有气动加热的问题，因此材料的问题很重要。第二个问题就是发动机很重要，我们将要发展超声速的超燃冲压发动机，还发展超声速的燃气喷流发动机。我们现在的喷气发动机，它加热燃烧以后喷流一般都是亚声速的，马赫数在 0.4 ~ 0.5。这个喷流要是能够大于马赫数 1 的话，推进效率就高得多。后面还发展脉冲爆震发动机，它是用热力学脉冲波的原理产生推力。它的压力可以达到 10 ~ 100 个大气压。燃烧温度可以到 2800 度，爆震波的频率是 100 ~ 120 赫兹，马赫数飞到大于 4、大于 5 都可以。最大的优点就是它可以在速度为零的时候起动。火箭倒是可以在速度为零时上去，但是火箭要带助燃器，重量大一倍。这个冲压发动机马赫数不到 4，它是点不了火的。因此它是在马赫数 3、4 以后才能用冲压发动机，而在爆震发动机马赫数等于零的时候，它就可以点火，就可以产生很大的推力。高超声速飞行的时候，它这个推力越来越大。因此将来高超声速飞机的推重比可以达到 20 以上，在 50 千米以下马赫数可以从零飞到 10，做洲际攻击用。

再一个就是隐身技术，大家都很关心隐身，像 F-117 和 B-2，这是第一代隐身。我刚才说了飞机有四代，俄罗斯的五代，相当于美国的四代。实际上世界上公认的就是四代，隐身飞机又有两代，F-117、B-2 基本上是隐身飞机的第一代，然后 F-22 和 F-35 是隐身飞机的第二代。第一代是为了追求隐身，牺牲了气动特性。F-117 带棱角的，阻力非常大，所以 F-117 只能亚声速飞行，它没法超声速飞行。到了第二代 F-22，它把隐身和气动力兼顾，因此既能超声速巡航，也能高超声速飞行。隐身的手段有哪些呢？第一就是刚刚说的气动布局上面做了很多文章，使敌人的雷达波大量丧失掉了，回不到敌人的雷达站。因此敌人就看不见你，这就叫隐身。很简单，但是技术很复杂，这是一种手段。第二种手段就是表面涂一层吸收雷达波的材料，基本上是氧化铁之类的东西。它是什么机理呢？就是敌人的雷达波到了这个涂层以后，它就变成热能了，把雷达波的能量都消耗掉了。因此回去的雷达波很微弱，敌人也看不见我。实际上就是激活表面电荷，衰减雷达反射信息的强度。第三个就是红外隐身，刚才我说了，飞机超声速飞行有热度，因此就有红外。发动机射流2000多度，这个温度很高，敌人的红外仪器一下就抓到你了。因此我要想办法在喷流里面加入一些特殊的东西，使喷流温度下降。还有就是把发动机背在背上，下面看到至少隔了一层飞机，它的红外信号就衰减了很多。还有就是用燃油冷却的办法，使喷流的温度降低下来，然后燃油又回去点火。

再一个呢，就是等离子隐身，就是飞机里面搞个等离子发生器，使飞机的周围被等离子包围了。大家知道等离子云对电波来说是一个非常大的吸收的东西。据说美国的B-2就是用这个办法，所以你看B-2就是一个飞翼。光溜溜的一个飞翼，它没有气动力特殊的措施，但是它用的是等离子隐身的办法。等离子体本身是能够吸收电磁波的，这样就能达到隐身的目的。

再一个呢，就是目光隐身。目光隐身大家都知道，陆军穿迷彩服就是保护色，飞机也喷迷彩的涂层，也是为了使白天的时候人家看不见你。不是完全看不见你，而是看见你很慢、很晚。还有一种做法就是把隐身的一些材料搞一个导电，这个涂层导完不同电压，它会变颜色，变成变色龙了，这样子就可以起隐身的作用。所以隐身现在是非常宽的范围，从雷达波一直到可见光，这个频带里面都有隐身技术。当然也有防隐身技术，就是"魔高一尺，道高一丈"。我随便举个例子，空气里面基本上是充满了电磁波的，要是说一个雷达我发现不了，我要是两个雷达、三个雷达、定点雷达。飞机飞过电磁波的时候，就把电磁波加以扰动，扰动以后，三个雷达测出来的量是不一样的，由这样一个原理我就可以用两个雷达或者三个雷达，就把敌机的位置给定下来。要打它首先要定位，你既然看不见它，我用这个办法定它的位。定它的位我就可以引导导弹去打它，隐身效果大概一般是这样子。现在F-22的雷达截面积（RCS），就是隐身的指标，就跟玻璃弹球一样大。

下一个就是微型飞行器，微型飞行器有多大，它的定义就是大小不超过 15 厘米，巴掌大，手掌可以托起来的。我给它起了一个名字，叫做手掌型飞机。到了纳米级的飞机呢，就变成昆虫一样、跟苍蝇一样大小，那就是昆虫型的微型飞机。它最大的重量是 100 克以下，有效载重大概是 50 克。速度是每秒 20 米以下，作战半径是 10 千米以下，单机价格是一千美元。F-22 是两亿美元，一架微型飞行器就一千美元，便宜得很。那就可以大量用，将来所有的士兵手上都可以拿这个东西，揣口袋里，需要的时候拿出来。譬如说你的敌人躲在墙根后面，我看不见你，那没办法了。那我把这个小型飞行器拿出来一飞，马上就看见了。它上面有实时侦查，实时就报回来。士兵这个笔记本就看见墙后面的敌人是什么个情况，这是非常有用的，第二个呢，就是可以搞个信息的中继系统。那就是它飞到某个地方去，它可以拐弯了。可以把信息通过它来给我中继，还有一种呢，就是特殊情况下，比如核环境、生化环境，人进不去，那只能派它，它可以把实时的情况都报回来。

无人机技术是现在发展的趋势，大家都知道，无人机有几个优点：它因为没有人，那就是把节省出来的空间和重量装很多测试设备。第二个优点就是它没有人后可以过载。过去飞机有人，过载只能到 8 或 9。飞行员还要穿抗荷服才能飞，才能拉过载。不然的话一拉过载，血都从脑袋到脚底下去了，马上就晕了，就失去知觉了，没法操纵飞机。这就是人受不了那么大的机动，搞了无人飞机，没有人，所以它就可以过载。

材料的趋势，一句话：钛合金和复合材料用量大大提高，钢和铝逐渐降低，但是铝合金里面的铝锂合金所占比例提高。

多电飞机，那就是过去操纵飞机的时候搞液压和空气系统，以后全都用电。这个多电系统可以发几兆瓦的电，将来飞机上面要搞激光器，激光最耗能量了，没有全电的新的发动机不行。有一种新的发电机，叫作磁阻开关稀土发电机。它和飞机发动机轴连在一起，转速一般都可以到每分钟五六万转。这样一个发电机就可以提供大量的能源，可以使我们飞机机载激光的系统得到实现。

最后总结一下，飞机发展的趋势，大概有这么几条，第一从大小来看，往两极发展。你看大的像安-225飞机，起飞重量550吨，商载250吨，你看多厉害！第二个从高度来看我刚刚已经说过了，从低空到高空，和航天器接轨，模糊航空航天的界限，这是我们的方向趋势。从速度来看，从低速每秒钟20米、10米的飞行速度，一直到高超声速马赫数15，大于声速的20倍，往两头发展。以信息化为基础的飞行器就把飞机变为网络里面一个接点，再一个趋势就是飞行器本身的各个组成部分都智能化、自动化、集成化，这是将来发展的一个趋势。再一个就是飞行器的无人化，飞机设计的数据化、一体化，这是将来的大方向。还有就是飞行器的制造全部数字化、精益化，精益化的效率非常高，像美国精益化的设计部件零件可以减少百分之二三十，它的成本降低50%，挺厉害的！精益化三分之二，这个效率非常高！所以高科技呀，有非常高的含金量，道理就在这儿。我今天给大家讲了这么一些东西，仅供大家参考。就是希望能够为大家将来的学习和工作开阔一点眼界，航空工业的前途绝对是光明远大的，有待诸位的努力。我希望将来有不少的院士、总设计师出现在你们之中。

生活没有坦途，从事科技事业的人们也只有攀登崎岖的山路，才能达到成功的巅峰

(在清华大学 2003 届研究生毕业典礼上的讲话)

尊敬的校长、党委书记，各位领导、各位老师、同学们：

非常荣幸有机会跟大家来共度这个美好的时光。今天是一个欢乐的日子，也是同学们即将离开母校，走上社会的转折点。作为清华的校友，我想结合自己的经历谈谈自己的体会，希望对同学们今后的工作能有所帮助。

回忆起五十一年前，我也从水木清华毕业，从这里走向工作岗位。那个时候没有这么漂亮的体育馆，没有这么热闹的场面来祝贺同学们走向社会。大家只有在校园里张贴着的大红榜上，才能找到自己的名字，才知道自己要去的单位。我在军营里集训了半个月后就直接坐火车到了哈尔滨飞机制造厂。

当时正值抗美援朝的高潮阶段，前线打坏的飞机很多，不断地送到我们工厂里来。我们不分昼夜就地把这些飞机早日修好，重新送到战场上去打击美帝国主义。这场战斗确实是锻炼了全国人民，也锻炼了我们这些刚离开学校，懂一些书本知识，但十分缺少实践经验的年轻人，这确实是一场非常严峻的考验。飞机坏了，没人教你怎么修，你就得去学，向工人同志学习，向图样学习，也向苏联专家学习，不管什么地方坏了，你都要把它学懂，把它修好。经过三年的努力，我们终于掌握了飞机修理的技术，保证了抗美援朝的需要，同时在三年之内，我们又学会了仿制苏联的飞机。三年之间，我们走过了修理和仿制两个阶段。这在世界上也是非常少有的速度。

1955年，国家意识到空军非常需要先进的战斗机，决定我们国家自己设计飞机。就从几个单位抽调少数人组织成立了建国以来第一个飞机设计室。地址在沈阳，我是有幸被选中者之一。1956年，刚过了春节我就到了沈阳，走上新的工作岗位，那时候条件非常艰苦。从事设计工作与修理飞机、仿制飞机是两回事儿。首先是缺乏设计资料，只有很不全的苏联很落后的设计规范。我们靠的是什么，是我们中国人的聪明才智，是我们中国的一些年轻人不懈追求真理的热情和努力。

在短短的两年多时间里，我们就把第一架中国人民自己亲手设计的飞机送上了天。那个时候，有三个国家有这个能力设计这个水平、这个量级的飞机。其中一个是美国，一个是波兰，再一个是我们。而我们在这场竞赛里面又取得了第一的成绩，我们最快最好地把它送上了天。在上天的时刻，有人做了个统计，包括整个设计组的领导和设计组所有工作人员恰恰是一百零八条好汉，与水浒里的一百零八条好汉完全巧合，设计成功了，大家都很高兴，又知道自己是一百零八条好汉之一，心里更加安慰。在我离开学校短短的六年时间，在中央领导的关怀下，达到了这样的初步的目的。

第二次世界大战之后，整个世界，整个地球是很不安宁的，局部战争从来没有停止过。整个世界的军事科学前沿有了非常大的进展。特别是在越南与美国的战争中,形成了一个新的战略思想,即部队(特别是陆军部队)基本上是机械化部队,是个"钢铁洪流"。它在田野上推进的速度是非常快的,一天几十千米、上百千米。这些"钢铁洪流"自己携带的补给不能太多,带太多跑不动,一般来说只带七天的。在"钢铁洪流"向前推进的过程中,如果后勤保障跟不上,或被切断的话,"钢铁洪流"就变成了一堆废铁。因此战争的关键在于空军部队如何把敌人的补给线切断、摧毁。大家都知道越南的胡志明小道就是越南的一个后方补给线,有很多树林保护着这条道,美国人找不到它,就洒了一种化学药品使树叶全部脱落下来,小道暴露出来了,受到非常大的打击。当时后勤补给线要经过很多的桥梁,美国人就集中力量把大桥炸毁,切断补给线。炸毁一座大桥平均需要几十枚炸弹,美国人很快就发现了这样一个主要的战争手段。这些战役促使全世界的军事家们体会到要想取得战争的主动权,就必须大力发展军队的空中打击力量。地面打仗要是没有空中打击力量是非常辛苦的,是很难取得胜利的,因此世界作战的思想上发生了很大的变化。从那时开始,各个国家都在大力发展带有强大打击力量的飞机,那就是歼击轰炸机。

  歼击机的优点是机动性很强,可以格斗;轰炸机的优点是可以飞得很远,带比较多的攻击武器去炸敌人。但是如果有一种飞机既具有歼击机的功能,也具有轰炸机的功能,那不是一举两得吗?因此美国就大力发展这种飞机,如 F-4,F-111。20 世纪 70 年代我们国家的这种飞机很少,国家要求我们研制这种歼击轰炸机。这时候,我刚从"文化大革命"解放出来,这个任务就落到我的头上。我的战友,一批年轻的同志,书本上的知识是丰富的,但实践经验确实是少得可怜。就是这样一个生气勃勃的又很想把我国的航空事业做好的队伍开始了歼击轰炸机——"飞豹"的研制工作。

研制过程遇到很多困难，因为这是把两种属性的飞机放到一种飞机上。"飞豹"起飞的时候，可以带很多的弹：空空导弹、空舰导弹、航爆炸弹。它身上各个地方都带着武器，出发把目标摧毁，把这些攻击武器全部释放出去以后，它又是一个歼击机，有非常强的作战能力。飞机总重与携带东西的总重之比，就是"装载率"，我们的装载率比欧洲的"狂风"还强，这是我们第一次设计这样的飞机，就取得了这么先进的指标。大家可想而知，困难相当大。当时，"文化大革命"把我们的科研队伍、物质条件、试验条件、计算条件破坏得所剩无几，70年代、80年代只相当于国外50年代的水平。而给我们的任务是，要设计出的飞机在世界上能站得住脚，在国内还要是最先进的。那就是说用落后30年的手段，来研制超前30年的飞机，这个硬件、软件的条件是非常不足的。就好像你们搞博士论文一样，要用前30年的东西，写出后30年的水平，是相当难的。在这样的条件下，我们这些同志并没有动摇，我们用自己的双手去创造硬件，去创造软件。实验室地方不够了，就搭个棚，用马达带个泵，就这么做试验，外面下大雨，里面还下小雨。今天听起来是笑话，这么落后的手段能做出科学的产品来吗？这确实是个问题，但中国人就是有中国人特殊的聪明才智，特殊的勤劳勇敢和智慧。我们克服了这些困难，做了大大小小接近千次的试验，我们靠的计算手段是什么呢，大家都想象不到，初期还是靠机械式的手摇计算机为主，计算机水平还不如同志们现在手上的"笔记本"。后来我们勒紧裤腰带什么都不买，就买当时国内最好的计算机，那时全国就三台计算机。就这样我们不断改善我们的手段，在这样艰苦的条件下，凭着艰苦奋斗的精神攻克了一道道难关。

飞机设计有这样一个特点，一架成功的飞机使用寿命是40年左右，设计过程中还要试飞，制造，需要十几年，最后拉出来已经是十几年以后的事，还得再使用二三十年，所以设计中就需要采用相当多的新材料、新工艺、新设备。不然飞机一飞出来就落后、报废了。因此搞设计的同志肩上有一个特殊的风险包袱，就是新技术。我们"飞豹"用了多少的新技术呢，用了40%的新技术。在国际上有个统计规律，你用的新技术如果超过40%，你飞机的成功率就只有50%，甚至小于50%。同学们可以意识到，由于我们追求先进，就要冒50%失败的风险，我们都知道有这个风险，但"明知山有虎，偏向虎山行"。我们立下誓言，就是要给部队满意的飞机。这样一个目标所带来的风险我们这代人要把它承担起来，本着这样一种敢为人先的精神，用我们的聪明才智去克服它。

飞机是多学科、多专业、高投入、高风险、长周期的战略产业，它综合了所有学科，个人与集体的关系就变得十分重要。在工作岗位上光有知识是不够的。给你一个任务，要求你把它完成得最好、最完善。用我们的行话来说就是最优。每个人都有自己的最优，但事实告诉我们，所有的局部的最优机械地加起来不等于全局的最优。我这个总设计师的责任就是把他们所有的最优妥善地取舍，妥善地协调，妥善地处理，把它有机地综合在一起，形成最优的"飞豹"。总设计师的标准很多，主要的标准就是你拿出的飞机是不是总体最优。这就要求有团队精神。同学们走上工作岗位后就面临一个如何与大家团结奋斗的问题。"飞豹"飞机涉及到十个部委，上百个厂所。我简单举个例子，里面有个很小的过滤器，这种过滤网是纤维制成的，靠纺织工业部攻下了关。大家很难想象，飞机制造和纺织工业部有什么关系？它涉及到的专业非常多，所以形成一个积极的集体力量是设计成功的前提。

科技是不断发展的，在学校学到的只是基础，到了工作岗位要抱着"活到老，学到老"的精神。我在学校没有学过计算机，到了工作岗位需要使用计算机，我就自己买了书本，学习编程，后来我又想把几个计算机连接起来搞成个系统，就是在不懂当中学会的，都是自学成才。事实上，很多学问是在工作当中学到的。希望同学们走上工作岗位后,一定要下定决心,"活到老,学到老",才有可能为国家做出更大的贡献。

在这许许多多的体会当中,最大的体会就是如何做人,这是最基本的。我们清华人,在学校老师就教育我们要用"自强不息,厚德载物"的校训作为我们做事做人的准则,一切追求完美,一切追求最好,一切追求高质量,归结起来就是志气、拼搏、创新,这也是我一生的准则。

同学们马上就要走上工作岗位了,自己有很多的追求、理想,家里人有很多的期盼,我们的祖国、我们的人民对你们寄予了厚望,在学校时老师给了你很多的教育,请你们一定带着清华人的精神走向生活,走向社会。

部分诗词

江城子
新机通过定型审查有感

千里南疆雾茫茫，
故国土，
自难忘。
狂涛骇浪，
几处设国防。
狼烟四起曾相识，
泪如倾，
气填膺。

冬去春来十余载，
图万卷，
鬓如霜。
苦辣酸甜，
徒手卷平川。
晚昏犹萌顽童志，
报华夏，
慰我祖。

七律
贺新机靶试成功

雄鹰驰骋银弹疾，
波海涛涛骇浪起。

敬罢诸神敬战友,
军民同情乐不亦。
沧海桑田十八载,
逶迤千里异峰起。
夫差感叹发落取,
万千巧匠多知己。

春 光 好

春到闽城路漫漫,银燕掠高台。
欢歌节拍,凭高醉酒,此兴悠哉!
多情谁胜江南月,特地暮云开,
鹰击长空,军民同贺,醉意方兰。

手绘的"飞豹"

参加编写、翻译的部分著述

《微观断裂力学》
《现代飞机设计》
《飞行器结构强度分析手册》
《歼轰型设计规范》
《民用飞机适航性》
《飞机强度规范》(部分主编)
《飞机结构强度损伤容限及耐久性设计手册》(主编)

附录 四

"飞豹"和一飞院

陈一坚同志1952年毕业于清华大学，从事飞机设计研究工作40多年，为歼教1、初教6、强5、运7、"飞豹"等多个飞机型号的设计研制贡献了自己的盛世年华与心血智慧，多次立功获奖，是国防科工委任命的"飞豹"飞机（书中统称"飞豹"）原型机的总设计师，航空界知名专家，1999年当选为中国工程院院士。

"飞豹"是党中央、国务院、中央军委批准研制的重点武器装备。该机研制在既无原准机又无外援的条件下进行，采用了数十项当时最先进的技术，很多机载设备也是新研制的，技术难度大，并涉及10个部委、数百个厂所，是一项复杂的大型系统工程。

陈一坚作为型号总师，不仅在飞机结构强度的设计中有很深的造诣和独到的见解，而且在整个研制过程中，他以满足国防需求为己任，竭尽全力优化总体技术方案，充分发挥聪明才智和组织领导能力，解决设计中遇到的重大问题。作为重大技术方案和关键技术的决策者、系统工程的组织者和管理者，他成功地组织、完成了"飞豹"的研制任务，填补了我国歼击轰炸机的历史空白，为国防现代化建设做出了重大贡献。

"飞豹"飞机的研制成功，标志着我国飞机研制跨入了一个崭新阶段，其研制费用只是国外同类飞机研制费用的几十分之一，为国家节约了大量外汇和研制经费，具有十分显著的社会、经济和军事效益。

"飞豹"飞机1995年参加了海军新武器装备演示，受到党中央和中央军委领导的检阅；1998年国务院、中央军委批准设计定型，在保卫国家主权和领土完整的神圣使命中承担重要任务；1998年以"中国飞豹"之名在珠海航展上首次亮相，受到世人关注；1999年参加了国庆50周年阅兵式，壮我国威，振我军威。

陈一坚学风正派，治学严谨，结合研制实践，主持完成了飞机设计手册、规范的编写，并著有多部学术理论论著，为促进航空技术进步和人才培养付出了心血。他热爱祖国，献身航空，40多年间，为国防现代化建设做出了突出贡献。

当选中国工程院院士后，陈一坚继续为我国航空科研事业的发展建言献策，奔走呼号，特别是为大飞机等国家重点工程的立项做出了积极而富有成效的努力。近几年，陈一坚先后应邀在国内多所高等院校作学术演讲和报告，用自己投身中国航空工业从无到有，飞机研制从引进、仿制到现在完全自主设计的亲身经历与感受，给新一代飞机设计师和航空爱好者进行了生动的爱国主义教育。年轻人从他身上不仅学到了知识、技能和经验，更多的是被他不老的精神所感动、所鞭策、所激励，渴望能够像他一样矢志不渝、奋发拼搏、为国铸剑！

正像陈院士经常跟大家说的："'飞豹'是一个团队的成就，总设计师只是整个团队中的一个角色、一个代表。"我们编写本书就是要树立"飞豹"这支团队的精神旗帜，那就是"献身航空的报国精神，百折不挠的拼搏精神，科学严谨的求实精神，敢为人先的创新精神，激情和谐的团队精神"，在研究院成立 49 年的峥嵘岁月里，精神的传承是这支队伍凝聚人心、战胜困难的强大力量。每到关键时刻、非常时期，"飞豹精神"这个看不见的"心"比看得见的"手"更能推动研究院在新的历史征程中御风前行、昂扬奋进！

附录 |五|

陈一坚生平大事年表

1930年　6月21日出生于福建省福州市螺洲镇店前村。

1938年　进入小学读书。

1942年　随父亲所在的福州高工学校迁到福建中部的南平。

1945年　随家人回到福州，继续中学阶段的学习。

1948年　高中毕业。被父亲介绍到福州高工学校，在机床车间和电机实验室担任实习指导员。同年，被福建师范大学物理系录取。随后，又考入厦门大学航空系。

1951年　厦门大学和清华大学的航空系合并，从厦门大学转入了清华大学航空系。

1952年　9月，大学毕业后被分配到哈尔滨122厂设计科。

1953年　开始了部分飞机部件的试造工作，即TY-2及YTE-2飞机的汽油箱试造。

1954年　122厂设计科成立校对组，担任设计校对员的工作。7月，到太阳岛疗养时认识王士珍女士。年末，回到发动机装备组，主要担任试造工作及一些发动机装备组各系统的修理工作。

1955年　担任起落架舱的试造工作，直至鉴定成功。随后参加部分副油箱的试造工作。12月31日，在哈尔滨与王士珍女士结婚。

1956年，调入112厂，结识恩师徐舜寿。

1957年　开始歼教1飞机的打样设计。作为机身组设计员，负责气密座舱后面主框的设计。随后，参与初教6飞机设计。

1958年　3月底，完成承担的歼教1飞机的生产图样。6月初，随初教6飞机的详细设计和试制任务，到达南昌320厂，负责机身设计。在320厂完成初教6任务交接后，从南昌回到沈阳，参加强5飞机设计。8月，参与"东风"107飞机研制。

1961年　8月，六院601所在沈阳正式成立。开始参与摸透米格-21飞机工作，并由专业组长升任601所机身室主任。

1962年　5月，开始参与歼8飞机研制。

1963年　前往南昌协助解决强5技术问题。

1964年　5月，同恩师徐舜寿一道，调往位于西安阎良的六院十所（即603所），并开始担任总师助理。同月，603所总体室成立了以陈一坚为首的五人小组（61F组），探讨轰5飞机改装61F发动机的可行性。在徐舜寿的直接领导下，陈一坚与有关同志在原结构不作重大更改的条件下，首次解决了发动机双涵道的排气结构设计。

1965年　7月，开始高空试车台研制。陈一坚协助徐舜寿，率领技术人员完成了吊舱进气道与结构形式的总体设计，开展了轰6飞机系统改装打样设计。

1966年　在徐舜寿带领下，参加测绘安-24飞机、试制国产运7飞机，并研究制定了总体方案。随后运7开始发图，陈一坚参加了结构强度方面的工作，主要负责强度计算以及结构图样的审签。

1968年　1月6日，徐舜寿被迫害致死，陈一坚成为受攻击重点对象，遭到隔离和软禁，之后开始劳动改造。

1969年　获得"解放"。

1969—1975年　在强度室从事运7疲劳试验研究。编写了我国第一份飞机疲劳试验大纲——《运7飞机疲劳试验大纲、疲劳试验载荷谱》。

1975年　开始参加"飞豹"方案论证工作。

1977年　彻底平反。作为主讲，三次去空军司令部汇报"飞豹"方案。12月17日，被陕西省革命委员会第三机械工业局授予飞机设计专业工程师资格。

1978年　被任命为603所副总设计师。

1979年　1月23日，被三机部任命为轰7飞机副总设计师。6月，陈一坚等五名同志随三机部代表团赴联邦德国MBB公司考察，探讨联合研制及引进技术的可能性。同月，在高镇宁、陈一坚的带领下，603所用了两个半月时间发出约4500标准页的样机图样，用50天时间协调安装了样机系统400多项成品，制成轰7飞机木质样机。

1979—1981年　在高镇宁、陈一坚的领导下，对"飞豹"的设计方案进行了一次全面而意义重大的调整：成立六个攻关组，对机头、气动布局、全机的传力路线等进行了调整设计，解决了原方案中存在的重大缺陷和专家们提出的问题，重新制作了机头样机和局部样机，满足了使用方的要求。对保证"飞豹"飞机的成功具有重要的意义。

1980年　8月2日，被三机部任命为603所副所长、总设计师。

1981年　3月，"飞豹"飞机由重点型号转为"量力而行"的缓办型号，即该型号的"第一次下马"。为争取型号继续推进，陈一坚等带着图样、方案向空军、海军、国防科工委汇报，力争取得支持。6月，海军副司令员梅嘉生等在三机部副部长莫文祥陪同下到603所审查"飞豹"研制情况。高镇宁和陈一坚作了飞机研制汇报。海军首长明确表示：海军别的机种不要，也要"飞豹"；同时希望三机部和总参谋部为"飞豹"研制创造条件。10月，国防工业办公室邹家华副主任、谢光局长，三机部王其恭副部长等来阎良检查"飞豹"飞机的研制情况。陈一坚汇报了方案调整的情况及取得的效果。领导们表示：上"飞豹"飞机还是有条件、有可能的。12月26日，陈一坚被国务院科学技术干部局授予"高级工程师"职务。

1982年　1月，在陈一坚的直接领导下，603所调整了"减重及控制重量"领导小组成员，抓减重措施，分配详细设计阶段的重量指标及控制重量的办法。详细设计结束时，实际重量比控制指标减少了170.1千克。2月，召开了"飞豹"飞机研制厂所第一次联席会议。陈一坚作为总设计师，代表603所交流了1981年"飞豹"的研制进展情况。会上决定，每月召开一次研究"飞豹"研制的联席会议。

1983年　陈一坚开始担任航空工业部"六五"期间的关键预研项目7760计算机辅助飞机设计、制造及管理系统（7760CAD／CAMM）主任工程师。在他的带领下，用五年时间，共同研制成功了在当时集成度最高的 7760CAD/CAMM 计算机辅助飞机设计、制造及管理系统,该成果被评为 1986 年度国家科技十大成就之首,获国家科技进步奖二等奖。2 月 10 日,航空工业部通知成立"飞豹"飞机研制工作领导小组,陈一坚被任命为副组长。9 月 20 日,航空工业部以航新函〔1983〕1306 号文通知在成都、西安分别建立歼 7Ⅲ、歼 7 飞机现场指挥部。陈一坚被任命为副总指挥。

1984 年　9 月 7 日,李先念主席来 603 所视察,陈一坚等所领导陪同参观了轰 7 飞机样机,并向李主席赠送了轰 7 飞机模型。李主席题词:"努力制造世界先进水平的飞机。"11 月 28 日—12 月 4 日,在成都召开轰 7(串)飞机总设计师系统第二次工作会议。陈一坚作了题为《精心研制　集智攻关——为轰 7(串)飞机优质、安全上天而奋斗》的报告。会议着重讨论了加快轰 7 研制进度、确保研制质量及如何组织经费承包等重大问题。

1986 年　2 月 1 日,被航空工业部聘为飞机设计顾问组顾问。8 月 6—12 日,在西安召开了轰 7 飞机总设计师系统第三次工作会议。会上,陈一坚作了题为《坚持航空产品质量第一方针,为轰 7 飞机安全优质上天而努力奋斗》的研制报告,此次会议布置了开展轰 7 飞机可靠性、维修性的补课工作;商定轰 7 飞机"三防"试验要求与实施方案等。

1987 年　与中科院力学研究所的同志合作编著了《微观断裂力学》一书,在飞机的疲劳研究方面填补了空白。12 月,当选为西安市第十届人民代表大会代表。

1988 年　7 月 31 日,"飞豹"飞机完成了 001 架机的总装工作,移交试飞站。8 月 17 日,603 所召开"飞豹"系统试验"双保一抢"动员大会,会上宣读了关于开展"'飞豹'飞机系统试验保安全、保质量、抢进度"活动的决定,陈一坚在会上作了动员讲话。12 月 14 日,"飞豹"进行了首飞,标志着中国第一代超声速歼击轰炸机首飞成功。

1989年 1月25日，603所隆重举行"飞豹"飞机首飞立功受奖大会，陈一坚总师宣读了首飞立功表彰决定。11月29日，航空航天工业部做出《关于为"飞豹"飞机研制首飞阶段做出重大贡献人员立功的决定》，陈一坚等20名同志荣立一等功。12月1日，被北京航空航天大学聘为兼职教授。

1991年 3月20日，被中国航空学会聘为标准化专业委员会副主任委员。10月1日，被国务院评为"享受政府特殊津贴人员"。10月7日，因在"七五"预研工作中的突出成绩，被航空航天工业部授予一等功。12月26日，603所召开了"飞豹"飞机排故攻关和质量复查动员大会，陈一坚参加会议并讲话，会后下发了《关于"飞豹"设计质量复查》的特急通知，这是第七次全面质量复查。12月31日，被中国共产党陕西省委员会、陕西省人民政府联合授予"陕西省有突出贡献专家"称号。

1992年 2月28日，被航空航天工业部授予"有突出贡献专家"称号。9月18日，被国防科工委聘为全国武器装备系统工程管理标准化技术委员会第一届委员会委员。

1993年 1月10日，603所根据航空军工产品定型程序和要求，成立了"飞豹"飞机研制单位设计定型鉴定小组，陈一坚任组长。12月29日，被中国航空工业总公司聘为飞机设计顾问组组员。

1994年 10月10日，被国防科工委授予"全国军用标准化工作先进个人"称号。

1995年 12月，"飞豹"通过飞机设计定型审查。

1998年 8月，中国航空工业总公司在西安隆重举行"飞豹"飞机设计定型总结表彰大会。陈一坚等65名同志荣立一等功。同月13日，海军与中国航空工业总公司在阎良联合召开"飞豹"飞机研制经验座谈会，陈一坚到会并发表了热情洋溢的讲话。与会人员认真回顾总结了"飞豹"设计、制造、试飞、管理、监造等方面的经验和教训，重点总结了在近20年的研制工作中所形成的"飞豹精神"。11月5日，陈一坚参加1998年珠海航展。"飞豹"的飞行表演引起轰动。航展期间，国务院副总理吴邦国，军委副主席张万年上将，总装备部部长曹刚川上将等领导参观了603所展台和"飞豹"飞机模型。广东卫视和珠海有线电视台、珠海电视台邀请陈一坚等为特邀嘉宾作专题报道。

1999年 9月1日，被中国航空工业第一集团公司聘为中国一航科学技术委员会第一届委员会顾问。10月1日，在建国50周年阅兵式上，6架"飞豹"飞机以新颖的箭形编队，威武壮观地飞过天安门广场，接受党和国家领导以及全国人民的检阅。陈一坚作为国防工业系统百名代表之一，应邀参加了国庆观礼。12月6日，当选中国工程院院士。

从2000年起，参加大飞机工程及多项国家航空科技发展的学术、技术研讨和课题评审、立项论证工作。

2001年 3月6日，被国防科工委聘为国防科工委航空器总体和结构标准化技术委员会主任委员。3月9日，被西北工业大学聘为教授，飞行器设计专业博士生导师。5月31日，被华中科技大学聘为兼职教授。9月，被中国力学学会聘为中国力学学会第六届理事会特邀理事。10月19日，荣获何梁何利基金（2000年度科学与技术进步奖）。

2003年 4月1日，被西安交通大学聘为兼职教授。10月24日，被福建工程学院聘为客座教授。

2004年 5月，被清华大学聘为兼职教授。

2006年 4月，被中国航空工业第一集团公司授予"航空报国突出贡献奖"。6月2日，被西北工业大学聘为西北工业大学西部国防科技工业发展研究中心哲学社会科学创新基地咨询专家委员会主任。

2006年7月17日—2007年2月26日，从事大型飞机方案论证工作，为发展我国大型飞机事业做出了贡献。2007年10月15日，被中华人民共和国科学技术部确定为大型飞机方案论证委员会委员。

2007年4月,被中国航空工业第一集团公司聘为战略咨询委员会顾问。

2009年1月16日,被国防科技工业局聘为国家国防科工局科学技术委员会第一届委员。5月10日,被中国工程院聘请为中国工程院《中国工程科技中长期发展战略研究》咨询项目分课题组成员(该项目起止时间为2009年3月—2010年12月)。

编 后 语

提笔之初,陈总就对我讲了这样一番话:"我首先要说明的是,'飞豹'也好,其他成果也好,都是一个团队的成就,绝对不是个别人的功劳,特别是搞系统工程,更讲究团队合作,我一个人哪能攻下那么多科学难关呢?!从设计论证到投入生产,再到试飞成功,每一个环节都需要团队协作,这样才能高效率、高质量地完成国家交给我们的任务。总设计师只是整个团队中的一个角色,一个代表,做了一些基础性的综合集成、协调等工作。依靠大家协调一致,互相配合,才能取得这些成果。"

这番话,后来还被这位有着仙风道骨的外形,清瘦儒雅、和蔼从容的老人一遍遍地重复。他就是因中国"飞豹"而声名远播的中国工程院院士、中国航空工业第一飞机设计研究院"飞豹"型号原总设计师陈一坚。他和研制团队的传奇故事,经由中央到地方的各种媒体一次次走进千家万户。他是如何与"飞豹"飞机这样一个响亮的名字结下不解之缘的?我们试图用这本书来解读、记述那一个个传奇背后的故事。

陈一坚院士在百忙中为我们编写该书提供了大量素材及相关线索,对于水平有限又一心想把这本书写好、编好的作者,陈院士给予了充分的理解与支持,一次次配合采访、修改全文,令我们感动不已。

给我留下难忘印象的是采访期间,陈院士曾经三次眼含泪水:一次是回忆躲避轰炸时目睹襁褓中的婴儿被妈妈捂死的惨景;一次是提到自己的夫人和孩子伴着他一路走来的付出与艰辛；还有就是说到"飞豹"研制这个团队——感觉他几乎不知道该用什么语言来形容对于这支托起英雄"飞豹"，也托起他这位工程院院士的可敬团队的赞叹与感激。

本书编写期间，一飞院党委和政治部高度重视，多次召开恳谈会商讨有关事项。该书先后采访了40多位"飞豹"研制亲历者，张国治、徐甘泉、马承麟、易志斌、张克荣、黄炳新、钟定逵、高忠社、浦传彬、陈绍猷、龚国政、卢长吉、钟至人、刘根起、朱余华等院内外老领导、副总师为该书提供了极其珍贵的历史资料和相关素材。20多位中青年科技骨干对全书初稿提出了修改意见。沈长河、付大卫、秦凤奎、吴克明、詹孟权、徐嘉善、任长松等老领导、副总师多次对编者给予指导，一次次审改全文。特别需要提到并在此深表谢意的是，该书编写期间，得到集团科技委师元光先生和陕西省著名作家徐剑铭先生及时而重要的指点，使全书在思想性、逻辑性、感染力以及可读性上有了明显改观。

由于作者水平所限，书中的疏漏和不足在所难免，敬请批评指正。

刘宇辉